논리를 알면 세상이 보인다

최상재

고려대학교 정치외교학과 졸업

SBS PD협회 회장 역임

SBS 경영부본부장 역임

SBS 전략기획실장 역임

SBS 특임이사 역임

윤정환

용인외대부고 수석 졸업

서울대학교 의과대학 수석 입학

와이엠티에스(주) 대표이사

논리를 알면 세상이 보인다.

초판 1쇄 2025년 05월 15일
지은이 최상재 / 윤정환

편집장 이상기
펴낸이 윤정환
펴낸곳 과학과 이성
등록 2023년 9월 11일 제 2023-000102호
주소 서울특별시 종로구 창경궁로16길 70 12층 1205호
전자주소 birambooks@daum.net

ⓒ 최성재/윤정환 2025. Printed in Korea.

ISBN 979-11-985028-4-1 43170

값 19,000원

논리를 알면 세상이 보인다 논리를 알면 세상이 보인다 논리를 알면 세상이 보인다

최상재 | 윤정환 지음

Logic and Fallacie

일상 속 논리적 오류를
바로잡고, 속임수와
가짜 뉴스에 넘어가지 않는 법

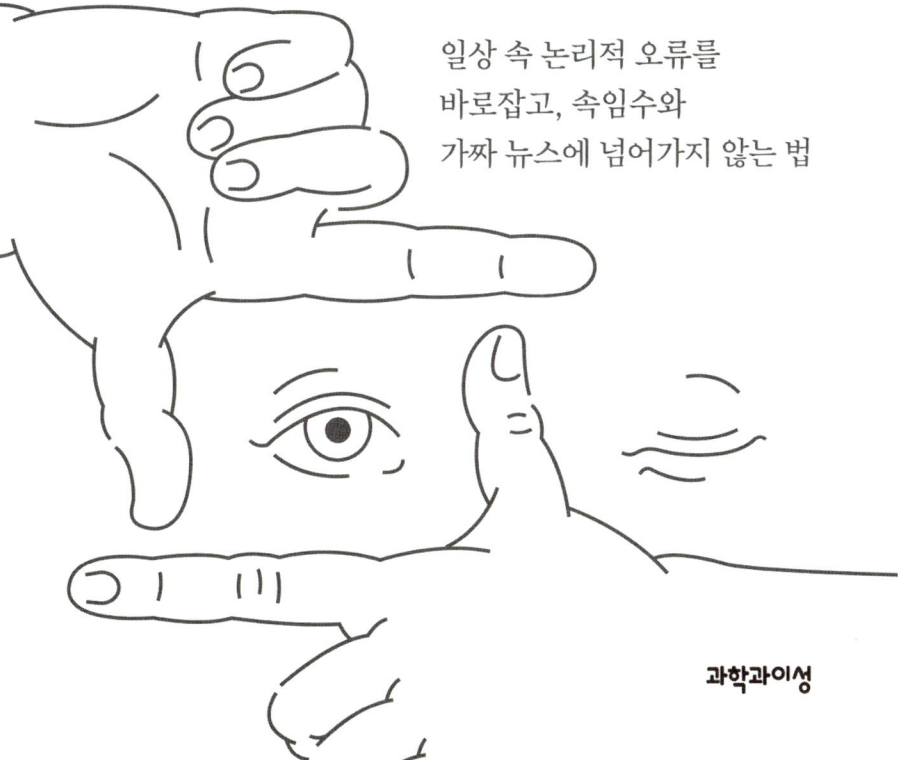

과학과이성

● 서문

　우리는 정보의 홍수 속에서 살아가고 있다. 매일 쏟아지는 뉴스와 광고, 다양한 선택의 기로 속에서 크고 작은 결정을 내리고, 수많은 사람과 소통하며 살아간다. 이러한 과정에서 논리는 우리의 사고와 행동을 이끄는 필수적인 도구가 된다. 그러나 논리의 중요성은 종종 간과되곤 한다. 또한 논리를 체계적으로 학습할 기회를 얻지 못하는 경우도 많다. 그렇다면 논리는 왜 중요한 것일까? 논리를 배우는 것이 우리의 삶에 어떤 변화를 가져올 수 있을까?

　오늘날 우리는 검증된 정보와 객관적인 사고보다는 AI 알고리즘이 추천하는 콘텐츠에 둘러싸여 있다. 알고리즘은 우리의 과거 검색 기록과 선호도를 기반으로 맞춤형 정보를 제공하며, 우리가 이미 동의하는 의견만을 강화하는 역할을 한다. 이러한 필터 버블(Filter Bubble)은 공통의 담론을 형성하기보다는 유사한 의견을 가진 사람들끼리의 교류를 촉진하며, 편견과 자기 확신을 더욱 공고히 한다. 결과적으로 논리적 사고보다는 감정적 반응과 분열이 두드러지고, 논리적 대화와 타협보다는 갈등과 억지가 자주 발생한다.

　이런 환경에서 논리적 사고는 더욱 중요한 가치를 지닌다. 예를 들어, 역사적으로 논리는 사회적 갈등을 해결하고 새로운 가능성을 열어주는 역할을 해왔다. 마틴 루터 킹 주니어의 'I Have a Dream' 연설은 인종차별의 부당함을 논리적이면서도 설득력 있게 제시하며 사회적 변화를 이끌어냈다. 또한 과학의 진보도 논리적 사고 없이는 불가능했을 것이다. 뉴턴의 고전 역학이나 다윈의 진화론은 모두 논리적 사고와 체계적 증명을 바탕으로 세상을 새롭게 이해하게 한 사례이다.

그렇다면 갈수록 극단적 대립과 갈등이 심해지는 이러한 문제를 어떻게 극복할 수 있을까? 우선, 다양한 관점을 접하려는 노력이 필요하다. 의도적으로 자신의 의견과 다른 시각을 가진 사람들의 주장을 읽고, 토론하며, 반박해 보는 과정이 중요한 이유이다. 또한, AI 기술이 제공하는 정보를 무조건 받아들이기보다는 그 출처와 신뢰성을 검증하는 태도가 필요하다. 이런 과정에서 논리적 사고는 자기 확신과 편견을 넘어 타인의 관점을 이해하고, 다양한 의견을 조화롭게 조율하며, 건강한 사회적 담론을 형성하는 데 기여할 수 있다.

논리는 우리의 사고를 명료화하고 삶을 풍요롭게 만든다. 복잡한 문제를 단순하게 풀어내고, 감정과 편견을 넘어 객관적이고 합리적인 관점에서 세상을 바라볼 수 있는 힘이 논리에서 나온다. 논리는 우리가 세상을 이해하고 변화시키며 더 나은 미래를 만들어가는 데 필수적인 도구가 될 수 있다.

논리를 배우면 세상을 바로 볼 수 있는 힘이 길러질 것이다. 우리의 사고는 더욱 선명해지고, 선택은 더욱 합리적으로 될 것이다. 이제 이 책을 통해 논리의 세계로 첫발을 내딛기를 바란다. 이 여정이 여러분에게 있어 삶과 세상을 새롭게 이해하는 계기가 되기를 바란다.

● 목 차

Ⅰ 논리는 왜 필요할까?
1. 개인적 차원에서 논리는 왜 필요할까? ·················· 10
2. 사회적 차원에서 논리는 왜 필요할까? ·················· 12

Ⅱ 논리를 익히기 전에 알아야 할 기본 개념
1. 연역 ··· 16
2. 귀납 ··· 18
3. 삼단논법 ··· 21

Ⅲ 논리란 무엇인가?
1. 논리란 무엇인가? ·· 26
2. 논리적이란 무엇인가? ·· 28
3. 논증이란 무엇인가? ··· 30
4. 논증의 유형 ·· 32

Ⅳ 좋은 논증과 논증 평가
1. 좋은 논증이란 무엇인가? ······································ 34
2. 좋은 논증의 세 가지 조건 ···································· 36
3. 좋은 논증 사례 분석 ·· 39

V 논리적 오류

1. 논리적 오류를 배우는 이유 ·· 45
2. 논리적 오류의 유형 ··· 47

(1) 비논리적 연역 및 귀납에서 발생하는 오류
   ① 중도의 오류 ··· 49
   ② 성급한 일반화의 오류 ······································ 60
   ③ 순환논증의 오류 ·· 74
   ④ 필요조건과 충분조건 혼동의 오류 ························· 87
   ⑤ 사실-당위의 오류 ··· 98

(2) 인과관계를 혼동하는 오류
   ① 선후 인과의 오류 ·· 112
   ② 공통 원인을 무시하는 오류 ······························ 122
   ③ 도미노 오류 ·· 134
   ④ 도박사의 오류 ··· 149

(3) 논점을 이탈하는 오류
   ① 강조의 오류 ·· 163
   ② 복합질문의 오류 ··· 175
   ③ 허수아비 논증의 오류 ····································· 188

● 목 차

(4) 권위와 대중에 호소하는 오류
　① 권위에 호소하는 오류 …………………………… 203
　② 대중에 호소하는 오류 …………………………… 217

(5) 언어적 표현에서 발생하는 오류
　① 애매어의 오류 ……………………………………… 229
　② 유도 질문의 오류 ………………………………… 243
　③ 합성의 오류 ………………………………………… 254

(6) 인신공격과 감정적 호소에서 발생하는 오류
　① 우물에 독 뿌리는 오류 ………………………… 266
　② 인신공격의 오류 ………………………………… 280
　③ 발생적 오류 ………………………………………… 294

(7) 논리적 편향과 회피에서 발생하는 오류
　① 무지의 오류 ………………………………………… 307
　② 피장파장의 오류 ………………………………… 319
　③ 특별 변론의 오류 ………………………………… 332
　④ 흑백 사고의 오류 ………………………………… 343

I
논리는
왜 필요할까?

1. 개인적 차원에서 논리는 왜 필요할까?

　학문적인 차원에서 사물과 세상의 이치를 밝히기 위해서는 엄밀한 논리가 필요하다. 그렇다면 논리는 진리를 탐구하는 학자의 전유물일까? 우주의 원리나 세상의 이치를 밝히는 일과는 거리가 먼 사람들, 혹은 어린이와 청소년에게도 논리가 필요할까?
　단순하게 생각하면 논리적 사고 체계를 내면화하는 것은 학습할 때 큰 도움이 된다. 최근 독해력의 중요성이 주목받고 있는데, 문장 간의 관계를 명확히 판단할 때 필요한 논리적 사고는 독해력을 기르는 데 큰 도움이 된다.
　어떤 분야든지 논증의 구조를 내면화하는 것은 효율적으로 학습하는 데 가장 중요한 역할을 한다. 예를 들어 자연과학을 살펴보면 고전 물리학은 연역적 추론, 생물학이나 의학은 귀납적 추론을 바탕으로 한다. 고전 물리학에서 논증의 과정이 일부 생략된 가설이 있다고 하자. 연역적 추론에 익숙한 사람은 의문을 가지고 탐구할 수 있으므로 학습이 거듭될수록 학업 내용을 자연스럽게 소화하게 되지만, 논리적 사고에 익숙하지 않은 사람은 내용을 제대로 파악하지 못해 효율성이 떨어지는 겉핥기식 공부를 하게 될 위험이 있다.
　또한 논리적 사고는 삶에 대한 객관적이고 합리적인 판단 능력을 길러준다. 논리학에서 필요한 논증은 단순히 전제와 결론의 합으로만 구성되지 않는다. 여러 개의 진술로 이루어진 복잡한 논증의 경우 먼저 전제와 결론을 구분하고 전제가 결론을 제대로 뒷받침하는지 평가해야 한다. 복잡한 상황을 마주하는 현실에서도 이러한 논증의 평가 방식을 적용할 수 있다. 우리의 판단에 개입하는 수많은 사고를 나열하고, 이를 논증의 형식으로 재구성하면, 복잡하게만 보였던 상황을 명료하게 만드는 데 큰 도움이 된다. 대표적인 논리의 오류들을 학습하면 삶의 중요한 선택에서 잘못된 판단을 하지 않을 수 있다.

실제로 정신의학에서는 치료의 목적으로 개인의 사고방식을 객관화하고 재구성하여 논증의 형식으로 평가하기도 한다. 최근 인지치료(Cognitive Therapy)의 중요성이 주목받고 있는데, 인지치료의 핵심은 환자가 자신을 반복적으로 괴롭히는 생각과 감정을 논리적으로 평가하도록 하여 치료하는 것이다.

예컨대, 우울증을 앓고 있는 환자는 자신에 대한 부정적 믿음을 '대전제'로 하여 의식 수준에서 형성되는 '소전제'를 통해 부정적인 사고와 행동을 끊임없이 재생산하는 것으로 본다. 인지치료에서는 환자의 무의식, 의식 속에 숨어 있는 전제들을 찾아낸 뒤, 전제들의 문제를 스스로 깨닫게 함으로써 환자의 부정적 심리를 치료하는 데 큰 진전을 이뤘다. 이는 논리학에서 전제의 수용 가능성, 전제와 결론의 관련성, 전제의 충분성 등을 평가하는 것과 유사한 방식을 적용한 것이다.

2. 사회적 차원에서 논리는 왜 필요할까?

현대 사회에서 논리적 사고와 표현 능력은 효과적인 커뮤니케이션의 핵심 요소로 자리 잡고 있다. 흔히 오늘날을 '자기 PR의 시대'라고 부르듯, 자기 능력을 효과적으로 전달하지 못한다면 아무리 뛰어난 재능을 가지고 있어도 제대로 인정받기 어려울 수 있다. 특히 자기 생각이나 아이디어를 논리적으로 표현할 수 있는 능력은 사회적 성공의 중요한 요인으로 꼽힌다.

대표적으로, 실리콘밸리에서 유행하는 '엘리베이터 피치(Elevator Pitch)'가 있다. 이는 엘리베이터에서 잠깐 마주친 투자자에게 30초 이내에 자신의 사업 구상을 설득력 있게 전달하여 투자를 이끌어내는 기술을 의미한다. 이처럼 비즈니스 분야뿐만 아니라 학계나 정치와 같은 다양한 영역에서도 논리적 사고와 표현은 필수적이다. 예를 들어, 학자들은 학술대회에서 연구 성과를 동료 학자들이나 기업 관계자들에게 설득력 있게 발표해야 하고, 정치인은 대중 연설을 통해 자신의 정책과 주장을 효과적으로 전달해야 한다. 설득 과정에서 비언어적 표현이나 감정의 호소가 중요한 역할을 하기도 하지만, 궁극적으로 설득은 언어와 논리적 근거에 의해 이루어진다. 따라서 논리적 사고는 설득과 의사소통의 기본적인 기반이라 할 수 있다.

논리는 개인적인 의사소통을 넘어 사회 전체의 합리적인 의사결정을 가능하게 한다. 특히 민주주의 사회에서는 논리적 의사소통이 필수적이다. 합리적인 대화와 토론을 통해 사회적 합의를 이끌어내고, 이를 바탕으로 의사결정을 내리는 과정은 사회를 유지하고 발전시키는 데 있어 핵심적인 역할을 한다. 논리를 바탕으로 한 의사소통은 단순히 개인의 역량을 넘어, 사회 전체의 안정과 발전을 이끄는 중요한 도구가 된다.

이 글에서는 철학이나 논리학에서 등장할 만한 복잡한 전문적 논리 체계를 다루지는 않을 것이다. 그 대신에 사회 구성원으로서 합리적 대화와 토론을 하기 위해 필요한 교양 수준의 논리적 사고 체계를 제시하려 한다. 이러한 접근을 하는 이유는 논리적 사고를 통해 더 나은 의사소통을 실현하고, 사회적 담론과 의사결정 과정을 합리적으로 이끄는 데 초점을 맞추기 위해서이다.

구체적으로는 먼저 논리와 논증의 기본 개념과 종류를 이해하는 것이 중요하다. 이를 바탕으로 논증의 핵심 원칙을 배우고, 흔히 발생하는 논리적 오류를 파악하며 실질적인 사례를 통해 이를 적용하는 방법을 훈련할 것이다. 이러한 과정을 통해 논리적 사고와 표현 능력이 향상될 뿐만 아니라, 사회적 담론과 합리적 의사결정에 기여하는 성숙한 구성원으로 성장할 수 있을 것이다.

논리를 알아야 세상이 보인다!

II
논리를 익히기 전에 알아야 할 기본 개념

1. 연역

　연역(Deduction)은 일반적인 원리나 법칙에서 특정한 결론을 도출하는 논리적 추론 방식이다. 전제가 참이라면 결론도 참인 특징을 가진다. 수학적 증명이나 이론적 추론에서 주로 사용된다.

- **연역의 논리 구조**

  - 전제 1　모든 A는 B다.
  - 전제 2　C는 A다.
  - 결론　　따라서 C는 B다.

- **일상 사례**

  - 전제 1　모든 포유동물의 피는 따뜻하다.
  - 전제 2　고양이는 포유동물이다.
  - 결론　　따라서 고양이의 피는 따뜻하다.

- **수학적 사례**

  - 전제 1　삼각형 내각의 합은 항상 180°다.
  - 전제 2　ABC는 삼각형이다.
  - 결론　　따라서 ABC 내각의 합은 180°다.

연역은 논리적인 사고방식 중 하나로, 전제로부터 결론을 도출하는 과정이다. 이 방법은 논리적으로 타당하다면 항상 신뢰할 수 있는 결론에 도달한다는 큰 장점을 가지고 있다. 연역적 추론은 명확하고 체계적이며, 논리의 구조를 통해 확실한 결론을 도출할 수 있기 때문에 이론적 분석에서 자주 사용된다. 예를 들어, '모든 사람은 죽는다'라는 일반적인 전제와 '소크라테스는 사람이다'라는 구체적인 전제를 통해 '소크라테스는 죽는다'는 결론에 이르는 과정은 연역적 추론의 전형적인 예이다.

그러나 연역에는 단점도 존재한다. 가장 큰 단점은 이 방식이 전제의 참 여부에 전적으로 의존한다는 점이다. 전제가 참이라면 결론도 참이지만, 전제가 거짓이라면 아무리 논리가 타당하더라도 결론은 틀릴 수밖에 없다. 이는 연역적 추론이 본질적으로 기존에 주어진 정보에 기반을 두고 있기 때문에 발생하는 문제이다. 따라서 연역적 추론은 새로운 정보를 창출하거나 기존의 틀을 넘어서는 혁신적인 결론을 도출하는 데는 한계가 있다.

또한, 연역적 추론은 전제의 적절성과 진실성을 검증하는 과정이 선행되어야 한다. 전제가 부정확하거나 불완전하면 결론 또한 신뢰할 수 없게 되므로, 연역적 사고를 사용할 때는 전제를 신중히 검토해야 한다. 그렇지만 연역은 논리의 타당성을 보장하며, 명확성과 체계성을 통해 복잡한 문제를 분석하고 이해하는 데 유용한 도구로 작용한다.

2. 귀납

귀납(Induction)은 특정한 관찰 대상이나 사례로부터 일반적인 결론을 도출하는 논리적 추론 방식이다. 결론은 확률적이며, 반드시 참이 아니라 가능성이 높은 결과를 제시한다. 경험적 관찰과 데이터를 바탕으로 결론을 도출하는 방식으로 결론이 참일 필요는 없지만, 관찰 대상이 많아질수록 신뢰도가 높아진다. 과학적 연구나 통계적 추론에서 주로 사용된다.

- **귀납의 논리 구조**

  - **관찰 1**   A에서 B가 발생했다.
  - **관찰 2**   A에서 B가 발생했다.
  - **관찰 n**   A에서 B가 발생했다.
  - **결론**   일반적으로 A에서 B가 발생한다.

- **일상 사례**: 일반적인 경험에 의존한다.

  - **관찰**   내가 본 백조는 모두 하얗다.
  - **결론**   따라서 모든 백조는 하얗다.

위 결론은 사실과 다를 수 있다. 검은 백조가 존재하지만 발견하지 못할 수 있다. 이처럼 관찰한 사례가 제한적이면 오판할 가능성이 있다. 하지만 수학적 논증과는 달리 현실에서는 항상 수학적으로 완벽한

참만을 요구하기 어렵다. 그래서 일상에서는 사회적으로 대체로 수용할 만한 정도의 충분성을 갖추면 논리적으로 타당하다고 수용할 수 있다.

우리가 이 책에서 다루고자 하는 내용은 반드시 참이어야 하는 수학적 논증이 아니라 사회적으로 수용 가능한 일상 논리이다. 앞서 언급한 사례 역시 '모든 백조는 하얗다'라는 일상성 속에서는 어느 정도 수용된다고 볼 수 있다. 그렇다고 해도 '모든'이라는 표현은 삼가는 게 좋다. 같은 귀납적 논증인 다음의 과학적 사례에서도 통계에 의존하다 보니 절대적 참보다는 수용 가능성으로 올바른 논증 여부를 판단한다.

- **과학적 사례**: 실험과 관찰을 반복해 일반 법칙으로 정립한다.

  - 관찰   금속을 가열하면 팽창하는 사실을 여러 번 확인했다.
  - 결론   모든 금속은 가열하면 팽창한다.

귀납적 논증은 경험적 자료를 바탕으로 새로운 지식이나 법칙을 발견하는 데 유용한 사고방식이다. 관찰과 경험을 통해 일반적인 결론을 도출하므로 현실과 밀접하게 연관된다는 장점을 가지고 있다. 이를 통해 과학적 연구나 실생활 문제 해결에서 중요한 통찰을 제공할 수 있다. 그러나 귀납적 논증은 본질적으로 확률적이기 때문에 결론이 반드시 참이라는 보장은 없다. 즉, 관찰된 사례들이 많아질수록 결론의 신뢰도가 높아지지만, 언제나 예외가 존재할 가능성이 있다. 따라서 귀납은 결론의 수용 가능성을 높이는 데 초점이 맞춰져 있다.

- **검은 백조**: 실제로 검은색 백조는 존재한다. 검은색 백조(Black Swan)는 오스트레일리아와 뉴질랜드에서 주로 발견된다. 검은색 백조는 깃털 대부분이 검은색이며, 붉은색 부리를 가지고 있다.
- **블랙 스완 이론(Black Swan Theory)**: 예측하기 어려운 극단적인 사건이나 변화를 설명하는 개념으로, 사회, 경제, 정치 등 여러 분야에 큰 영향을 미치는 상황을 가리킨다. 금융 분석가 나심 니콜라스 탈레브(Nassim Nicholas Taleb)가 처음 제시한 이 이론은 예상치 못한 사건이 현실로 나타날 때 이를 이해하고 분석할 수 있는 틀을 제공한다.

블랙 스완이라는 명칭은 과거 유럽인들이 모든 백조는 흰색이라고 믿었다가 호주에서 검은색 백조가 발견되며 깨진 역사적 사례에서 유래했다. 이는 우리의 지식이나 경험에 기초한 세계관이 종종 한계를 드러낸다는 사실을 상기시킨다. 블랙 스완 이론은 세 가지 특징을 지닌다. 첫째, 사전에 예측하기 어렵고, 둘째, 발생 시 사회적·경제적 충격을 초래하며, 셋째, 사건이 일어난 후에는 이를 예견할 수 있었던 것처럼 보이게 만든다는 점이다. 이 이론은 2008년 글로벌 금융 위기나 COVID-19 팬데믹처럼 현대 사회를 뒤흔든 사건을 설명하는 데 자주 활용된다. 이러한 사건들은 불확실성과 위험 관리의 중요성을 일깨우고, 예기치 못한 상황에 대비하기 위한 유연하고 창의적인 사고의 필요성을 강조한다. 블랙 스완 이론은 드문 사건을 이해하는 데 그치지 않고, 미래를 대비하기 위한 귀중한 통찰과 교훈을 제공한다.

3. 삼단논법

　삼단논법(Syllogism)은 두 개의 전제를 바탕으로 하나의 결론을 도출하는 논리적 추론 방식이다. 연역 추론의 대표적인 형태로, 주어진 전제들이 참이라면 결론도 반드시 참이 되는 특징이 있다.

■ 삼단논법의 논리 구조

- 대전제(Major Premise) 일반적인 원칙이나 법칙
- 소전제(Minor Premise) 구체적인 사례나 상황
- 결론(Conclusion) 대전제와 소전제를 바탕으로 도출되는 결과

■ 삼단논법의 사례

- 대전제　　모든 사람은 죽는다.
- 소전제　　소크라테스는 사람이다.
- 결론　　　따라서 소크라테스는 죽는다.

　삼단논법에서는 대전제와 소전제가 결론을 논리적으로 뒷받침하며, 전제가 참이라면 결론도 반드시 참이다.

● 삼단논법의 종류

- **정언적 삼단논법(Categorical Syllogism)**: 전제가 'A는 B다'와 같은 정언적 진술로 구성된다.

  - 대전제   모든 포유동물의 피는 따뜻하다.
  - 소전제   고양이는 포유동물이다.
  - 결론   따라서 고양이의 피는 따뜻하다.

- **조건적 삼단논법(Conditional Syllogism)**: 전제가 '만약 ~라면 ~다'와 같은 조건문으로 구성된다.

  - 대전제   만약 비가 오면 땅이 젖는다.
  - 소전제   지금 비가 오고 있다.
  - 결론   따라서 땅이 젖는다.

- **선택적 삼단논법(Disjunctive Syllogism)**: 전제가 'A 또는 B다'와 같은 선택문으로 구성된다.

  - 대전제   나는 오늘 피자나 파스타 중 하나를 먹었다.
  - 소전제   나는 피자를 먹지 않았다.
  - 결론   따라서 나는 파스타를 먹었다.

삼단논법은 두 개의 전제를 바탕으로 결론을 도출하는 연역적 논증의 대표적 형태이다. 삼단논법의 장점은 논리적 일관성에 있다. 전제가 참이라면 결론도 참이라는 확실성을 제공한다. 체계적 사고 과정을 통해 논리적 추론 과정을 명확히 보여주기 때문에 철학, 수학, 법학 등 다양한 분야에서 활용된다. 반면 삼단논법은 경험적 근거가 아닌 추상적 논리만으로 현실적 결론을 도출하기 때문에 전제를 검증하기 어렵다는 한계가 있다.

● 삼단논법을 잘못 활용한 논증 사례

- **대전제** 모든 새는 날 수 있다. (거짓)
- **소전제** 펭귄은 새다.
- **결론**   따라서 펭귄은 날 수 있다.

삼단논법은 논리적 타당성과 체계적 사고를 제공하지만, 전제의 진실성을 검토해야만 신뢰할 수 있는 결론을 얻을 수 있다. 삼단논법에서는 전제가 거짓이라면 결론도 거짓이 될 수 있기 때문에 전제의 진실성을 충분히 검증해야 한다.

논리를 알아야 세상이 보인다!

III
논리란 무엇인가?

1. 논리란 무엇인가?

　인간은 사회적 존재로, 다른 사람들과 상호작용을 하며 살아간다. 우리는 서로 도움을 주고받으며 관계를 형성하고, 이를 통해 더 나은 삶을 살아가고자 한다. 이런 상호작용 속에서 의사소통은 필수적인 요소로 작용한다. 우리는 의사소통을 통해 생각이나 의견을 나누고, 서로를 이해하며, 더 나아가 문제를 해결하고 협력할 수 있다.
　의사소통의 가장 기본적인 형태는 말과 몸짓이다. 그러나 말이나 몸짓만으로는 복잡한 생각이나 감정을 충분히 표현하기 어렵다. 이 때문에 인간은 기호 체계를 발전시켜 왔다. 기호 체계란 특정한 기호나 신호에 약속된 의미를 부여해 정보를 전달하는 방법이다. 이러한 기호 체계는 사회적 합의를 바탕으로 이루어진다. 즉, 사람들 사이에서 특정 기호나 신호가 어떤 의미를 갖는지에 대해 미리 합의가 이루어진 것이다.
　기호 체계는 오래전부터 존재해 왔다. 예를 들어, 고대에는 봉화나 깃발과 같은 간단한 신호 체계를 이용해 중요한 정보를 전달했다. 이런 단순한 형태의 기호 체계는 시간이 흐르면서 점차 발전했고, 오늘날 우리가 사용하는 언어, 문법, 그리고 수학적 기호와 같은 복잡한 체계로 확장되었다. 이러한 기호 체계의 발전으로 인간의 의사소통 능력은 크게 향상했으며, 우리의 삶도 더욱 풍요롭게 되었다.
　그중에서도 논리는 의사소통과 사고의 가장 정교한 형태로 여겨진다. 논리는 단순한 기호나 규칙의 집합을 넘어, 인간의 사고 과정과 그 사고의 타당성을 평가하는 데 사용되는 도구이다. 논리를 통해 우리는 생각을 체계적으로 정리할 수 있고, 어떤 주장이나 의견이 얼마나 합리적인지를 판단할 수 있다. 이를 통해 서로 다른 의견을 조율할 뿐만 아니라, 합리적이고 객관적인 결정을 내릴 수 있다.

논리는 단순한 언어의 문법 규칙을 넘어서, 생각의 타당성을 평가하는 고차원적인 체계이다. 문법은 올바른 문장을 구성하는 방법을 가르치지만, 논리는 그 문장의 내용이 얼마나 합리적이고 일관성이 있는지를 따진다. 논리의 핵심은 바로 합리성과 근거이다. 합리성이란 말이나 글이 앞뒤가 맞고 이치에 부합하는 것을 의미한다. 이를 보장하기 위해서는 반드시 타당한 근거가 뒷받침되어야 한다. 따라서 어떤 주장이 논리적이라고 평가받으려면, 그 주장이 근거를 기반으로 하고, 그 근거가 사회적으로 인정받을 수 있는 타당성을 가져야 한다.

그러나 논리와 같은 고차원적인 체계는 이해하고 활용하기 어렵기 때문에, 이를 제대로 다룰 수 있는 사람의 수는 상대적으로 적다. 이러한 특성 때문에 논리가 악용될 위험도 존재한다. 논리의 복잡성을 이용해 왜곡된 주장을 설득력 있게 꾸며내는 경우가 있을 수 있고 논리 체계를 잘 아는 사람들이 자신의 이익을 위해 오용할 수도 있다.

이러한 이유로 논리를 올바르게 이해하고 사용하는 것은 개인과 사회 모두에게 매우 중요하다. 논리를 잘 이해하면 자신의 사고를 더욱 정교하게 발전시킬 수 있고, 다른 사람의 주장이나 의견을 더 잘 분석하고 평가할 수 있다. 또한, 논리적 사고는 복잡한 문제를 해결하고 합리적인 결정을 내리는 데 필수적인 도구로 작용한다. 논리를 올바르게 배우고 사용하는 것은 개인의 성장뿐만 아니라 사회의 발전에도 크게 기여할 수 있을 것이다.

2. 논리적이란 무엇인가?

말을 조리 있게 잘하는 사람은 '논리적이다'라고 평가받는다. 우리는 논리적이라는 표현을 쉽게 사용하지만, 논리적인 것이 무엇인지 묻는다면 명확하게 설명하지 못하는 경우가 많다. 논리적이라는 말은 곧 논리적 사고를 한다는 의미이다.

논리적 사고란, 주장과 근거 사이의 인과관계와 연관관계를 따지며, 이를 통해 말과 글의 일관성을 유지하고 설득력을 높이는 사고방식을 말한다. 논리적인 진술은 항상 적절한 근거를 바탕으로 하며, 근거와 주장이 긴밀하게 연결되어야 설득력이 있을 수 있다. 예를 들어, 어떤 주장을 펼칠 때 그에 대한 구체적이고 타당한 근거를 제시하면 상대방은 그 주장을 더 쉽게 이해하고 받아들일 수 있다.

반대로, 근거 없이 단순히 감정이나 느낌, 혹은 일반적인 주장에 의존한다면 우리는 이를 '비논리적이다'라고 평가한다. 비논리적인 진술은 감정적인 요소가 강하거나 근거가 부족할 때 나타난다. 이는 설득력이 낮아 상대방을 이해시키기 어렵게 만든다. 따라서 어떤 주장이 논리적인지를 판단하려면 우선 그 주장에 근거가 있는지 확인해야 한다. 논리적 글이나 말은 주장과 근거를 명확히 구분하고, 근거가 주장에 적합한 설명을 제공할 때 비로소 설득력이 있을 수 있다.

논리적 의사소통은 단순히 자신의 주장을 전달하는 것을 넘어 상대방이 이를 수용하도록 돕는 효과적인 방법이다. 논리적으로 사고하고 말하거나 글을 쓰기 위해서는 항상 근거를 바탕으로 주장을 구성하며, 이를 통해 합리성을 확보해야 한다. 논리는 설득력과 명확성을 갖춘 의사소통의 핵심 도구로, 모든 사회적 관계와 대화에서 중요한 역할을 한다.

논리적 사고는 또한 합리적인 의사결정을 돕는 강력한 도구이다. 논리를 통해 우리는 감정적인 판단이나 편향된 사고에서 벗어나, 객관적이고 이성적인 결론에 도달할 수 있다. 이는 개인적인 삶의 문제를 해결하는 데에도 유용하지만, 더 나아가 사회적 협력과 문제 해결에서도 핵심적인 역할을 한다. 특히 현대 사회에서는 복잡한 문제를 해결하고, 다양한 이해관계를 조율하며, 올바른 결정을 내리는 데 있어 논리적 사고가 더욱 중요해지고 있다.

더 나아가 논리는 자신을 보호하는 방어 도구로도 유용하다. 논리적 사고는 타인의 비합리적인 주장이나 왜곡된 논리를 인식하고 이를 거부할 수 있는 능력을 제공한다. 논리적으로 사고하지 못한다면, 우리는 비합리적 설득이나 조작에 쉽게 휘둘릴 위험이 있다. 따라서 논리를 배우고 익히는 것은 단순히 학문적인 활동을 넘어, 개인과 사회 모두가 반드시 갖춰야 할 기본적 소양이라 할 수 있다.

결론적으로, 논리는 인간이 사회적 동물로서 의사소통을 원활히 하고, 합리적인 결정을 내리며, 자신을 보호하기 위해 필수적으로 갖추어야 할 고차원적인 약속 체계이다. 논리를 올바르게 이해하고 활용하면, 우리는 더 이성적이고 조화로운 사회를 만들어갈 수 있을 것이다. 따라서 논리적 사고를 배우고 실천하는 것은 개인의 삶뿐만 아니라 사회 전체의 발전에도 크게 기여할 것이다.

3. 논증이란 무엇인가?

논증은 어떤 주장(결론)과 이를 뒷받침하는 근거(전제)의 합리성을 검토하는 논리적 증명 과정이다. 논증의 핵심은 주장이 근거와 논리적으로 연결되어 있는지, 그리고 그 근거가 주장에 적합한 합리성을 제공하는지를 판단하는 데 있다. 이러한 과정을 통해 논증은 설득력 있는 의사소통과 논리적 사고의 중요한 기반이 된다.

논증은 일상생활부터 학문적 분야까지 다양한 상황에서 활용된다. 수학적 논증은 명확성과 객관성을 제공하며, 일상적인 논증은 도덕적 판단이나 법률 해석, 그리고 사회적 관습에 기반한 의사결정을 가능하게 한다. 특히 올바른 논증은 주장과 근거를 체계적으로 연결하여 설득력을 높이고, 비판적 사고를 통해 오류를 식별하며 논리적 타당성을 판단하는 데 도움을 준다. 따라서 논증은 개인의 합리적 사고를 키우고, 사회적 논의와 의사결정을 합리적으로 이끄는 데 없어서는 안 될 과정이라 할 수 있다.

- **전제**   비가 오면 땅이 젖는다.
- **결론**   지금 비가 오니 땅이 젖을 것이다.

논증은 기본적으로 위 사례처럼 전제(근거)와 결론(주장)으로 구성된다. 전제는 결론을 뒷받침하기 위해 제시되는 근거로, 객관적인 법칙, 사실, 사회적 관습 등을 포함할 수 있다. 예를 들어, '비가 오면 땅이 젖는다'는 일반적인 자연 현상을 나타내는 전제이며, '지금 비가 오니 땅이 젖을 것이다'는 이를 기반으로 도출된 결론이다. 이 논증은 전제와 결론이 논리적으로 연결되어 있어 형식적으로 타당하다고 볼 수 있다.

결국, 논증은 주장과 근거를 명확히 연결하여 설득력을 강화하고, 논리적 사고와 의사소통을 효과적으로 지원하는 중요한 도구이다. 이를 통해 우리는 합리적 사고를 발전시키고, 사회와 개인 모두에서 의사결정을 더욱 정교하고 설득력 있게 만들 수 있다.

논증의 타당성을 완전히 평가하기 위해서는 형식적 타당성뿐만 아니라 내용적 타당성도 검토해야 한다. 위의 예에서 '비가 오면 땅이 젖는다'라는 전제가 참이라 하더라도, 땅이 방수 처리되었거나 덮개로 보호받고 있다면 '땅이 젖는다'라는 결론이 성립하지 않을 수 있다. 이러한 내용적 타당성의 검토는 논증의 신뢰도를 높이는 데 중요한 역할을 한다.

결론적으로, 논증은 주장과 근거를 명확히 연결하여 설득력을 확보하는 데 필수적인 도구가 된다. 논증을 통해 우리는 합리적이고 객관적인 사고를 발전시키고, 실생활에서 효과적인 의사소통과 의사결정을 이끌어낼 수 있다. 논증의 형식과 내용을 검토하는 과정을 이해하면 논리적 사고의 중요성과 한계를 더 깊이 깨달을 수 있을 것이다.

4. 논증의 유형

논증은 참·거짓을 중심으로 판단되는 수학적 논증부터 사회적 승인 여부에 의존하는 일상적 논증까지 다양한 형태를 가진다.

■ 수학적 논증

수학적 논증에서는 전제와 결론의 참과 거짓이 명확히 구분된다. 논리적 형식이 올바르다면 논증 자체가 객관성을 가지며, 결론의 타당성은 전제의 참 여부에 의존한다.

- 전제   모든 삼각형의 내각의 합은 180°다.
- 결론   이 삼각형의 내각의 합은 180°다.

■ 일상적 논증

일상생활에서는 전제와 결론이 참·거짓으로 명확히 드러나지 않는 경우가 많다. 이때 논증의 합리성은 관습, 법률, 도덕, 사회적 승인 여부 등의 기준에 의해 판단된다.

- 전제   법적으로 음주 운전은 처벌받는다.
- 결론   따라서 음주 운전을 하면 처벌받는다.

IV
좋은 논증과 논증 평가

1. 좋은 논증이란 무엇인가?

좋은 논증은 타당성(Validity)이 있는 논증이다. 논증의 타당성을 평가하려면 먼저 논증이 적절한 형식을 갖추고 있는지 확인해야 한다. 모든 논증은 전제(근거)와 결론(주장)으로 구성된다. 논증의 결론이 전제로부터 논리적으로 도출될 때 논증이 타당하다고 말한다. 전제가 참이라면 결론도 반드시 참이거나 수용 가능성이 있어야 하며 논리적으로 일관성을 유지해야 한다.

■ 타당한 논증 사례

- 전제 1   모든 고양이는 포유동물이다.
- 전제 2   톰은 고양이다.
- 결론   따라서 톰은 포유동물이다.

두 전제가 모두 참이고 결론은 전제로부터 논리적으로 도출되므로 타당한 논증이다. 전제와 결론 사이의 관계가 명확하며, 결론을 부정하려면 전제를 부정해야 하므로 논리적 일관성을 갖추고 있다.

■ 잘못된 논증 사례

- 전제 1   모든 고양이는 포유동물이다.
- 전제 2   스파이크는 개다.
- 결론   따라서 스파이크는 포유동물이 아니다.

전제가 결론을 뒷받침하지 못하므로 타당하지 않은 논증이다.
　전제와 결론을 중심으로 '좋은 논증의 기준'이 충족되었는지를 검토해 보면 논증의 적절성 여부를 잘 파악할 수 있다. 좋은 논증이 되기 위한 설득력과 논리적 타당성을 가지기 위해서는 다음의 세 가지 기준을 충족해야 한다.

타당성을 갖추기 위한 좋은 논증의 세 가지 기준

첫째 전제가 진실성이나 수용 가능성이 있는가?
　　(Truth or Acceptability of Premises)
둘째 전제가 결론과 연관성이 있는가?
　　(The Relevance of the Premise to the Conclusion)
셋째 전제가 결론을 내리기에 적절성과 충분성을 갖추었는가?
　　(Appropriateness and Sufficiency of Premises)

2. 좋은 논증의 세 가지 기준

(1) 전제의 진실성 또는 수용 가능성
   (Truth or Acceptability of Premises)

논증의 전제는 사실에 기반하거나 합리적으로 수용 가능한 내용이어야 한다. 즉, 객관적이고 신뢰할 수 있는 근거에 의해 전제가 참임이 입증되거나, 합리적으로 받아들여져야 한다. 전제가 거짓이라면 결론이 참이라 하더라도 논증은 설득력을 잃는다.

- 전제 1   대부분 과일은 비타민이 풍부하다.
- 전제 2   사과는 과일이다.
- 결론   따라서 사과는 비타민이 풍부하다.

두 전제는 사실에 기반을 두고 있고, 일반적인 상식과 과학적 근거로도 수용 가능하므로 논증은 설득력이 있다.

반면, 다음 논증은 전제가 거짓이다.

- 전제 1   모든 과일은 초록색이다.
- 전제 2   사과는 과일이다.
- 결론   따라서 사과는 초록색이다.

실제로 모든 과일이 초록색은 아니므로, 첫 번째 전제는 거짓이고 결론도 거짓이다.

(2) 전제와 결론의 연관성

(The Relevance of the Premise to the Conclusion)

전제는 결론과 직접적으로 연관되어야 하며, 논증의 결론을 뒷받침하는 데 직접적으로 기여해야 한다. 전제가 아무리 참이라도 결론과 연관성이 없으면 좋은 논증이 될 수 없다.

- **전제 1**   흡연은 건강에 해롭다.
- **전제 2**   건강은 삶의 질에 영향을 미친다.
- **결론**   따라서 흡연을 줄이면 삶의 질이 향상된다.

전제와 결론 사이의 논리적 연결이 명확하며, 전제는 결론을 도출하는 데 직접적으로 관련이 있다.

반면, 다음 논증은 전제와 결론의 논리적 연관성이 부족하다.

- **전제 1**   바나나는 맛있다.
- **전제 2**   맛있는 음식은 사람을 행복하게 한다.
- **결론**   따라서 바나나는 비만을 유발한다.

여기서 전제와 결론은 논리적 연관성이 없으며, 전제가 결론을 뒷받침하지 못한다.

(3) 전제의 적절성과 충분성
(Appropriateness and Sufficiency of Premises)

전제가 결론을 뒷받침하기에 적절하고 충분한 정보를 제공해야 한다. 즉, 전제의 내용이 결론에 도달하는 데 필요한 조건을 충분히 충족해야 한다.

전제의 부족으로 결론이 약해지면 논증의 설득력이 떨어진다.

- 전제 1 대기 오염은 기후 변화를 유발한다.
- 전제 2 자동차 배기가스는 대기 오염의 주요 원인이다.
- 결론   따라서 자동차 사용을 줄이면 기후 변화 완화에 기여할 수 있다.

전제는 기후 변화와 자동차 사용 간의 관계를 충분히 설명하며, 결론을 뒷받침하는 데 적절하고 충분하다.

반면, 다음 논증은 충분성이 부족하다.

- 전제 1 사람들은 스트레스를 받으면 휴식을 취한다.
- 결론   따라서 모든 사람이 명상을 해야 한다.

전제는 결론을 뒷받침하기에 충분하지 않다. 다른 선택지(예: 운동, 취미 활동)를 고려하지 않아 충분성이 부족한 논증이다.

3. 좋은 논증 사례 분석

다음은 좋은 논증의 3가지 조건(전제의 진실성 또는 수용 가능성, 전제와 결론의 관련성, 전제의 적절성과 충분성)을 잘 지킨 5가지 논증 사례를 논증의 조건별로 상세히 분석한 내용이다.

■ 논증 사례 1

- 전제 1 모든 포유동물의 피는 따뜻하다.
- 전제 2 고양이는 포유동물이다.
- 결론   따라서 고양이의 피는 따뜻하다.

1. 전제의 진실성 또는 수용 가능성: 과학적으로 모든 포유동물의 피는 따뜻하다는 사실과 고양이가 포유동물이라는 사실은 참이다.
2. 전제와 결론의 연관성: 두 전제는 결론과 직접 연관되어 있다. 첫 번째 전제는 포유동물의 특성을, 두 번째 전제는 고양이와 포유동물의 관계를 설명하여 결론에 기여한다.
3. 전제의 적절성과 충분성: 전제는 결론을 도출하는 데 필요한 모든 정보를 제공하며, 추가적인 전제가 필요하지 않을 정도로 적절하고 충분하다.

- 논리적 타당성 검토:

결론은 전제의 구조적 논리에 의해 도출된다. 전제들이 참이라면 결론도 반드시 참이므로 논리적으로 타당하다.

- **논증 사례 2**

  - **전제 1**   만약 비가 오면 땅이 젖는다.
  - **전제 2**   지금 비가 오고 있다.
  - **결론**   따라서 땅이 젖는다.

1. 전제의 진실성 또는 수용 가능성: '비가 오면 땅이 젖는다'는 일반적인 자연법칙으로 참이며, 비가 오는 사실도 관찰을 통해 확인 가능하다.
2. 전제와 결론의 연관성: 전제들은 땅이 젖는 상황과 직접적으로 관련이 있다. 조건문 논증에서 관련성이 명확히 드러난다.
3. 전제의 적절성과 충분성: 전제들은 땅이 젖는 결론을 도출하는 데 필요한 조건(비가 오는 상황)을 정확히 충족하며 충분하다.

- **논리적 타당성 검토**

조건문 구조에 따라 전제 1과 전제 2가 논리적으로 결론을 도출하므로 타당하다.

- **논증 사례 3**

  - **전제 1**   흡연은 폐암의 주요 원인이다.
  - **전제 2**   A는 흡연을 지속해 왔다.
  - **결론**   따라서 A는 폐암에 걸릴 위험이 크다.

1. **전제의 진실성 또는 수용 가능성**: 과학적 연구에 따르면 흡연은 폐암의 주요 원인이다. 또한 A가 흡연을 하기에 전제는 참이다.
2. **전제와 결론의 연관성**: 흡연과 폐암의 인과관계를 다루는 전제는 A의 폐암 위험이라는 결론과 직접적으로 연결된다.
3. **전제의 적절성과 충분성**: 흡연이 폐암의 주요 원인이라는 사실과 A의 행동(흡연 지속)은 폐암의 위험을 충분히 설명하고 있다.

- **논리적 타당성 검토**:

전제가 참이라면 결론도 논리적으로 도출되고 인과관계가 명확히 드러나므로 타당하다.

■ **논증 사례 4**

- **전제 1** 통계적으로, 매일 30분 이상 운동하는 사람들은 심혈관 질환에 걸릴 위험이 적다.
- **전제 2** B는 매일 30분 이상 운동을 한다.
- **결론**   따라서 B는 심혈관 질환에 걸릴 위험이 적을 가능성이 높다.

1. **전제의 진실성 또는 수용 가능성**: 운동과 심혈관 질환 발생 위험의 상관관계는 많은 연구를 통해 입증된 사실이다.
2. **전제와 결론의 연관성**: 전제들은 B의 운동 습관과 심혈관 질환 발생 위험 간의 관계를 명확히 다루고 있어 관련성이 높다.
3. **전제의 적절성과 충분성**: 전제는 결론을 충분히 지지하며, 다른 전제

가 없어도 결론을 뒷받침하는 데 부족함이 없다.
- 논리적 타당성 검토

전제가 참이라면 결론이 논리적으로 도출되므로 타당하다.

■ 논증 사례 5

- 전제 1   태양계의 모든 행성은 태양을 중심으로 공전한다.
- 전제 2   지구는 태양계의 행성이다.
- 결론   따라서 지구도 태양을 중심으로 공전한다.

1. 전제의 진실성 또는 수용 가능성: 태양계의 행성들이 태양을 공전한다는 것은 과학적으로 입증된 사실이며, 지구가 태양계 행성이라는 사실도 참이다.
2. 전제와 결론의 연관성: 전제들은 지구의 공전 특성과 직접적으로 관련되어 있다.
3. 전제의 적절성과 충분성: 전제는 지구가 태양을 중심으로 공전한다는 결론을 도출하는 데 필요한 모든 정보를 포함하며, 충분한 근거를 제공한다.

- 논리적 타당성 검토

전제가 참이면 결론이 자연스럽게 도출되어 논리적으로 타당하다.

위 사례들은 모두 좋은 논증의 기준을 충족하며, 각각의 전제와 결론이 논리적이고 설득력 있는 방식으로 연결되어 있다.

V
논리적 오류

논리적 오류는 논리적인 사고 과정에서 발생하는 잘못된 추론이나 오류를 의미하는데, 이는 논리적으로 타당한 결론에 도달하지 못하게 하거나 주장 자체의 신뢰성을 저하시킬 수 있다. 이러한 오류는 논쟁, 토론, 일상 대화 등 다양한 상황에서 빈번하게 나타난다.

논리적 오류를 배우는 것은 단순히 올바른 논리를 구사하는 것 이상의 의미가 있다. 논리적 오류를 정확히 이해하면, 상대방의 주장에서 문제점을 파악하고 자신의 주장을 논리적으로 강화할 수 있다. 현대 사회에서는 다양한 정보와 의견이 빠르게 유통되고 있으며, 이 중에는 왜곡된 사실이나 논리적 오류를 포함한 주장도 적지 않다. 이런 상황에서 논리적 오류를 인식하고 이를 극복하는 능력은 정보의 홍수 속에서 진실과 허구를 구분하는 데 중요한 역할을 한다.

예를 들어, 광고, 정치 연설, 언론 보도 등에서 종종 논리적 오류가 발견된다. 이러한 오류를 인식하지 못하면 쉽게 왜곡된 정보에 영향을 받을 수 있다. 그러나 논리적 오류를 비판적으로 분석하는 능력을 기르면 우리는 더욱 독립적이고 객관적인 판단을 내릴 수 있다. 이는 개인의 사고력을 강화할 뿐만 아니라 사회적 대화의 질을 높이고 건설적인 논의를 가능하게 한다.

논리적 오류를 배우고 이해하는 과정은 비판적 사고와 의사소통 능력을 향상시키는 데 매우 중요한 단계이다. 이는 개인의 지적 성장뿐만 아니라 사회적 대화에서의 생산적인 참여를 가능하게 하고, 더 나아가 공정하고 합리적인 사회를 만드는 데 기여한다. 따라서 논리적 오류를 이해하고 이를 식별하며 제거하는 능력을 갖추는 것은 비판적 사고를 발전시키는 데 필수적이다.

1. 논리적 오류를 배우는 이유

논리적 오류에 대해 알아야 하는 이유는 단순히 논리학적 지식을 쌓는 것을 넘어, 우리의 사고력과 의사소통 능력, 그리고 사회적 상호작용 역량을 향상하는 데 중요한 역할을 하기 때문이다.

첫째, 비판적 사고력을 키우는 첫걸음이 될 수 있다.
논리적 오류를 배우면 주장을 더 깊이 분석하고 평가할 수 있는 비판적 사고력이 향상된다. 이는 자신의 사고에서 발생할 수 있는 오류를 줄이고, 타인의 주장에서 잘못된 논리를 식별하는 능력을 길러준다. 비판적 사고는 학문적 연구뿐 아니라 일상적인 문제 해결과 의사 결정에도 필수적이다.

둘째, 설득력 있는 의사소통의 기초가 된다.
논리적 오류를 피하는 것은 설득력 있는 주장을 전개하는 데 중요하다. 타당한 논리를 바탕으로 하지 않은 주장은 대중에게 신뢰를 얻기 어렵다. 오류를 피하고 명확한 논증을 제시하면 더 효과적이고 설득력 있는 의사소통이 가능해진다.

셋째, 사회적 상호작용을 더 건설적으로 만들 수 있다.
논리적 오류는 종종 갈등을 일으키거나 논의의 방향을 왜곡한다. 논리적 오류를 이해하고 피하는 능력을 갖추면 논의가 감정적 대립이 아닌, 건설적인 협력으로 이어질 수 있다. 서로를 이해하고 공감하는 과정을 통해 문제를 해결하는 데 기여한다.

넷째, 정보의 신뢰성을 판단하는 데 필수적인 능력이다.

광고, 정치적 주장, 미디어 보도 등에서 논리적 오류가 빈번히 발견된다. 이러한 오류를 식별할 수 있는 능력은 잘못된 정보에 현혹되지 않고 현명한 결정을 내리는 데 필수적이다. 이는 현대 사회의 정보의 홍수 속에서 살아남기 위한 중요한 도구이다.

다섯째, 윤리적이고 공정한 판단을 위한 토대가 된다.

논리적 오류를 이해하면 더 공정하고 객관적인 판단을 내릴 수 있다. 이를 통해 타인의 관점을 존중하고, 편견이나 감정에 치우치지 않는 윤리적이고 공정한 논의를 펼칠 수 있다. 특히, 도덕적 선택이 필요한 순간에 더 나은 판단을 내리는 데 도움이 된다.

여섯째, 효율적인 문제 해결을 돕는 도구가 된다.

논리적 오류를 피하면 문제 해결 과정에서 불필요한 논쟁이나 오해를 줄일 수 있다. 이는 문제의 본질에 집중하여 더 효율적인 해결책을 찾는 데 기여한다. 논리적으로 타당한 접근은 복잡한 문제를 명확하게 풀어나가는 데 필수적이다.

오류에 대한 정확한 이해는 우리의 사고를 정교하게 하고, 더 나은 의사결정을 내리며, 사회적 상호작용에서 신뢰를 쌓는 데 기여한다. 비판적 사고, 설득력 있는 의사소통, 정보의 신뢰성 판단, 합리적 문제 해결 등 여러 영역에서 더 나은 방향으로 이끌어 줄 것이다.

2. 논리적 오류의 유형

논리적 사고 과정에서 흔히 발생하는 오류는 비논리적인 결론을 초래하는 것인데, 이는 다양한 형태로 나타날 수 있다. 이러한 오류는 잘못된 연역과 귀납에서 비롯되거나, 인과관계를 혼동하거나, 논점이 이탈되는 상황에서 발생할 수 있다. 또한, 권위나 대중에 대한 지나친 의존이나 언어적 표현의 모호성, 인신공격, 편향성과 같은 이유로도 나타날 수 있다.

논리적 오류를 이해하고 구체적인 사례를 통해 파악하는 것은 논리적 사고를 개선하고 설득력 있는 주장을 전개하기 위한 중요한 과정이다. 논리적 오류는 설득력을 약화시키며, 잘못된 의사결정으로 이어질 가능성을 높이기 때문에 이를 식별하고 교정하는 능력이 필요하다.

이러한 오류를 피하기 위해서는 주장의 근거를 꼼꼼히 검토하고, 데이터와 논리의 연결성을 체계적으로 분석하는 노력이 요구된다. 예를 들어, 귀납적 논증에서는 사례의 수와 다양성을 충분히 고려해야 하며, 연역적 논증에서는 전제와 결론이 논리적으로 일치하는지 확인해야 한다. 또한, 주장을 구성할 때 언어적 표현을 명확히 하고, 인과관계나 논점이 혼동되지 않도록 주의해야 한다.

논리적 오류를 인식하고 이를 피하는 훈련은 개인의 사고력을 강화하고, 더 설득력 있는 주장을 통해 효과적인 의사소통을 가능하게 한다. 이러한 노력을 통해 논리적 사고는 더욱 신뢰성과 타당성을 갖추게 되며, 복잡한 문제를 해결하거나 의사결정을 내리는 데 있어서 중요한 도구가 될 수 있다.

(1) 비논리적 연역 및 귀납에서 발생하는 오류

잘못된 연역과 귀납에서 발생하는 오류는 근거를 부적절하게 사용하거나 데이터를 오해하여 발생한다.

① **중도의 오류**: 양쪽의 극단적인 주장 사이의 중간 입장이 반드시 옳다고 가정하는 오류. '온건의 오류'라고도 함
   - 예 채권자와 채무자의 의견이 다를 경우 중간값으로 조정하려는 상황

② **성급한 일반화의 오류**: 적은 사례를 바탕으로 일반적인 결론을 내리는 오류
   - 예 '내가 만난 한국인이 모두 친절했으니, 모든 한국인은 친절하다.'

③ **순환논증의 오류**: 결론을 근거로 반복하여 사용함으로써 논리적 진전을 이루지 못하는 오류. '순환논법의 오류'라고도 함
   - 예 '나는 항상 옳다. 왜냐하면 나는 틀린 적이 없기 때문이다.'

④ **필요조건과 충분조건 혼동의 오류**: 필요조건과 충분조건을 혼동하여 잘못된 결론을 내리는 오류.
   - 예 '공부를 잘하려면 머리가 좋아야 하니, 머리가 좋으면 공부를 잘한다.'

⑤ **사실-당위의 오류**: 현재 상태(사실)를 바탕으로 그것을 당위로 여기거나 바람직하다고 주장하는 오류
   - 예 '지금까지 이렇게 해왔으니, 앞으로도 이렇게 해야 한다.'

중도의 오류

- Fallacy of Moderation -

> '서로 조금씩 양보해. 좋은 게 좋은 거야!'

'중도의 오류'는 대립적인 두 가지 선택이나 주장이 있을 때 중간 지점을 찾으려는 경향에서 발생하는 오류이다. 옳고 그름을 판단해야 하는 상황에서 옳고 그름을 가리지 않고 중간을 선택하면 불합리한 결과를 초래하거나 중용이라는 말로 포장되어 진실을 가리는 수단이 될 수도 있다. 양극단을 피하려고 할 때 발생하는 오류이기에 '온건의 오류'라고 하기도 한다.

1. 사례로 들어가기

원고 측 변호사

피고는 원고에게 1,000만 원의 채무가 있습니다. 모든 증거가 이를 입증하고 있으며, 따라서 전액을 지급해야 합니다.

피고 측 변호사

피고는 원고에게 아무런 채무가 없습니다. 원고의 주장에는 근거가 없으며, 피고는 어떠한 채무도 인정할 수 없습니다.

판사

양측의 주장을 잘 들었습니다만 재판으로 가면 서로 시간과 비용만 많이 들고 힘들어지니 서로 조금씩 양보하는 것이 좋겠습니다.

<u>양측에서 주장하는 금액의 중간인 500만 원을 피고가 원고에게 지급하는 것으로 조정하겠습니다.</u>

☞ **질문**

밑줄 친 판사의 발언에서 보이는 논리적 오류는 무엇일까요?

☞ **답변**

  이 대화는 중도의 오류를 명확하게 보여 준다. 판사는 양측의 대립적인 주장을 모두 받아들이지 않고, 중간 지점을 찾아내려고 한다. 판사는 증거에 따라 양측의 주장 중 옳고 그름을 따져 정당한 주장을 가려내지 않고, 단순히 중간 지점에서 타협을 시도했다. 이에 따라 실제로 어느 한쪽의 주장이 사실일 가능성을 무시하고 단순히 시간과 비용을 절약하기 위해 중간값을 선택하여 절충하려고 하는 불공정한 해결책을 제시하고 있다. 특히 해당 사례처럼 법률적인 상황에서 판단의 중요한 근거인 증거를 간과하고, 단순히 타협을 위해 중간 지점을 찾으려는 태도는 진실을 은폐하게 될 위험이 크다. 어느 한쪽의 주장이 옳거나 틀릴 수 있음에도 불구하고, 옳은 것을 찾지 않고 단순히 중간을 선택하여 문제를 해결하려고 하는 태도는 거짓 주장을 하는 사람의 편에 서는 것과 마찬가지이다.

  물론, 중간 지점을 찾는 것이 올바른 선택인 경우도 있다. 상거래에서는 판매자와 구매자 서로 원하는 가격을 절충하여 거래를 성사시키는 것이 합리적이다. 형제가 피자 한 판을 두고 서로 많이 먹겠다고 다투는 상황이라면 어떻게 나누어 먹어야 할지 부모가 고민해야 할 것이다. 다만, 이렇게 양적 차이를 두고 대립하는 상황에서도 어떤 중간 지점에서 합의를 볼지 정하는 것에는 합리적인 근거 제시가 필요하다. 양적 논쟁이라고 해서 특별한 근거 없이 중간값으로 타협하는 것은 또 다른 '중도의 오류'라고 볼 수 있다. 결국 핵심은 '중간이 합리적이다'라는 맹목적인 믿음이 아니라 '근거를 바탕으로 합리적인 것을 선택해야 한다'라는 원칙을 따르는 것이다.

2. [좋은 논증의 3가지 기준]을 토대로 분석하기

- **전제** 원고 측 변호사는 피고가 원고에게 1,000만 원을 빌렸고 증거가 있으니, 채무를 상환해야 한다고 주장한다.
  피고 측 변호사는 피고가 원고에게 돈을 빌린 적이 없고 증거를 인정할 수 없으니, 채무를 상환할 의무가 없다고 주장한다.
- **숨은 전제** 상반된 주장을 맞닥뜨렸을 때, 중간을 선택하는 것이 가장 합리적이다.
- **결론** 피고는 원고에게 500만 원을 상환해야 한다.

1. 전제의 진실성 또는 수용 가능성: 서로 대립된 주장이 있을 경우 '중간을 선택하는 것이 가장 합리적이다'라는 숨은 전제는 보편적 진리로 받아들여지기 어려우며, 상황과 맥락에 따라 다를 수 있어 수용 가능성이 낮다.
2. 전제와 결론의 연관성: 원고의 주장과 피고의 주장의 중간값을 선택하는 전제는 결론인 500만 원 상환과 직접적으로 연관되지만, 중간을 선택하는 것이 합리적이라는 숨은 전제가 상반된 주장에 대한 증거와 논증을 대체하지 못한다.
3. 전제의 적절성과 충분성: 상반된 주장에 근거 없이 중간을 선택하는 것은 채무 이행 여부를 판단하는 데 적절하지 않다. 또한 500만 원을 상환해야 한다는 결론을 내릴만한 충분한 근거가 제시되지도 않아 충분성도 충족하지 못한다.

* 논리적 타당성 검토

　판사는 원고와 피고의 상반된 주장을 검토하거나 타당성을 분석하지 않고, 단순히 중간값인 500만 원을 선택했다. 그러나 원고의 주장(피고가 1,000만 원을 빌렸다)과 피고의 주장(채무가 존재하지 않는다)은 옳고 그름이 명확히 나뉘는 문제이다. 이런 상황에서는 반드시 참과 거짓을 판별해야 하며, 이를 위한 증거와 논리가 필요하다. 중간값을 선택하는 것은 거짓 주장에 면죄부를 줄 수 있다.

　판결은 '중간을 선택하는 것이 가장 합리적이다'라는 숨은 전제에 기반하고 있다. 그러나 이 전제는 일반적으로 합리적이거나 논리적이라고 보기 어렵다. 상반된 주장에서 중간 지점이 합리적인 선택이 되기 위해서는 명확한 근거가 뒷받침되어야 한다. 사례에서 채무 존재 여부를 판단하는 데 중간값을 선택하는 것은 증거에 기반을 둔 합리적인 판단이 아니다.

　이런 논증의 결론은 거짓 주장을 하는 측에 유리하게 작용할 가능성이 크다. 원고의 주장과 증거가 사실이라면, 1,000만 원 전액 상환이 정당하다. 반면 피고의 주장이 사실이라면, 피고는 채무를 상환할 의무가 없다. 그러나 판사가 아무 근거 없이 500만 원 상환을 결정한다면, 이는 한쪽의 거짓 주장을 정당화하거나, 정당한 주장을 일부 침해하는 부당한 결과를 초래할 수 있다.

　옳고 그름이 명확히 나뉘는 상황에서는, 증거를 객관적으로 검토하고, 이를 바탕으로 참과 거짓을 판단해야 한다. 판결은 증거를 평가한 결과에 따라 결론을 내려야 하며, 단순히 양측 주장의 중간값을 선택해서는 안 된다. 중도의 오류는 논리적으로 타당한 논증을 흐리며, 공정성과 합리성을 훼손한다.

3. 오류 바로잡기

중도의 오류는 대립 상황에서 항상 중간 지점이 옳거나 합리적이라는 잘못된 판단을 내리는 논리적 오류이다. 이를 바로잡기 위해서는 먼저 대립 상황이 옳고 그름이 명확히 나뉠 수 있는 문제인지, 아니면 단순히 양적 차이에서 비롯된 문제인지를 구분해야 한다.

옳고 그름이 명확히 나뉠 수 있는 상황에서는 반드시 한쪽의 전제가 거짓이다. 이런 경우 중간을 선택하는 것은 부적절하며, 증거를 바탕으로 참과 거짓을 구분해야 한다. 논증 과정에서 자신의 주장과 선택을 비판적으로 검토하며, 그 안에 논리적 오류나 오해가 없는지 확인하는 것도 중요하다. 또한, 중간 지점이 항상 최선의 선택은 아니라는 점을 인식하는 태도가 필요하다.

양적 차이에서 비롯된 대립에서도 무조건 중간 지점을 선택하는 것은 옳지 않다. 예를 들어, 아르바이트생이 시급 20,000원을 요구하고, 사장이 10,000원을 제안한다고 가정할 때, 단순히 평균값인 15,000원으로 합의하라는 것은 중도의 오류에 해당한다. 적절한 시급은 다양한 요인을 종합적으로 고려해 결정되어야 한다. 협상 과정에서 임금이 중간값으로 정해질 수는 있지만, 그 이유는 단순히 중간값이기 때문이 아니라 이러한 요소들을 충분히 검토한 결과여야 한다.

중도의 오류는 논쟁을 간단히 해결하려는 경향에서 비롯되는 경우가 많은데, 이는 논리적 판단을 흐리고 부당한 결과를 초래할 수 있다. 대립 상황을 판단할 때는 먼저 옳고 그름을 따지고, 중간 지점을 선택할 필요가 있을 경우에도 합리적 근거와 논리를 바탕으로 결정을 내려야 한다.

4. 사례로 훈련하기

다음 진술의 논증 과정에는 어떤 문제가 있을까요?

1. 진정인은 퇴직 후 회사의 시간 외 근무 수당 등 임금체불이 있었다고 주장하며 1,000만 원 상당의 추가 임금 지급을 요구하였고, 노동부에 진정서를 냈다. 그런데 회사 측에서는 시간 외 근무를 한 적이 없으므로 추가로 지급할 임금이 없다고 주장하며 지급을 거절했다. 이에 근로감독관은 서로 주장이 엇갈리는데 복잡한 절차를 거치기보다는 중간 지점인 500만 원에 합의를 보라고 조정 결정을 내렸다.

2. 폐암에 걸린 환자에게 의사가 흡연 여부를 물었다. 환자는 하루에 한 갑 정도 피운다고 답하자, 의사는 흡연은 폐 건강에 매우 해로우니 당장 금연하라고 하였다. 이에 환자는 당장 금연하기는 어려우니 당장 금연하라는 의사의 주장과 흡연하겠다는 자기 입장을 절충하여 흡연량을 절반으로 줄이겠다고 했다.

3. 지금 거대 양당은 적대적 공생 관계입니다. 수세에 몰릴 때마다 여당은 야당을 공격하며, 야당은 여당을 공격하며 살아납니다. 양극단에 서 있는 여야 논쟁이 지겹지도 않습니까? 저는 여당과 야당, 그 어느 편도 아닌 중도의 길을 걷고 있습니다. 저 같은 중도주의자가 많아야만 대한민국이 삽니다. 국민 여러분의 소중한 한 표를 제3의 길을 걷는 저에게 주시기를 부탁드립니다.

4. 형: 너 내 게임기 몰래 가져갔지? 당장 돌려놓지 않으면 가만 안 둬. 당장 가져와.
   동생: 아냐. 왜 나를 의심하고 그래? 엄마, 형이 게임기 잃어버리고 저만 의심해요.
   어머니: 형제끼리 싸우면 어떻게 하니? 앞으로는 싸우지 말고, 사이좋게 지내.

5. 의사: 현재까지의 의학 연구에 따르면, 암 치료에는 과학적으로 검증된 항암 치료가 가장 효과적입니다. 임상시험을 통해 그 효과와 안전성이 입증된 치료법을 사용하는 것이 중요합니다.
   자연요법사: 하지만 항암 치료를 받아도 사망하는 환자가 많습니다. 부작용도 심각하고, 자연 요법만으로도 건강을 회복한 사례들이 있습니다.
   사회자: 그렇다면 항암 치료와 자연 요법을 병행하는 것이 가장 좋은 방법이겠군요.

☞ **해설로 확인하기**

1. 근로감독관은 진정인과 회사 측 사이에서 기계적 중립을 지키기 위해 적절한 근거 없이 중간 합의점으로 조정 결정을 내렸다. 이는 전형적인 '중도의 오류'에 해당한다. '시간 외 근무를 했는가?'라는 사실관계에서 둘의 주장이 엇갈리고 있다. 근로감독관은 양자에게 증거를 요구하여 증거를 기반으로 어느 쪽이 올바른 주장을 하는지 확인한 후 조정해야 한다.

2. 옳고 그름이 명확한 사례이다. 환자의 생명이 위태로운 상황에서 금연은 당장 시급하고 중요한 사안이다. 1갑이든 절반이든 건강에 치명적이므로 환자의 주장은 타당하지 않다.

3. 가상의 정치인이 선거 운동에서 '중도 후보이니 나를 뽑아 달라.'라고 발언하고 있다. 이 후보는 본인을 뽑아야 하는 이유로 양당이 잘못되었으니, 중도, 제3의 길이 옳다고 주장하고 있다. 이는 '중도의 오류'이다. 실제로는 양당 중 어느 한쪽이 잘못을 저질렀을 수 있다. 만약 양당이 모두 잘못되었다고 하더라도, 대안은 수만 가지에 이른다. 중도이기 때문이 아니라, 중도의 길이 왜 좋은지에 대해 합리적인 설득을 해야 한다.

4. 형과 동생은 동생이 게임기를 훔쳤는지에 대한 사실관계를 두고 다투고 있다. 둘 중 한 명이 오해했거나 거짓을 말하기 때문에 형제간 다툼이 일어났다. 그런데 많은 부모가 이 사례처럼 옳고 그름을 가려서 잘못한 쪽을 나무라는 것이 아니라 둘 다 나무라는 방식으로 중도의

오류를 범한다. 사실관계에 대한 아이들의 논쟁을 무시하는 것은 아이들이 합리적으로 갈등을 해결하는 방법을 배우기 어렵게 만들 수 있다.

5. 항암 치료는 수많은 임상시험과 연구를 통해 효과와 안전성이 입증된 치료법이며, 환자의 상태에 맞춰 의학적으로 검증된 치료를 받는 것이 중요하다. 반면, 자연 요법 일부는 삶의 질을 높이는 데 도움이 될 수 있지만, 단독으로 암을 치료할 수 있다는 과학적 증거는 부족하다.

그럼에도 불구하고 '항암 치료와 자연 요법을 병행하는 것이 가장 좋은 방법'이라는 결론을 내리는 것은 중도의 오류에 해당할 수 있다. 이는 과학적 근거 없이 단순히 양측 입장의 중간을 선택하는 것이며, 반드시 올바른 해결책이 되지는 않는다. 암 치료는 의견 조정의 문제가 아니라 생명과 직결된 의학적 판단이 요구되는 분야이므로, 치료법 선택은 절충이 아닌 과학적 근거를 바탕으로 신중하게 이루어져야 한다.

5. 넓고 깊게 알아보기

*** 중용**

중용은 공자와 맹자 등의 유교 철학자들에 의해 강조되었으며, 도덕적 삶의 기준이 되어 왔다. 주로 지나치지도 모자라지도 않은, 적절하고 바람직한 상태를 추구하는 사상을 담고 있다. 공자의 손자인 자사는 이러한 중용사상을 집대성하여 『중용』이란 제목으로 저술하였다. 이 책은 『논어』, 『맹자』, 『대학』과 더불어 사서에 속하며, 유교의 기초가 되는 책이다. 중용은 사상의 이름이자 그 사상을 담은 책의 제목이기도 한 것이다.

중용의 핵심은 모든 행동에서 극단을 피하고, 상황에 맞게 합리적인 최적의 판단을 내리는 것이다. 이는 개인의 삶뿐만 아니라 사회적 관계와 국가 경영에서도 중요한 원칙으로 여겨진다. 중용은 단순히 중간에서 타협하는 것을 의미하는 것이 아니라, 모든 상황에서 최선의 길을 찾는 지혜로운 태도를 말한다.

많은 사람이 중도의 오류를 중용으로 포장하여 오용하는 경향이 있다. 중용과 중도의 오류는 구분해야 한다. 중도의 오류는 중간의 입장을 취하며 진실을 흐릿하게 만드는 기능을 하는 반면, 중용은 양극단이 흐리고 있는 진실에서 지혜롭게 최선을 찾는다는 점에서 차이가 있다. 중용을 통해 흑백 사고의 오류를 벗어나는 사람이 있는가 하면, 반대로 중도의 오류를 범하는 사람도 있다.

| 성급한 일반화의 오류 |

- Fallacy of Hasty Generalization -

> '눈 감고 코끼리를 만지지 마!'

　개인적인 경험이나 적은 수의 사례에 근거해 결론을 도출하는 오류이다. 부족하고 제한된 정보를 가지고 판단하면 부정확한 결론으로 이어지기 쉽다.

　이러한 논증은 훌륭한 논증의 세 번째 조건인 '전제는 결론이 옳다는 것을 입증하기 위한 충분한 근거를 제시해야 한다.'는 조건을 위반한 오류에 해당한다.

1. 사례로 들어가기

고대 인도의 경면왕(鏡面王)이 신하들과 진리에 대해 이야기를 나누다가 갑자기 코끼리 한 마리를 데려오라고 지시했다. 그리고 여섯 명의 시각 장애인들을 불러와 손으로 코끼리를 만져 보고 코끼리가 어떻게 생겼는지 각각 말해 보라고 하였다.

먼저 코끼리의 상아를 만진 사람은 '코끼리는 무처럼 생겼습니다'라고 말했다. 귀를 만진 사람은 '곡식을 고를 때 사용하는 키처럼 생겼습니다'라고 말했다.
다리를 만진 사람은 '아닙니다! 틀렸습니다. 코끼리는 절굿공이처럼 생겼습니다'라고 말했다.
이어 등을 만진 사람은 '평상처럼', 배를 만진 사람은 '큰 항아리처럼', 꼬리를 만진 사람은 '굵은 밧줄처럼' 생겼다고 말했다.

왕은 다투며 떠드는 시각 장애인들을 물러가게 한 뒤 신하들에게 말했다. '코끼리는 하나이거늘, 저 여섯 명은 모두 자기가 만져 본 것만으로 코끼리를 안다고 하는구나.'

- 불교 경전 〈열반경〉

☞ **질문**
밑줄 친 주장에서 보이는 논리적 오류는 무엇일까요?

🗨️ **답변**

코끼리를 만진 여섯 사람은 모두 '성급한 일반화의 오류'를 범하였다. 이들은 코끼리의 한 부분만 만져 본 단편적인 경험을 바탕으로 코끼리 전체의 모습을 판단하려 했다. 이러한 사례는 충분한 정보나 자료가 없는 상태에서 부분적인 경험이나 적은 수의 사례에 근거해 결론을 내리는 오류를 보여준다.

성급한 일반화의 오류를 이해하려면 먼저 일반화의 개념을 명확히 알아야 한다. 일반화란 서로 다른 사물이나 현상들에서 공통된 특징을 추출하고 이를 통해 근본적인 결론에 도달하는 추론 과정이다. 사전적 정의에 따르면 일반화는 '공통의 인자를 가진 서로 다른 사항들을 종합하여 이 사항들에 공통되는 근본적인 결론에 이르는 추론'을 의미한다. 쉽게 말해, 여러 사건이나 사물에서 공통점을 발견하고 이를 통해 그 대상의 본질을 파악하는 것이다. 따라서 일반화 자체는 잘못된 것이 아니며, 오히려 인간의 이성과 지혜가 작동하는 과정으로서 긍정적이고 유익한 활동이다.

일반화를 통해 인간은 복잡한 현실 속에서 원칙과 법칙을 발견하고, 이를 바탕으로 현상을 이해하며 적절히 대응할 수 있다. 또한 일반화는 개인의 삶이나 사회 공동체의 안정성을 유지하는 데 중요한 역할을 한다. 예컨대, 비슷한 패턴을 반복적으로 관찰하고 이를 일반화함으로써 우리는 자연의 법칙을 이해하거나, 사회적 규범을 수립하고 이를 통해 올바른 행동을 할 수 있다. 이처럼 일반화는 인간의 사고 과정에서 필수적이고 가치 있는 기능이다.

하지만 문제는 '성급한 일반화'이다. 성급한 일반화란 충분한 정보와 증거 없이 제한된 사례나 단편적인 경험만으로 전체에 대한 결론을 내리는 것을 의미한다. 예를 들어, 어떤 지역을 방문해서 두어 군데 식당에서만 음식을 먹고, 이를 근거로 '이 지역의 음식은 맛이 없다'라고 결론 내리는 것이다.

성급한 일반화의 오류에 빠진 사람들은 어떤 현상이나 사물을 복잡하고 다각적으로 이해하려 하기보다는 단순한 방식으로 접근하거나, 자신의 신념이나 경험이 옳다고 굳게 믿는 경우가 많다. 이러한 태도는 타인을 평가하거나 관계를 형성할 때 편향된 시각을 가지게 한다. 예를 들어, 개인의 인격이나 가치관, 사상, 행동 등 본질적인 면을 보기보다 그 사람의 국적, 인종, 학벌, 소속 집단과 같은 외적 속성에 주목해 판단하는 잘못을 범하기 쉽다.

더 나아가, 개인의 속성을 그 개인이 소속된 집단 전체로 확장하여 편견을 강화하거나 차별을 조장하기도 한다. 예를 들어, 특정 집단에 속한 몇 사람의 행동을 보고 그 집단 전체에 대해 부정적으로 인식하는 것이다. 이러한 태도는 사회적 갈등을 부르며, 개인과 집단 간의 관계를 왜곡시킨다.

경면왕의 우화는 성급한 일반화의 오류를 경계하며, 어떤 결론에 도달하기 전에 충분한 정보와 다양한 관점을 바탕으로 사안을 종합적으로 검토할 필요성을 강조한다. 코끼리의 전체 모습을 파악하려면 코끼리의 상아, 귀, 다리, 몸통, 꼬리 등을 모두 탐구하고 이를 종합적으로 판단해야 하듯이, 우리도 어떤 현상이나 사물을 이해할 때 부분적이고 제한적인 정보를 근거로 성급하게 결론 내리지 말아야 한다.

2. [좋은 논증의 3가지 기준]을 토대로 분석하기

- **전제**　코끼리의 상아를 만졌더니 무처럼 생겼다.
- **결론**　코끼리는 무처럼 생겼다.

1. **전제의 진실성 또는 수용 가능성**: 시각 장애인들은 서로 다른 관찰 결과를 바탕으로 각자의 경험만이 옳다고 주장했기 때문에, 수용 가능성이 부족하다.
2. **전제와 결론의 연관성**: 여섯 시각 장애인들이 제시한 증거는 코끼리의 일부에만 해당하며, 이를 전체에 적용하는 것은 결론과 연관성이 떨어진다.
3. **전제의 적절성과 충분성**: 코끼리라는 복잡한 대상에 대해 여섯 명 모두 단편적인 관찰만을 바탕으로 결론을 내렸다. 이들은 증거가 충분하지 않은 상태에서 일반화를 시도했다.

* **논리적 타당성 검토**

논증이 타당해지려면 전제와 결론 사이에 논리적 일관성이 존재해야 한다. 즉, 전제가 결론을 정당하게 뒷받침하고, 이를 통해 논증의 전체 구조가 논리적으로 모순 없이 연결되어야 한다. 하지만, 이 사례에서 여섯 시각 장애인들의 논증은 이러한 논리적 일관성을 갖추지 못했기 때문에 타당성이 부족하다.

먼저, 전제와 결론 사이의 연관성을 살펴보면, 여섯 시각 장애인들은 각각 코끼리의 다른 부위를 만지고 각자의 관찰에 기반해 코끼리 전체의 모습을 유추했다. 한 사람은 상아를 만지고 이를 무처럼 생겼다고 주장했으며, 또 다른 사람은 코끼리 다리를 만지고 절굿공이를 연상했다. 이처럼 각자의 관찰은 코끼리의 일부에만 해당하는데, 이를 근거로 코끼리 전체의 모습을 단정하는 것은 전제와 결론 간의 연관성을 크게 훼손한다. 즉, 코끼리라는 복잡하고 다면적인 대상을 일부 관찰로 설명하려는 시도는 부분적 관찰과 전체적 결론 사이의 논리적 틈을 드러낸다.

또한, 이 논증은 성급한 일반화의 오류를 포함하고 있다. 성급한 일반화란, 제한적이고 단편적인 관찰 결과를 기반으로 전체에 대해 결론을 내리는 논리적 오류를 의미한다. 이 사례에서 시각 장애인들은 코끼리의 특정 부위에 대한 단편적 관찰만을 바탕으로 전체의 모습을 유추하려 했다. 예를 들어, 코끼리의 귀를 만진 사람은 이를 곡식을 고를 때 사용하는 키로, 꼬리를 만진 사람은 밧줄로 인식했다. 그러나 이들의 관찰은 코끼리의 전체적인 모습이나 본질을 설명하기에 적절하거나 충분하지 않다. 따라서 결론을 뒷받침하는 증거로서의 전제는 타당하지 않다.

전제가 진실하거나 수용 가능한 것인지에 대한 논의도 이 논증의 타당성 부족을 확인하는 데 중요한 요소이다. 시각 장애인들이 경험한 각각의 관찰은 제한적이며, 관찰 결과에 대한 상호 검증이 이루어지지 않았다. 더구나 이들은 자신의 관찰이 옳다고 주장하면서 다른 사람들의 관찰 결과를 배제했다. 이러한 태도는 논리적으로 일관된 결론을 도출하기 어렵게 한다. 모든 관찰이 제한적이고 상충된다는 점에서, 논증의 수용 가능성 또한 부족하다.

3. 오류 바로잡기

재미있는 설문조사가 하나 있다. 2016년 〈한국보건사회연구원〉에서 한국인 1만 명을 대상으로 시행한 설문조사인데, 질문 중에 '하나를 보면 전체를 알 수 있다고 생각하는 습관이 있느냐?'라는 문항이 있었다. 여기에 '그렇다'라고 답한 사람이 무려 58.9%였다. 즉, 한국인의 과반수가 이런 습관을 갖고 있다고 대답한 것이다.

한국인뿐만 아니라 '성급한 일반화의 오류'는 지역, 인종, 종교를 떠나서 많은 사람이 쉽게 빠지는 오류이다. 그리고 잘못이라고 지적받아도 잘 고치지 못하는 오류이기도 하다. 인류의 역사에서 수많은 전쟁, 학살, 차별, 갈등, 편견이 이러한 성급한 일반화의 오류에서 비롯되었는데 이러한 현상은 아직도 끊임없이 이어지고 있다. 이는 우리가 그만큼 성급한 일반화의 오류에 빠지기 쉽다는 것을 말해 준다.

이 오류를 범하지 않기 위한 가장 좋은 방법은, 결론을 내리기 전에 충분한 증거와 다양한 사례를 검토하는 것이다. 그리고 제시하는 사례들이 결론에 대한 충분한 증거가 되는지, 아니면 단지 몇몇 사례에 불과한지 정확하게 판단해야 한다. 논증에서 충분한 증거로 인정되지 못할 정도로 근거가 부족하다면 결론을 내려서는 안 된다.

귀납적으로 결론을 끌어낼 때 어느 정도의 사례가 필요한지를 판단하는 것은 쉽지 않다. 하지만 충분히 많은 사례가 쌓이면 더 이상 그 주장의 옳고 그름에 영향을 미치지 못하게 된다. 이렇듯 많은 사례가 쌓여 충분한 증거로 승인될 때 결론을 내린다면 '성급한 일반화의 오류'에 빠지지 않을 것이다.

상대방이 '성급한 일반화의 오류'를 범하고 있을 때는 몇몇 사례만을 증거로 들어서는 안 된다는 것을 지적해야 한다. 그리고 상대의 주장에 대해 반대의 예를 제시하여 그의 주장에 문제가 있다는 것을 지적해 주어야 한다. 예를 들어, 상대방이 어떤 지역에 관해 이야기하면서 자신이 간 식당들이 모두 맛이 없었으니 그 지역 음식은 맛이 없을 것이라고 주장한다면, 그 지역의 대표적인 맛집들을 제시하는 방법이 있을 것이다. 그래도 상대방이 인정하지 않는다면 아래와 같이 상대방의 논증 구성에 불합리한 사례를 대입하여 상대방의 결론이 잘못되었다는 것을 확인시켜 주면 될 것이다.

- 이 지역의 A 식당에 갔더니 음식 맛이 좋았다.
- 이 지역의 B 식당에 갔더니 역시 음식 맛이 좋았다.

따라서 이 지역의 모든 식당은 음식 맛이 좋은 것이 틀림없다.

4. 사례로 훈련하기

다음 진술의 논증 과정에는 어떤 문제가 있을까요?

1. 엄마: 민지야, 너랑 유나는 스파게티를 정말 좋아하잖아. 그래서 유나 생일파티 음식으로 스파게티를 준비하려고 하는데 괜찮지?
   민지: 좋아요, 스파게티 맛있잖아요! 근데 유나 친구들은 뭐 좋아할지 몰라요.
   엄마: 걱정하지 마. 민지야, 초등학생들은 모두 다 스파게티 좋아하잖아! 내가 전에 봤던 요리 방송에서도 그랬고, 네 친구들도 다 좋아하잖니?

2. 다음은 미국 영화의 한 장면을 재구성한 내용이다.
   말콤: 왜 그러죠? 내가 속도위반이라도 했나요?
   경찰관: 아니요. 하지만, 이 차, 당신 것 같지 않아 보이는데요?
   말콤: 알겠어요. 내가 흑인이라서 그런 거죠? 흑인이 고급 차를 타고 있으면 훔친 차일 가능성이 크다는 거죠?
   경찰관: 아, 그런 뜻은 아니었는데요…. 그냥 절차적으로 확인하는 겁니다.
   말콤: 내가 이 차를 훔치긴 했어요. 하지만 내가 흑인이라서 이 차를 훔친 건 아니에요. 이건 순전히 내 나쁜 선택 때문이라니까요!

3. 남편감으로 경찰은 별로인 것 같아, 범인을 많이 접하다 보니 사람을 잘 믿지 않는 거 같고 사소한 일에도 따지는 습관이 있을 것 같아.

4. 민주: 저 학생은 지하철 안에서 다리를 쩍 벌리고 앉은 것도 모자라서 이제 큰 소리로 휴대폰 통화까지 하네. '<u>요즘 학생들</u>'은 공중도덕과는 담을 쌓은 것 같아.
   지혜: '저 학생'은 다리를 쩍 벌리고 앉은 것도 모자라서 이제 큰 소리로 휴대폰 통화까지 하네. <u>저런 학생</u>은 공중도덕과는 담을 쌓은 사람일 거야.

5. 모든 새는 날 수 있다.

☞ **해설로 확인하기**

1. 두 딸이라는 너무 적은 표본을 근거로 '초등학생들은 모두 스파게티를 좋아한다'라고 결론을 내리는 것은 '성급한 일반화의 오류'이다. 이런 결론을 내리는 사람은 딸의 생일파티에 스파게티를 준비했다가 잘 먹지 않은 아이가 있으면 자신이 성급했다고 생각하기보다는 그 아이가 이상하다고 생각할 가능성이 크다. 성급한 일반화는 상황을 제대로 이해하지 못한 상태에서 어떤 결정을 내리게 할 수 있다. '모두'라는 단어를 사용하기 전에 충분한 관찰과 검토가 필요하다.

2. 미국 영화의 한 장면이다. 흑인 주인공이 고급 차를 타고 가다가 경찰에게 검문당하면서 벌어지는 이야기다. 경찰의 예상대로 흑인 주인공이 차를 훔쳤다는 반전이 있지만, 흑인이 고급 차를 타고 있으면 훔친 차일 가능성이 크다고 생각하는, 미국 사회에서 흔히 볼 수 있는 '성급한 일반화의 오류'에 일침을 놓고 있다.

3. '남편감으로 경찰은 별로'라는 결론을 내리면서 그 이유로 '범인을 많이 접해 사람을 잘 믿지 않는다'라는 것과 '사소한 일에도 따진다'라는 두 가지 특징을 들고 있다. 하지만 이는 모든 경찰관에게 보편적으로 적용될 수 있는 사실이 아니다.
성급한 일반화의 오류는 직업, 종교, 인종, 국적 등의 영역에서 다양하게 나타난다. 개인적인 몇 번의 경험으로 특정한 결론을 내릴 때 '성급한 일반화의 오류'에 빠지기 쉽다.

4. **민주의 주장**은 논증의 전개는 논리적으로 타당하지 않다. 한 사람의 행동(개별 사례)을 근거로 전체 사람들(요즘 사람들)의 특성을 일반화하는 것은 성급한 일반화의 오류에 해당한다. 개별 사례는 충분한 근거가 될 수 없으며, 모든 사람을 대표할 수도 없다.
지혜의 주장은 '하나를 보면 열을 안다', '될성부른 나무 떡잎부터 다르다', '세 살 버릇 여든까지 간다', '제 버릇 개 못 준다' 등 성급한 일반화의 오류와는 반대되는 속담을 떠올리게 한다.

어떤 사람이 전철에서 한 몇몇 행동을 보고 공중도덕을 잘 지키지 않을 것으로 판단하는 것은 '성급한 일반화의 오류'로 생각하기 쉽다. 과연 그럴까? 단지 사례의 수가 적다고 해서 오류라고 하는 것은 옳지 않다. 아마 전철에서 이런 정도의 행동을 하는 사람이라면 공중도덕을 잘 지키지 않을 가능성이 더 크다. 따라서 이 경우는 '성급한 일반화의 오류'가 아니다. 때때로 '하나를 보면 열을 안다'라는 속담이 참일 때도 있는 것이다.

5. '모든 새는 날 수 있다'라는 주장을 성급한 일반화의 오류라고 할 수 있을까? 물론 펭귄이나 타조 같은 반례를 제시할 수 있다. 그러나 새 전체로 보았을 때 반례로 제시할 수 있는 새는 극소수에 불과하다. 따라서 '모든 새는 날 수 있다'라는 주장을 '성급한 일반화의 오류'라고 규정하기는 어렵다.
반면, '지구 이외에 동식물이 있는 행성은 없다'라는 논증은 태양계 밖에서는 이를 확인할 방법이 없기 때문에 '성급한 일반화의 오류'라고 할 수 있다.

5. 넓고 깊게 알아보기

2024년 초, 일본의 한 식당에서 발생한 사건을 기사의 형식으로 구성하였다. 외국인을 문전박대하는 식당을 고발하고 있는데 이 식당 주인이 어떤 과정을 통해 이런 행동을 하게 되었을지 생각해 보자.

* 일본 도쿄의 한 식당, 중국인·한국인 출입 금지 논란으로 폐업

일본 도쿄의 한 식당이 특정 국가의 국적자를 상대로 출입을 금지한 사실이 알려지면서 공분을 사고 있습니다. 특히 이 식당의 차별 행위를 폭로한 당사자가 백만 명 이상의 팔로워를 보유한 중국의 유명 블로거로 밝혀지며 국제적 논란으로 번지고 있습니다.

중국인 유명 블로거 A 씨는 지난 11일 자신의 소셜 미디어에 일본 도쿄에 있는 한 중식당을 방문했다가 겪은 차별 사건을 폭로하는 영상을 게재했습니다. 영상에는 식당 입구에 '중국인 출입 금지'라고 적힌 안내문이 여러 언어로 부착된 모습이 담겼습니다. 안내문에는 '한국인 출입 금지'라는 한국어 문구도 포함되어 있어 논란이 더욱 커졌습니다.

블로거 A 씨는 차별적인 안내문에도 불구하고 식당에 들어가 식당 주인에게 이를 항의했으며, 이후 경찰에 신고했습니다. 하지만 출동한 일본 경찰은 '해당 문구를 제거할 권한이 없다'라며 사건에 개입하지 않았습니다. 이에 A 씨는 일본 법무국과 주일중국대사관에 이 사실을 알리며 문제를 공론화했습니다.

사건이 알려지자, 일본 내에서도 비판의 목소리가 높아졌고, 결국 이틀 뒤 해당 식당의 주인은 차별 혐의로 입건되었습니다. 식당은 사건 직후 영업을 중단한 것으로 전해졌습니다.

해당 사건은 국제적으로도 큰 반향을 불러일으켰습니다. 누리꾼들은 '중식당이면서 중국인을 금지하다니 이해할 수 없는 행동이다', '차별적인 행동을 한 것도 모자라, 하필이면 유명 블로거를 건드린 게 큰 화를 불렀다'라는 반응을 보였습니다. 일부는 '한국인도 차별 대상이었다니 손 안 대고 코 푼 셈'이라는 반응을 내놓기도 했습니다.

이번 사건은 특정 국가를 겨냥한 차별 행위가 어떤 결과를 초래할 수 있는지 보여주는 사례로, 국제적 논의의 필요성을 다시금 일깨우고 있습니다.

이 기사를 보고 '일본의 식당들은 외국인들을 차별해'라고 말한다면 이 또한 '성급한 일반화의 오류'이다.

순환논증의 오류

- Circular Reasoning -

> '꼬리잡기로 증명할 수 있는 것은 없어!'

 순환논증의 오류는 증명하고자 하는 결론 자체를 전제의 일부로 사용하는 논리적 오류를 말한다. 이 오류는 전제와 결론이 표면적으로는 서로 다른 것처럼 보이지만, 실제로는 '이 주장은 옳다. 왜냐하면 이 주장은 맞기 때문이다'처럼 같은 의미를 반복하기 때문에 논리적 오류가 발생한다.

 그러나 이런 논증은 겉으로는 타당해 보일 수 있으나, 실제로는 아무것도 증명하지 못한다.

1. 사례로 들어가기

고양이

저쪽엔 모자 장수가 살고 있어. 그리고 저쪽엔 3월 토끼가 살고 있어. 네가 가고 싶은 쪽으로 가. 둘 다 미쳤으니까.

앨리스

하지만 난 미친 사람들 사이에 가고 싶지 않아요.

고양이

오, 그건 어쩔 수 없어. 여기 있는 우리는 모두 미쳤거든. 나도 미쳤고, 너도 미쳤어.

앨리스

내가 미쳤다는 걸 어떻게 아는데요?

고양이

<u>여기에 온 걸 보면 말이야, 너는 틀림없이 미쳤어.</u>

- 『이상한 나라 앨리스』, 〈제6장〉 '돼지와 후추'

질문

밑줄 친 고양이의 말에는 어떤 논리적 오류가 있을까요?

답변

　동화 『이상한 나라의 앨리스』에 등장하는 고양이는 '여기에 있는 사람은 모두 미쳤다'라는 전제를 통해 앨리스가 미쳤다는 결론을 도출하고, 다시 앨리스가 여기에 있다는 사실을 들어 이 결론을 정당화하려고 한다. 이러한 논리적 구조는 결론을 증명하기 위해 그 결론을 다시 사용하는 전형적인 '순환논증의 오류'에 해당한다. 순환논증이란, 어떤 주장을 입증하기 위해 그 주장 자체를 다시 사용하는 방식으로, 논리적 설득력을 갖추지 못한 오류이다. 고양이의 주장은 결국 '너는 미쳤으니 너는 미쳤다'라는 말로 요약할 수 있다. 이처럼 결론과 근거가 동일한 구조를 가질 때, 논리적으로는 아무것도 증명되지 않는다.

　『이상한 나라의 앨리스』에 등장하는 고양이와 앨리스의 대화에서 앨리스는 고양이로부터 자신이 미쳤다는 말을 듣고, 이에 대해 '내가 미쳤다는 걸 어떻게 아느냐?'라고 근거를 묻는다. 이에 고양이는 '여기에 온 걸 보면 너는 틀림없이 미쳤어'라고 답한다. 고양이의 주장은 '여기에 있는 사람은 모두 미쳤다'라는 전제를 바탕으로 하고 있다. 하지만, 이 전제에는 아무런 증거나 이유가 없다.

　고양이의 이러한 대화는 논리적 근거의 결여와는 별개로, 동화적 맥락에서는 흥미로운 상징성과 유머를 제공한다. '미치지 않았다면 이상한 나라에 올 수 없다'라는 고양이의 발언은 이 세계의 독특한 규칙과 분위기를 보여주는 상징적인 표현일 수 있다. 하지만 순수하게 논리적 관점에서 본다면, 고양이의 주장은 순환논증의 오류로 인해 설득력을 잃게 된다. 이를 통해 독자는 논리적 사고와 동화적 상징 사이의 흥미로운 차이를 발견할 수 있다.

2. [좋은 논증의 3가지 기준]을 토대로 분석하기

- **전제** 네가 미치지 않았으면 여기 있을 리 없어. (너는 미쳤어)
- **결론** 따라서 여기 있는 너는 미쳤어.

1. **전제의 진실성 또는 수용 가능성**: 이 논증은 고양이가 설정한 전제에 의존한다. 그러나 '여기 있는 사람은 모두 미쳤다'는 논리적이지 않고 경험적으로도 증명되지 않은 전제이므로 수용 가능성이 낮다.
2. **전제와 결론의 연관성**: 위 논증에서 전제와 결론의 관련성은 고양이의 논리가 무엇인지에 따라 결정된다. '여기 있는 사람은 모두 미쳤다'라는 전제를 통해 '너도 미쳤다'라는 결론을 도출한다. 그러나 이 전제가 참인지 입증되지 않았기 때문에, 이러한 관련성은 논리적이라기보다는 자기 완결적 성격을 지닌다.
3. **전제의 적절성과 충분성**: 고양이가 제시한 전제만으로는 앨리스가 미쳤다는 결론을 충분히 뒷받침할 수 없다. '여기 있는 사람은 모두 미쳤다'는 일반화된 주장으로, 앨리스가 미쳤다는 개별적 증거가 될 수 없다. 수용 가능성이 낮고 보충적 근거가 없는 결론은 적절하다고 판단하기 어렵다.

* **논리적 타당성 검토**

이 논증은 겉으로 보기에는 전제와 결론이 잘 연결된 것처럼 보이지만, 사실은 논리적으로 큰 순환논증의 오류에 빠져, 결론을 뒷받침하기 위해 전제에서 이미 그 결론을 사실로 가정해 버리는 논리적 실수를 범하고 있다. 다시 말해, 결론을 증명하려고 하지만 실제로는 결론 자체를 반복해서 이야기하고 있다.

우선, 이 논증의 전제인 '네가 미치지 않았으면 여기 있을 리 없다'라는 말은 결론인 '너는 미쳤다'와 사실상 같은 말이다. 전제에서 이미 '여기 있는 사람은 모두 미쳤다'라는 가정을 하고, 이를 바탕으로 '너도 미쳤다'라는 결론을 도출하고 있다. 하지만 이런 방식은 전제와 결론이 서로를 반복해서 증명하려는 구조로, 논리적으로는 아무것도 새롭게 증명하지 못한다.

또한, 전제가 참인지도 분명하지 않다. 논증이 성립하려면 전제가 사실이어야 하고 독립적인 근거를 가져야 한다. 하지만 '여기 있는 사람은 모두 미쳤다'라는 전제는 단지 주장일 뿐, 이를 뒷받침할 증거나 이유가 없다.

게다가, 전제가 지나치게 일반화된 것도 문제가 된다. '여기 있는 사람은 모두 미쳤다'라는 전제가 사실이라고 하더라도, 그것만으로 특정 앨리스가 미쳤다는 것을 증명할 수는 없다. 결국 전제가 결론을 충분히 뒷받침하지 못하기 때문에 결론에 신뢰성이 없다.

결론적으로, 이 논증은 전제와 결론의 형식을 갖춘 것처럼 보이지만, 실제로는 전제와 결론이 서로를 반복하는 순환논증의 오류를 범하고 있다. 전제가 결론을 독립적으로 증명할 수 없기 때문에, 이 논증은 논리적으로 타당하지 않다. 쉽게 말해, '너는 미쳤다'를 증명하려면 다른 근거가 필요한데, 이 논증은 그 근거를 제시하지 못하고 단지 결론을 반복해서 말하고 있다.

3. 오류 바로잡기

순환논증의 오류는 결론을 뒷받침하기 위해 전제를 사용하는 듯하지만, 실제로는 그 전제에 이미 결론이 포함되어 있는 경우를 말한다. 즉, 전제와 결론이 서로를 반복적으로 지지하는 구조를 가지며, 결과적으로 아무것도 새롭게 증명하지 못한다. 이런 오류는 단순한 말장난처럼 보일 수 있으나, 실제로는 상당히 자주 발생하며 그 오류를 알아채기 어려운 경우도 많다. 특히 논증이 길고 복잡할수록, 이러한 오류는 숨겨져 있을 가능성이 높다. 따라서 겉보기에는 설득력 있는 논증처럼 보이기도 한다.

순환논증은 때로는 한 문장 안에서 간단히 드러나는 경우도 있지만, 긴 글이나 복잡한 논증 속에서도 발견될 수 있다. 심지어는 종교적 교리, 정치적 이데올로기, 철학적 체계와 같은 거대한 사상 속에서도 이런 구조가 포함된 경우가 있다. 예를 들어, 어떤 체계가 '이것이 진리다'라는 결론을 내리기 위해 '그 체계 자체가 진리이기 때문이다'라고 주장한다면, 이는 순환논증에 해당한다. 이러한 구조는 표현이 복잡하거나 논증이 여러 단계를 거치면서 결론과 전제가 분리된 것처럼 보이는 경우가 많다. 이렇게 되면 논증의 오류가 더욱 감춰지게 된다.

순환논증은 보통 전제와 결론을 명확하게 드러내지 않는 특징이 있다. 논증이 길거나 여러 단계를 거칠 경우, 독자는 전제가 결론으로 이어진 뒤 다시 그 결론이 전제를 뒷받침하고 있다는 사실을 알아차리기 어렵다. 예를 들어, 전제가 A이고 결론이 B인 논증이 있다고 하자. 이 논증이 여러 단계를 거치면서 다시 A로 돌아오는 구조를 가지게 되면, 전제와 결론이 서로 순환하고 있다는 점을 파악하기 쉽지 않다.

이러한 논증은 겉으로는 논리적인 것처럼 보일 수 있으나, 실제로는 아무것도 증명하지 못하고 단순히 말을 복잡하게 만든 것에 불과하다.

순환논증의 오류를 피하려면, 자신의 주장을 철저히 검토하는 것이 중요하다. 먼저, 전제가 결론을 뒷받침하는 독립적인 근거인지 확인해야 한다. 만약 전제가 결론의 일부를 포함하거나 결론과 동일한 의미가 있다면, 이는 순환논증에 해당할 가능성이 크다. 예를 들어, '이 주장은 맞다. 왜냐하면 이 주장이 맞기 때문이다'와 같은 구조는 아무것도 증명하지 못하며, 순환논증의 전형적인 사례에 해당한다. 따라서 논리적 구조를 명확히 이해하는 것도 순환논증을 방지하는 효과적인 방법의 하나이다. 긴 글이나 복잡한 논증을 작성할 때는 전제와 결론이 어떻게 연결되어 있는지 세심하게 분석해야 한다. 논증의 흐름을 표로 정리하거나 요약하는 것도 좋은 방법이다. 이렇게 하면 논리 구조가 명확해지고, 전제와 결론이 순환하는 문제를 더 쉽게 발견할 수 있다.

다른 사람의 논증에서 순환논증의 오류를 발견했을 때는 이를 효과적으로 지적하는 것이 중요하다. 가장 좋은 방법은 논증을 단순화해 전제와 결론이 순환하고 있음을 명확히 보여주는 것이다. 예를 들어, 긴 논증을 표준 논리 구조로 정리한 뒤, '결론이 이미 전제로 사용되고 있다'는 점을 분명히 지적하면 된다. 또한 상대방에게 '결론을 입증할 다른 증거가 있는가?'를 물어보는 것도 유용하다.

결론적으로, 순환논증은 겉보기에는 결론을 증명하는 것처럼 보이지만, 실제로는 아무것도 증명하지 못한다. 이는 단순한 말장난에 불과하며, 논리적 설득력이 있는 논증을 구성하는 데 도움이 되지 않는다.

4. 사례로 훈련하기

다음 진술의 논증 과정에는 어떤 문제가 있을까요?

1. 선생님! 영수는 정직합니다.
   영수는 한 번도 남을 속인 적이 없기 때문입니다.
   그리고 영수가 남을 속인 적이 없는 이유는, 영수가 정직하기 때문입니다.

2. 지혜: 너를 믿으니 이 일을 부탁할게.
   민주: 네가 날 믿는다고? 진짜야?
   지혜: 믿지 않으면 왜 너한테 부탁하겠니?

3. 다음 내용은 독일의 철학자이자 논리학자인 드로비쉬(M.W.Dro-bish 1802~1896)가 한 말을 대화 형태로 재구성한 것이다.

   민지: 신의 말은 진리야. 성서에 기록된 것들이 신의 말이지.
   호영: 그럼 성서가 신의 말이라는 건 어떻게 알 수 있어?
   민지: 성서에 기록돼 있잖아. 성서에 기록된 건 진리니까.
   호영: 잠깐만, 그럼 '성서가 신의 말이다'라는 걸 입증하는 근거가 성서 자체라는 거야?
   민지: 그렇지.
   호영: 그런데 성서가 진리라는 걸 어떻게 증명해?
   민지: 신의 말이니까.

4. '아, 오늘 반란을 일으킨 놈이 사형된대!'
'반란을 일으킨 자는 사형당하는 법이지!'
'사형당한 자는 반란을 일으킨 거야!'

사람들은 고개를 끄덕이며 중얼거렸다. 그들은 처음엔 아Q가 반란을 일으켰다는 말을 믿지 않았지만, 그가 이렇게 사형을 당하는 걸 보니 분명 뭔가 잘못을 저질렀을 것이라 확신했다.

5. 다음 내용은 1960년대 영국 정부가 '내셔널 플랜'이라는 국가 개발 계획을 수립했는데 이를 대화 형태로 재구성한 것이다.

    의원: 장관님, 올해 우리나라 경제 성장률 목표 수치가 3.8%로 설정되었다고 들었습니다. 이 수치는 어떤 기준에서 설정된 건가요?

    재무장관: 네, 의원님. 이 성장률은 주요 기업들의 예상 성장률을 참고하여 설정된 것입니다.

    의원: 그렇군요. 그렇다면 주요 기업들은 성장률을 어떤 근거로 예상했나요?

    재무장관: 기업들은 정부가 설정한 성장률 목표인 3.8%를 참고하여 자신들의 성장률을 추계했습니다.

    의원: 잠시만요, 그러니까 정부는 기업들의 예상 성장률을 바탕으로 목표를 세우고, 기업들은 정부의 목표를 바탕으로 예상치를 추계한 건가요?

    재무장관: 네. 서로 참고하며 일치된 데이터를 만들어냈습니다.

해설로 확인하기

1. 이 표현은 형식적으로는 문제가 없어 보이지만, 영수가 정직하다는 사실을 입증하지 못한다. 이는 '영수는 정직하다'라는 주장을 사실상 같은 의미인 '남을 속인 적이 없다'라는 말로 증명하려고 하기 때문이다. 이러한 구조는 결론을 전제로 위장한 대표적인 '순환논증의 오류'에 해당한다. '영수는 정직하다'와 '남을 속인 적이 없다'는 서로를 전제로 삼아 반복적으로 설명될 뿐, 구체적인 근거 없이 결론과 전제가 순환하는 논리적 오류를 드러낸다.

2. 사람은 대부분 이러한 말을 들으면 상대방이 본인을 진심으로 믿고 있다고 생각하기 쉽다. 그러나 논리적으로 따져보면, 이 말만으로 지혜가 민주를 믿는다는 사실을 입증할 수는 없다. 지혜가 정말로 믿는 것인지, 아니면 거절당하지 않기 위해 그럴듯하게 둘러대는 것인지 진실을 판단하기 어렵다. 이는 전제와 결론이 서로를 뒷받침하며 반복되는 '순환논증의 오류'에 빠져 있기 때문이다.

3. '성서가 신의 말'이라는 것의 근거를 '성서에 기록된 것은 진리'라는 것으로 제시하고 있다. 이는 전제와 결론이 서로 뒷받침하며 순환하는 '순환논증의 오류'를 잘 보여주는 사례이다.

4. 중국 작가 노신의 『아Q정전』에 나오는 말이다. '그놈'이 나쁘니까 사형당해야 한다고 주장하면서, 동시에 사형당하는 것을 보니 그가 나쁜 놈이라고 제시한다. 이는 결론을 전제로 위장하여 제시하고 있는 '순환논증의 오류'이다.

5. '순환논증의 오류'는 너무나 뻔한 속임수 같은 것이어서 큰 집단이나 조직에서는 통하지 않는다고 생각하기 쉽다. 그러나 이런 단순한 오류가 국가와 같은 거대 집단에서 나타나는 사례가 있다. 1960년대 영국 정부는 '내셔널 플랜'이라는 국가 개발 계획을 수립했다. 이 계획에서 정부는 먼저 주요 기업에 '영국의 경제 성장률은 3.8%가 될 것'이라는 목표를 제시하고, 각 기업이 이 목표에 맞춘 성장 계획을 작성하도록 요구했다. 이후 기업들이 제출한 계획을 모두 합산한 뒤 '이제 영국 전체 산업이 3.8% 성장할 것'이라고 발표했다. 그러나 이 방식은 현실적인 근거 없이 목표를 미리 설정한 뒤, 그 목표를 뒷받침하기 위해 결과를 인위적으로 조작한 순환논증의 오류를 범한 것이다. 결국, 이러한 방식으로 작성된 계획은 실행 가능성이 부족했고, 실제로도 성과를 내지 못해 얼마 지나지 않아 폐기되었다.

5. 더 넓고 깊게 알아보기

순환논증(순환논법)은 종교나 정치 분야에서 자주 목격된다. 종교는 신의 존재를 증명하기 어렵다는 점에서 그렇다고 하더라도 정치에서 순환논법이 자주 등장하는 이유는 무엇일까? 이는 정치인의 논리 부족에서 비롯된 것일까, 대중의 관심을 끌기 위한 의도일까, 아니면 민감한 사안에 대한 책임을 회피하려는 전략일까?

다음은 일본의 정치인 고이즈미 신지로가 순환논법을 자주 사용한다는 점을 지적한 사례다.

고이즈미 준이치로 전 총리의 차남인 그는 젊고 매력적인 외모로 연예인 못지않은 대중적 인기를 얻으며 일본 정계에서 유력한 총리 후보로 거론되고 있다. 그러나 그의 발언과 화법은 논란의 중심에 서 있으며, 특히 논리적 빈약함과 순환논증의 오류가 자주 비판받고 있다.

그의 대표적인 발언은 2019년 유엔 기후 변화 정상회의에서 등장했다. 한 기자가 기후 변화 대처 방안에 대해 묻자, 그는 '즐겁고(Fun), 쿨(Cool)하고, 섹시(Sexy)하게 대처해야 한다.'라고 답했다. 이어 '그게 무슨 뜻인가요?'라는 질문에는 '그것을 설명하는 것은 섹시하지 않다'라고 답하며 화제를 모았다. 그러나 이 발언은 구체적인 대책이나 실질적 내용이 빠져 있다는 비판을 받았고, 결국 그는 '펀쿨섹좌'라는 별명으로 불리게 되었다.

이후 환경부 장관으로서 그는 지구온난화 대책에 대해 '지금처럼은 안 된다고 생각한다. 그렇기 때문에 일본은 지금처럼은 안 된다고 생각하고 있다.'라고 발언했다. 이는 실질적인 대책 없이 같은 말을 반복한 것으로, 전형적인 순환논증의 사례에 해당한다. 또한 그는 '정치에 무관심한 것은 정치에 무관심인 채 있을 수 있다.', '경기가 좋아지면 반드시 불경기에서 탈출할 수 있다'와 같은 발언으로도 주목받았다. 이러한 발언들 역시 전제와 결론이 동일하거나, 결론을 입증하기 위해 다시 결론을 전제로 삼는 순환논증의 오류를 보여준다. 이러한 화법은 논리적 설득력이 부족할 뿐 아니라, 정책적 깊이가 부족하다는 비판으로 이어지기도 했다.

한편, 그의 발언이 젊은 감각에서 나온 참신한 위트로 받아들여져 대중에게 친근한 이미지를 심어주기도 했다. 일부에서는 이러한 화법이 대중의 관심을 끌고 인지도를 높이기 위한 전략으로 해석하기도 한다. 실제로 그의 독특한 발언들은 일본에서 '고이즈미 구문(構文)'이라는 신조어를 탄생시켰으며, 사람들 사이에서 널리 퍼져나갔다. 그러나 이러한 대중적 이미지에도 불구하고, 그의 발언에 대한 부정적인 평가는 끊이지 않고 있다. 논리적 근거와 구체적인 대책이 부족한 발언은 그의 지적 수준에 대한 의구심을 불러일으키며, 특히 '국제 무대에 적합한 인재가 맞는가?'에 대한 우려를 낳고 있다.

결국 고이즈미 신지로의 화법은 대중적 이미지를 강화하는 데는 효과적일지 몰라도, 정책적 신뢰를 쌓고 진지한 논의가 요구되는 정치 무대에서는 그의 약점으로 작용할 가능성이 크다. 그의 사례는 정치적 발언에서 논리적 근거와 구체적인 대책이 얼마나 중요한지를 다시 한 번 환기시켜 준다.

필요조건과 충분조건 혼동의 오류
- Confusion between Necessary and Sufficient Conditions -

> '밥만 먹고 사니?'

　어떤 사건이나 상황이 발생하기 위한 필요조건을 그 사건이 일어나기 위한 충분조건으로 잘못 가정하여 일어나는 오류이다. 제시되는 증거가 비록 승인할 수 있고 결론과 관련 있는 것이라 하더라도 충분조건이 아니라면 그 증거만으로 결론을 끌어낼 수는 없기 때문이다.

1. 사례로 들어가기

민주
너 4당 5락이라는 말 들어봤어?

지혜
그게 뭔 말인데?

민주
4시간 자면 대학에 붙고 5시간 자면 떨어진다. 그런 얘기지.

지혜
말도 안 돼.

민주
내가 장담하는데 <u>너도 4시간만 자면 네가 원하는 SKY 대학에 간다.</u>

☞**질문**

밑줄 친 '민주'의 주장에서 보이는 논리적 오류는 무엇일까요?

☞ **답변**

P → Q가 참이라고 할 때, P를 Q가 성립하기 위한 '충분조건'이라고 한다. 이때 Q는 P와 같거나 P를 전부 포함하는 더 큰 집합이어야 한다. 따라서 Q는 P와 같거나 더 큰 집합이기 때문에, 항상 P가 될 수는 없다. Q가 P가 되려면 당연히 어떤 조건이 필요하며, 이 조건이 바로 Q는 P가 성립하기 위한 '필요조건'이 되는 것이다.

원하는 대학에 진학하기 위해서는 잠을 적게 자는 것이 필요할 수 있다. 그러나 잠을 적게 자는 것만으로는 원하는 대학을 가는 데 충분하지 않다. 공부도 열심히 해야 하고, 체력도 잘 유지해야 하고, 시간도 효율적으로 써야 하고, 좋은 학습자료도 필요할 것이다. 즉, 잠을 적게 자는 것은 원하는 대학에 가는 데 필요한 여러 조건 중 하나인 '필요조건'에 불과하다.

A는 밤잠을 줄여가며 열심히 노력하라는 뜻으로 과장을 섞어서 말했지만, 논리적으로 보면 필요조건을 마치 충분조건처럼 표현함으로써 '필요조건과 충분조건 혼동의 오류'를 범한 것이다.

2. [좋은 논증의 3가지 기준]을 토대로 분석하기

- **전제**   4시간만 잔다.
- **결론**   <u>원하는 SKY 대학</u>에 간다.

1. **전제의 진실성 또는 수용 가능성**: '4시간만 잔다'라는 명백히 수용 불가능한 전제이다. 충분한 수면은 학습 능률과 건강에 필수적인 요소로, 단순히 수면 시간을 줄인다고 해서 반드시 성취로 이어지리라고 단언할 수 없다.
2. **전제와 결론의 연관성**: 전제와 결론 사이의 연관성은 거의 없다. 수면 시간과 대학 입학 간의 상관관계가 명확하지 않으며, 수면은 성적 향상이나 대학 입학의 직접적 원인이 아니다.
3. **전제의 적절성과 충분성**: '4시간만 잔다'는 전제는 결론을 내리기에 적절하거나 충분하지 않다. 학습 방식, 공부 시간, 이해도 등 다양한 요소가 대학 입시에 영향을 미치므로 단지 수면 시간만을 기준으로 결론을 도출하는 것은 부적절하다.

* 논리적 타당성 검토

'4시간만 자면 원하는 SKY 대학에 간다'라는 주장은 논리적으로 타당하지 않으며, 특히 필요조건과 충분조건의 혼동이라는 오류를 포함하고 있다. 논리적으로 '4시간만 잔다(P)'가 '원하는 SKY 대학에 간다(Q)'를 보장하려면, P는 Q의 충분조건이어야 한다. 즉, P만으로도 Q가 반드시 성립해야 하지만, 현실에서는 그렇지 않다. 대학 합격은 단순히 수면 시간이라는 한 가지 요인에 의해 결정되는 것이 아니라, 학습 능률, 공부 방식, 건강 상태 등 다양한 요소가 관여하는 복합적인 과정이다. 따라서 '4시간만 잔다'라는 것이 Q를 보장한다고 주장하는 것은 근거가 부족하며 비약적인 결론이라 할 수 있다.

이를 논리적으로 이해하기 위해 예를 들어보겠다. 불이 꺼졌다(Q)고 해서 반드시 물을 뿌렸기 때문(P)이라고 단정할 수는 없다. 불은 모래를 덮거나 시간이 지나 자연적으로 꺼질 수도 있기 때문이다. 마찬가지로, 원하는 SKY 대학에 합격(Q)하기 위해 수면 시간을 줄이는 것(P)이 필요조건일 수는 있어도, 충분조건이라고 단정할 수는 없다.

결론적으로, '4시간만 자면 원하는 SKY 대학에 간다'라는 주장은 전제(P)가 결론(Q)을 보장하기에 충분한 근거를 제공하지 못하며, 필요조건과 충분조건을 혼동한 오류를 포함하고 있다. 단순히 수면 시간을 줄이는 것이 원하는 대학 합격으로 이어진다는 주장은 현실적이지도, 논리적이지도 않다. 대학 합격은 다양한 요인이 복합적으로 작용하는 결과로, 단일한 행동이나 습관으로 달성할 수 없는 목표임을 인지해야 한다.

3. 오류 바로잡기

필요조건과 충분조건 혼동의 오류는 두 조건의 개념을 정확히 이해하지 못하거나 논리적 사고를 생략할 때 발생한다. 필요조건은 결과 성립에 필수적인 조건이고, 충분조건은 결과를 보장하는 조건인데, 이를 혼동하면 잘못된 결론에 이를 수 있다. 또한, 직관에 의존한 추론, 단일 원인 과대평가, 언어적 표현의 모호성 등이 주요 원인이다.

이러한 오류를 방지하려면 두 조건의 차이를 명확히 구분하는 것이 가장 중요하다. 두 사건이 연관되어 있을 때, 어느 것이 더 큰 집합인지 생각하면 구분하기가 쉽다. 큰 것이 작은 구멍을 통과하려면 조건이 필요하므로 이는 필요조건에 해당한다. 반면, 작은 것은 큰 구멍을 아무 조건 없이 통과할 수 있으므로 충분조건에 해당한다.

상대방이 이 오류를 범할 경우, 필요조건과 충분조건을 구별하지 못했다는 점을 지적하고 이를 바로잡아야 한다. 이때, 이해하기 쉬운 예를 제시하는 것이 효과적이다. 예를 들어, 상대방이 '장작불이 꺼졌으니 물을 뿌린 것이 틀림없다'라고 주장한다면, '그럴 수도 있지만, 장작불은 모래를 덮거나 시간이 지나 자연스럽게 꺼질 수도 있다'라는 사례를 들어 설명할 수 있다. 이를 통해 상대방이 필요조건과 충분조건의 차이를 더 명확히 이해하도록 도울 수 있다.

결론적으로, 필요조건과 충분조건을 혼동하지 않기 위해서는 두 개념의 본질을 이해하고 이를 사례를 통해 명확히 구분하는 연습이 필요하다. 또한, 상대방의 오류를 바로잡는 과정에서도 논리적이고 설득력 있는 방식으로 설명해야 올바른 논리적 사고를 촉진할 수 있다.

4. 사례로 훈련하기

다음 진술의 논증 과정에는 어떤 문제가 있을까요?

1. 운전면허를 갖고 있으면 택시를 운전할 수 있다.

2. 지수: 혜진아, 너 요즘 뭐 좋은 일 있어?
   혜진: 갑자기 왜?
   지수: 너 요즘 예뻐졌잖아! 피부도 좋아지고 분위기도 달라졌어. 혹시… 사랑하는 사람 생긴 거 아니야?
   혜진: 뭐야, 무슨 논리야?
   지수: 사랑하는 사람이 생기면 사람이 예뻐진다잖아. 그러니까 네가 예뻐진 걸 보니, 분명 사랑하는 사람이 생긴 거지!

3. 물을 주면, 식물은 잘 자란다.

4. 순환도로만 건설하면 우리 시는 수도권에서 가장 쾌적한 도시가 될 것입니다.

5. 남: 대체 왜 그래? 내가 당신한테 못 해준 게 뭐가 있어? 먹는 거, 입는 거, 자는 거 뭐 하나라도 내가 안 해준 게 있어?
   여: 사람이 밥만 먹고 사는 줄 아니? 함께 꾸는 꿈이 있어야 같이 사는 거야.

☞ **해설로 확인하기**

1. 운전면허를 갖고 있는 것은 택시를 운전하기 위한 필요조건인데, 이를 충분조건처럼 가정했기 때문에 오류가 발생한 것이다. 택시를 운전하려면 특별한 교육도 받아야 하고, 기관의 허가도 받아야 한다. 따라서 운전면허는 택시 운전을 하기 위한 필요조건일 뿐, 충분조건이 아니다.

2. 보통 사랑에 빠지면 예뻐진다고 한다. 사랑을 느낄 때 분비되는 호르몬의 작용도 있고, 외모에도 더 신경을 쓰기 때문에 이는 어느 정도 사실이다. 즉, 사랑에 빠지는 것은 예뻐지는 것의 충분조건이라고 할 수 있다. 그러나 '예뻐졌으니, 사랑에 빠졌다'라고 추리하는 것은 잘못된 논리이다. 사랑에 빠지지 않더라도 외모를 열심히 관리하거나 성형수술 등을 통해 예뻐질 수도 있기 때문이다. 즉, 예뻐지는 것은 사랑에 빠지는 것의 필요조건이다. 듣기에는 기분 좋은 말일 수 있지만, 사실이 아니라면 이는 '필요조건과 충분조건 혼동의 오류'이다.

3. 식물이 잘 자라기 위해서는 물 외에도 빛, 공기, 영양소 등 다양한 요소가 필요하다. 물은 식물이 잘 자라기 위한 필요조건인데, 이 예문은 물을 충분조건처럼 설명하고 있으므로 오류이다.

4. 한 도시가 쾌적한 도시가 되려면 교통 외에도 대기, 조경, 상하수도 정비 등 다양한 요소가 필요하다. 즉, 순환도로는 쾌적한 도시가 되기 위한 필요조건인데, 이를 충분조건인 것처럼 주장하고 있다. 다른 조

건들이 완벽하게 갖춰진 상태라면 그럴 수도 있겠지만, 순환도로 설치를 강하게 주장하려는 의도에서 발생한 오류라고 볼 수 있다.

5. 드라마나 영화에서 사이가 좋지 않은 부부가 흔히 나누는 대화이다. 남자는 먹고 자고 입는 물질적 요소를 행복한 결혼생활을 유지하기 위한 충분조건으로 가정하고 있다. 반면, 여자는 물질적 요소는 필요조건이라는 것을 잘 알고 있다. '필요조건과 충분조건 혼동의 오류'를 범한 남자의 논리로는 여자를 설득하기 어려울 것이다.

5. 넓고 깊게 알아보기

흔히 사랑은 논리의 영역 밖에 있는 것이라고 한다. 사랑에 깊이 빠지면 이성보다 감정이 더 강하게 작동하기 때문이다. 사랑한다는 고백을 논리적으로 꼬치꼬치 따지는 사람은 없겠지만, 우리가 흔히 접하는 사랑 고백이 논리적으로 어떻게 분석될 수 있는지 재미 삼아 생각해 보자.

'너와 함께 있으면 나는 행복해.'

사랑을 고백할 때 우리는 흔히 '너와 함께 있으면 나는 행복해'라고 말하곤 한다. 듣기에는 로맨틱하고 가슴 설레는 표현이지만, 논리적으로 따져보면 이 말은 '네가 내 행복의 충분조건'이라는 의미에 불과하다. 다시 말해, 너와 함께 있으면 나는 행복하지만, 네가 아니더라도 다른 사람과 함께 있을 때도 행복할 수 있다는 여지를 남긴다. 결국, '너는 나에게 특별한 존재가 아닐 수도 있다'는 뜻이 내포되어 있는 것이다.

'네가 없으면 나는 행복할 수 없어.'

또 다른 흔한 고백은 '네가 없으면 나는 행복할 수 없어'라는 말이다. 이 문장은 '너는 내 행복의 필요조건'이라는 논리적 의미를 가진다. 네가 없으면 나는 절대 행복할 수 없다는 뜻이지만, 마찬가지로 이 역시

'특별함'을 담보하지는 않는다. 왜냐하면 내가 좋아하는 가수나 배우, 혹은 다른 요소들이 없어서 행복하지 않을 수도 있기 때문이다. 즉, 특정한 개인인 '너'가 아니라 다른 조건들의 부재로 인해 행복하지 않을 가능성도 포함되어 있는 것이다.

이처럼 사랑의 고백이 단순히 필요조건이나 충분조건만을 담고 있다면, 그것만으로는 진정한 사랑의 무게를 전달하기 어렵다. 그렇다면 어떻게 말해야 상대에게 완벽한 사랑을 고백할 수 있을까? 바로, '나는 네가 있으면 행복해. 그리고 너 없이는 행복할 수 없어'라고 말하는 것이다. 이 문장은 '네가 내 행복의 필요충분조건'임을 뜻한다. 너만이 나의 행복의 원인이며, 동시에 너 없이는 나는 절대로 행복할 수 없다는 진정성과 절박함을 함께 담고 있다. 완벽한 사랑 고백은 바로 이렇게 필요충분조건을 충족해야 한다.

사실-당위의 오류

- Is-Ought Fallacy -

> '지금까지 이렇게 해왔으니, 앞으로도 그대로 해야 한다.'

사실-당위의 오류는 어떤 것이 현재 사실로 존재하면 앞으로도 마땅히 존재해야 한다는 주장이다. 사실과 당위를 혼동하거나, 둘 사이에 논리적 연결고리가 없는 주장을 할 때 발생하는 오류다. 이 오류는 주로 특정한 사실이 현재 그러하기 때문에 그 사실은 반드시 옳거나, 앞으로도 그렇게 해야 한다고 주장할 때 나타난다. 사실과 당위는 별개의 논리적 범주이므로, 당위를 주장하려면 추가적인 윤리적·사회적 근거가 필요하다.

1. 사례로 들어가기

철수

한국에서는 비혼 출산이 거의 없잖아. 한국의 비혼 출산율이 프랑스의 10분의 1 이하라고 들었어. 그런데 저출산 문제가 워낙 심각하니까, 저출산 문제를 해결하려면 비혼 출산을 장려하거나, 가능성을 열어둘 필요가 있지 않을까?

영희

나는 사람들이 비혼 출산을 거의 안 하는 데는 이유가 있다고 생각해. 한국에서 비혼 출산이 드문 것은 문화적으로 그래야 하기 때문이야. 지금까지 그렇게 해왔으니까, 앞으로도 비혼 출산을 장려해서는 안 돼.

철수

그러면 네 말은, 단순히 현재 한국에서 비혼 출산이 거의 없다는 이유로 그런 상황이 바람직하고 앞으로도 변하지 않아야 한다는 거야?

영희

그렇지. 한국의 정서와 문화는 사람들이 비혼 출산을 하지 않는 방식으로 지금까지 유지됐으니까, 그게 올바른 거고 앞으로도 그래야 해.

☞ **질문**

위 대화의 영희의 말에서 보이는 논리적 오류는 무엇일까요?

답변

영희의 말에서 보이는 사실-당위의 오류(자연주의적 오류)는 '현재 그러하다.'라는 사실에서 '그래야만 한다.'라는 당위를 도출하는 논리적 비약이다.

영희는 '한국에서 비혼 출산이 드문 이유는 문화적으로 그래야 하기 때문'이라며 현재의 상태를 설명하고, 이를 근거로 '앞으로도 비혼 출산을 장려해서는 안 된다.'라고 주장한다. 하지만 어떤 상태가 현재 존재한다고 해서 그것이 옳거나 바람직하다는 결론을 내릴 수는 없다. '비혼 출산이 드물다.'라는 사실은 단지 사회적·문화적 현상일 뿐, 그것이 반드시 올바른 상태라는 것의 근거가 될 수는 없다.

또한 영희는 '지금까지 그렇게 해왔으니까, 앞으로도 그래야 한다.'라고 주장하며 전통과 관행을 당위의 근거로 삼고 있다. 그러나 전통이나 관행은 특정 시점에서의 사회적 조건에 의해 형성된 결과로, 시대적 변화와 새로운 사회적 요구를 반영하지 못할 수 있다. 따라서 비혼 출산이 드문 현상이 과거에는 사회적으로 적합했더라도, 저출산 문제가 심각한 현재 상황에서도 그것이 그대로 유지되어야 하는지에 대해서는 별도의 논의와 근거가 필요하다.

결론적으로, 영희는 현재 상태(비혼 출산의 드문 현상)를 정당화하면서 이를 당위로 확대하는 논리적 오류를 범하고 있으며, 이는 현대 사회의 변화된 조건과 요구를 반영하지 못한 주장이다.

2. [좋은 논증의 3가지 기준]을 토대로 분석하기

- **전제**
  - 한국에서 비혼 출산이 거의 없다.
  - 한국에서 비혼 출산이 드문 이유는 한국의 정서와 문화에 맞지 않기 때문이다.
  - 지금까지 한국 사회는 비혼 출산이 드문 방식으로 유지되어 왔다.
- **결론**
  - 따라서 비혼 출산은 정당화될 수 없고, 권장해서도 안 된다.
  - 앞으로도 비혼 출산은 거의 없어야 하고, 현재 상황을 바꿀 필요가 없다.

1. **전제의 진실성 또는 수용 가능성**: 영희의 전제(한국에서 비혼 출산이 드물다)는 참이지만, '문화적으로 그래야 하기 때문'이라는 주장은 입증되지 않은 해석일 뿐이다.
2. **전제와 결론이 연관성**: 비혼 출산이 드물다는 사실과 그것이 바람직하지 않다는 결론은 논리적 연관성이 부족하다. 사실에서 당위를 직접 도출했다.
3. **전제의 적절성과 충분성**: 현재 상태만을 근거로 삼았으며, 사회적 가치나 윤리적 논의 등 추가적 근거가 부족해 충분하지 않다.

* 논리적 타당성 검토

　영희의 논증은 현재 한국에서 비혼 출산이 드물다는 사실에 기반하고 있다. 하지만, 이 사실만으로 비혼 출산이 바람직하지 않다고 결론을 내리는 과정에는 논리적 문제가 있다. 바로 '사실에서 당위를 도출하는 오류', 즉 '사실-당위의 오류'가 발생했기 때문이다. 이 오류는 단순히 현재 상태가 그렇다는 이유만으로 그것이 옳거나 바람직하다고 결론짓는 것을 말한다.

　구체적으로 살펴보면, 영희는 '한국에서 비혼 출산이 드물다'는 사실을 전제로 삼아 '비혼 출산은 정당화될 수 없고 권장해서도 안 된다'는 결론을 도출하고 있다. 그러나 비혼 출산이 드물다는 것은 단순히 현재 상황을 기술하는 데 그치며, 그 자체로 바람직하지 않다는 판단의 근거가 될 수는 없다. 현재의 상태가 곧바로 당위성을 제공하지는 않기 때문이다. 예를 들어, 과거에 여성의 교육 기회가 드물었던 사실이 그것이 바람직한 상태라는 결론을 정당화하지 못하는 것과 같다.

　또한, 영희의 논증은 전제와 결론 사이에 충분한 논리적 연결을 제공하지 못하고 있다. 한국에서 비혼 출산이 드물다는 이유로 이를 권장해서는 안 된다고 주장하려면, 사회적·윤리적, 혹은 경제적 차원에서 비혼 출산이 부정적인 영향을 미친다는 추가적인 근거가 필요하다. 그러나 영희의 논증은 이러한 근거를 제공하지 않은 채, 단순히 현재 상황을 유지해야 한다는 결론으로 이어지고 있다.

　결론적으로, 영희의 논증은 사실에 기반해 전제하고 있음에도 불구하고, 그 전제를 통해 결론을 논리적으로 뒷받침하지 못하고 있다.

3. 오류 바로잡기

　논의나 토론에서 사실과 당위를 혼동하면, 논리적으로 타당하지 않은 주장을 펼치게 되는 경우가 많다. 이를 사실-당위의 오류라고 한다. 이러한 오류를 피하려면, 사실과 당위를 명확히 구분하고, 당위를 주장할 때는 추가적인 합리적 근거를 반드시 제시해야 한다.
　단순히 현재의 상태(사실)를 이유로 특정 행동이나 결정을 옳거나 바람직하다고 주장하는 것은 오류를 범하기 쉽다. 예를 들어, '한국에서 비혼 출산이 드물다.'는 사실일 뿐이다. 하지만 이 사실만으로 비혼 출산이 바람직하다거나 바람직하지 않다고 결론짓는 것은 논리적 비약이다. 비혼 출산이 드물다는 사실이 옳거나 바람직한지 판단하려면, 이에 대한 사회적·경제적·윤리적·정책적 근거가 필요하다. 다시 말해, '왜 그래야만 하는가?'라는 질문에 답할 수 있어야 한다. 객관적 자료와 가치 판단을 기반으로 논리를 전개해야만 사실-당위의 오류를 피할 수 있다.
　사실과 당위를 구분하는 것은 매우 중요하다. 어떤 주장이 단순히 '현재 그렇다.'라는 이유만으로 '그래야만 한다.'라는 결론을 도출해서는 안 된다. 당위를 주장하려면 현재 상황이 바람직한 이유를 제시하거나, 특정 행동이 사회적 이익, 윤리적 타당성, 공정성을 증대시키는 방법을 설명해야 한다. 이를 위해 스스로에게 항상 '왜 그래야 하는가?' 혹은 '이 상태를 유지하거나 변화시키는 것이 어떤 가치를 실현하는가?'라는 질문을 던지며 논리적 근거를 마련해야 한다.
　예를 들어, 어떤 관행을 유지하거나 바꿔야 한다고 주장할 때, 그 주장이 특정 목표에 어떻게 기여하는지를 명확히 해야 한다. 즉, 사회적 안정이나 공정성 증대와 같은 목표를 달성하는 데 그 관행이 왜 적합한지 설명해야만 설득력을 얻을 수 있다.

또한, 다른 사람과의 논의에서 상대방이 사실-당위의 오류를 범할 때 이를 바로잡는 방법도 중요하다. 이 경우, 상대방이 사실과 당위를 구분하도록 유도하는 질문을 던질 수 있다. 예를 들어, '그 사실이 왜 당위로 이어진다고 생각하시나요?' 또는 '비혼 출산이 드물다는 사실이 왜 앞으로도 그렇게 유지되어야 한다는 걸 의미하죠?'와 같은 질문은 상대방이 자신의 논리적 오류를 깨닫게 하는 데 도움이 된다.

아울러, 논의를 확장할 수 있는 대안적 사고를 제안하는 것도 효과적이다. 예를 들어, '저출산 문제를 해결하기 위해 현재와 다른 방법은 없을까요?' 같은 질문은 상대방이 현재의 사실 외에도 다양한 관점을 고려하도록 이끈다. 이렇게 하면 단순히 오류를 지적하는 데 그치지 않고, 건설적인 대화를 이끌어낼 수 있다.

결론적으로, 사실-당위의 오류를 피하기 위해서는 사실과 당위를 명확히 구분하고, 당위를 주장할 때 논리적 근거와 가치 판단을 제시해야 한다. 또한, 상대방의 오류를 논리적으로 지적하며 건설적인 방향으로 대화를 이끌어나가는 것이 중요하다. 이는 더 깊이 있는 논의와 문제 해결로 이어질 수 있다.

4. 사례로 훈련하기

다음 진술의 논증 과정에는 어떤 문제가 있을까요?

1. 철수: 현재 전 세계 모든 국가가 자국의 이익을 최우선으로 두고 있습니다. 다른 국가들이 그렇게 행동한다면, 우리도 우리 자신의 이익을 최우선으로 삼아야 하지 않겠습니까? 이것이 현실적인 선택입니다.

   지수: 다른 나라들이 자국의 이익을 최우선으로 한다고 해서 우리도 반드시 그래야 한다는 주장은 문제가 있습니다.

   철수: 하지만 국제 사회에서는 현실주의가 중요합니다. 우리가 이타적인 태도를 취하면 다른 국가들이 우리를 이용할 가능성이 커질 것입니다.

2. 시장경제에서는 불평등이 존재하는 것이 현실이다. 경쟁은 필연적으로 승자와 패자를 만들고 이러한 불평등이 있어야 사람들이 더 열심히 일하고 혁신할 동기가 부여된다. 이것은 여태까지 존재해 온 경제 체제의 자연스러운 결과이므로, 앞으로도 이런 불평등은 받아들이는 것이 옳다.

3. 사람들은 본능적으로 자신의 이익을 먼저 생각하고 행동한다. 결국, 이기적으로 행동하는 것은 인간 본성의 일부로 자연스러운 것이라고 보아야 한다. 그렇다면 이기적으로 행동하는 것이 윤리적으로도 옳다고 봐야 한다.

4. 전공의 대표: 한국은 전공의들의 주당 근무시간이 너무 깁니다. 이에 건강에 문제가 생긴다는 불만이 많아졌습니다. 근무시간을 줄이는 방안을 검토해야 할 것 같습니다.

   보건당국: 전공의들이 주당 최대 88시간까지 근무할 수 있도록 법적으로 허용하고 있습니다. 현재 전통적으로 우리 의료 시스템은 그렇게 운영되어 왔고 그것이 한국 의료의 경쟁력을 만들어 왔다고 봅니다. 전공의 근무시간을 영국, 독일 등 다른 나라처럼 맞추면 병원 운영이 불가능할 수도 있습니다.

5. 철수: 자연계에서 약육강식은 매우 일반적인 현상이야. 강한 종이 약한 종을 지배하는 것은 자연의 법칙이지. 그러므로 인간 사회에서도 강자가 약자를 지배하는 것이 자연스럽고, 따라서 정당하다고 볼 수 있어.

   지수: 자연계의 현상이 인간 사회의 규범을 결정할 수는 없다고 생각해. 자연계에서 약육강식이 존재한다고 해서 그것이 인간 사회에서 옳다고 할 수 있나?

   철수: 그렇지만 인간도 자연의 일부야. 우리의 본성과 행동은 자연적 환경에 뿌리를 두고 있으니, 자연계의 법칙을 무시할 수는 없지 않을까?

☞ 해설로 확인하기

1. 철수의 주장은 다른 나라들의 현재 상황을 근거로 미래 우리나라가 취해야 할 행동의 당위를 주장하는 오류가 있다. '다른 국가들이 자국의 이익을 최우선으로 한다.'는 사실을 근거로, '우리도 그렇게 해야 한다.'는 당위성을 주장하고 있기 때문이다. 이는 현실과 도덕적 선택의 차이를 간과한 논리적 비약이다. 타국의 잘못된 행동이 반드시 우리나라의 잘못된 행동을 정당화하지는 않는다는 점에서 문제가 있다. 따라서 사실과 당위를 혼동한 오류에 해당한다.

2. '시장경제에서 불평등이 존재한다'는 현실을 근거로 '불평등을 받아들이는 것이 옳다.'는 결론은 사실-당위의 오류에 해당한다. 경쟁에서 승자와 패자가 생긴다는 사실은 단순히 시장경제의 결과일 뿐, 그것이 윤리적·사회적으로 정당하거나 받아들여야 한다는 당위를 보장하지 않는다. 또한, '이것이 자연스러운 결과'라는 주장도 불평등이 반드시 옳거나 유지되어야 한다는 결론으로 이어질 수 없다. 단순히 현실의 상태를 묘사하는 것과 그것을 당연히 옳다고 간주하는 것은 논리적 비약이며, 불평등이 사회적·경제적 목표에 어떤 영향을 미치는지에 대한 추가 논의가 필요하다.

3. 사례에서는 '사람들이 본능적으로 자신의 이익을 먼저 생각하고 행동한다'라는 사실을 근거로 '이기적으로 행동하는 것이 윤리적으로도 옳다'는 당위를 도출한 점에서 사실-당위의 오류에 해당한다. 인간 본성이나 행동 양식이 현재 특정 방식으로 이루어진다는 사실은 이후에도 그것이 윤리적으로 옳거나 정당하다는 결론을 보장하지 않는다.

이는 사실과 윤리적 판단을 혼동한 논리적 오류이다.

4. 보건당국은 사실(현재 법적으로 80~88시간 근무 가능)을 근거로 삼아 당위(앞으로도 그렇게 해야 한다)를 끌어내고 있다. 하지만 현재 진행되고 있는 사실이나 과거의 방식이 반드시 미래에도 계속 유지되어야 한다는 것의 정당한 이유가 되지는 않는다. 단순히 현재 시스템이 이렇게 운영되고 있다는 사실만으로 그것이 윤리적이거나 최선의 방식이라는 결론을 끌어낼 수는 없다. 전공의들의 건강, 환자 안전, 국제적 기준 등 추가적인 윤리적·실질적 근거에 따라 미래에 대해 논의해야 한다.

5. 사실-당위의 오류 중 자연주의적 오류에 해당한다. 자연적 사실에서 당위를 도출하려면 추가적인 윤리적 또는 논리적 근거가 필요하다. 철수는 자연계의 존재 방식인 약육강식이 인간 사회에도 적용된다고 직접 연결하여 논리적 비약이 발생했다. 이를 해결하려면 자연계의 법칙이 인간 사회에 적용되어야 하는 구체적이고 실질적인 근거를 논리적으로 제시해야 한다.

5. 넓고 깊게 알아보기

* 데이비드 흄(David Hume, 1711~1776)과 사실-당위의 오류

데이비드 흄(David Hume)은 사실과 당위의 간극(Is-ought Problem)을 최초로 명확히 지적한 철학자이다.

흄의 논의는 이후 철학에서 사실-당위의 오류(Fact-value Distinction 또는 Naturalistic Fallacy)라고 불리는 개념의 기초를 제공한다. 데이비드 흄은 사실 명제와 당위 명제 사이의 논리적 간극을 지적하며, 사실로부터 당위를 도출하려면 추가적인 윤리적 전제가 필요하다는 점을 강조했다. 이 논의는 '사실-당위의 오류'라는 개념으로 발전하여 철학, 윤리학, 법철학 등 다양한 분야에서 사실과 가치의 구분을 논리적으로 분석하는 데 중요한 기여를 했다.

1. 흄의 주장: 사실과 당위의 구분

흄은 그의 저서 『인간 본성에 관한 논고』(A Treatise of Human Nature) 3권 1장에서 사실 명제(Is)와 당위 명제(Ought) 사이에는 논리적 단절이 있다고 지적했다.

'나는 저자들이 어떤 논의에서 사실(Is)에 관한 진술을 하다가 갑자기 당위(Ought)에 관한 진술로 전환하는 것을 발견한다. 그러나 이러한 변화는 설명 없이 이루어진다. 이러한 전환을 정당화하려면 새로운 가정을 제시해야 하며, 이 과정은 반드시 주목받아야 한다.'

사실: 객관적 사실에 대한 기술(이 물건은 빨간색이다)

당위: 행위나 상태에 대한 규범적 판단(우리는 이 물건을 소중히 여겨야 한다)

간극(논리적 비약): 사실에서 당위로 전환하기 위해 중간에 필요한 윤리적, 규범적 전제의 부재

2. 흄의 논의와 사실-당위의 오류

(1) 사실-당위의 오류의 정의

사실-당위의 오류는 '존재하는 것이 곧 그래야 한다는 것을 의미한다'는 논리를 사용하는 오류를 말한다.

(2) 자연주의적 오류와의 연결

조지 에드워드 무어(G. E. Moore)는 흄의 '사실-당위의 오류'를 윤리학으로 확장하며, '자연주의적 오류'(Naturalistic Fallacy)라는 개념을 제시했다. 이는 '어떤 것이 자연적이므로 그것이 옳다'는 논리적 비약을 지적하는 개념이다.

(3) 현대 윤리학과 메타윤리학

현대 윤리학은 흄의 간극을 기반으로 사실과 가치의 구분을 강조한다. 흄은 가치 판단을 뒷받침하려면 단순한 사실 진술이 아니라, 독립적인 윤리적 기준이나 규범적 근거가 필요하다는 논의를 이끌어냈다.

(2) 인과관계를 혼동하는 오류

인과관계를 잘못 해석하거나 혼동하여 발생하는 오류이다.

① **선후 인과의 오류**: 시간적 순서에 따라 원인과 결과를 잘못 연결하는 오류
   예 '닭이 울어서 해가 떴다.'

② **공통 원인을 무시하는 오류**: 두 사건의 공통 원인을 간과하고 한 사건이 다른 사건의 원인이라고 단정하는 오류
   예 '학생들이 떠들어서 선생님이 화가 났다.'
   (실제로는 학급 분위기 등 다른 원인일 수 있음)

③ **도미노 오류**: 하나의 사건이 연속적으로 부정적인 결과를 초래할 것이라고 과장하는 오류
   예 '게임을 하면 게임 중독이 되고 결국 학교를 그만두게 된다.'

④ **도박사의 오류**: 과거 사건이 미래 결과에 영향을 줄 것이라고 믿는 오류
   예 '동전 던지기에서 앞면이 5번 연속 나왔으니, 이번엔 뒷면이 나올 것이다.'

| 선후 인과의 오류 |

- Post Hoc Ergo Propter Hoc, Post Hoc Fallacy -

'배를 떨어뜨린 건 까마귀가 아니야.'

선후 인과의 오류는 두 사건이 연속해서 일어났다는 이유로 먼저 일어난 사건이 뒤에 일어난 사건의 원인이라고 결론 내리는 논리적 오류이다. 이는 단순히 시간적 순서를 인과관계로 오인하는 데에서 발생하는 논리적 오류로, 성급한 일반화의 오류와 결합되는 경우가 많다.

1. 사례로 들어가기

정우

요즘 건강이 좋아진 것 같아. 비타민 보충제를 먹기 시작한 이후 에너지가 넘치고 몸이 더 가벼워졌어.

영희

정말? 비타민 보충제를 먹기 시작한 이후 건강이 개선됐다고 생각하는 거야?

정우

응, <u>비타민이 내 건강을 크게 개선해 준 것 같아.</u> 한 달 전부터 종합비타민을 먹고 있는데, 확실히 효과가 있어. 그래서 비타민 보충제를 추가로 구입하려 해.

영희

물론 비타민이 도움이 될 수 있지만, 건강 개선에 영향을 미친 다른 요인들도 있지 않을까? 다른 변화는 없었어?

정우

글쎄, 최근 운동도 조금씩 시작했어. 매일 30분 정도 조깅을 하고 있어. 그리고 식단도 조금 바꿨어. 과일과 채소를 더 많이 먹으려고 노력하고 있거든.

☞ **질문**

밑줄 친 정우의 주장에서 보이는 논리적 오류는 무엇일까요?

답변

 정우는 비타민 보충제를 먹기 시작한 후 건강이 개선되었다고 느끼며, 그 이유가 비타민 섭취 때문이라고 생각한다. 하지만 건강 개선에 비타민 보충제가 직접적인 영향을 미쳤다는 증거는 충분하지 않다. 이는 건강 개선이 다른 요인들에 의해 이루어졌을 가능성을 배제하지 않았기 때문이다. 예를 들어, 비타민 섭취를 시작했다는 것은 정우가 자신의 건강에 관심을 가지기 시작했다는 것을 의미할 수 있으며, 이는 비타민 섭취 외에도 운동, 식습관 변화, 스트레스 관리 등 건강을 위한 다른 행동으로 이어졌을 가능성이 높다.

 선후관계가 인과관계로 간주되려면 다른 변수들을 배제해야 한다. 하지만 정우의 사례에서는 건강 개선에 영향을 미쳤을 수 있는 외적 요인들이 통제되지 않았다. 이러한 상황에서는 단순히 시간적 순서에 따라 비타민 섭취가 건강 개선의 원인이라고 단정할 수 없다. 특히, 선후관계의 오류에는 심리적 요인이 크게 작용하는 경우가 많다. 이러한 이유로 약물이나 건강 관련 연구에서는 위약군을 대조군으로 설정해 심리적 위약 효과를 배제하는 방법을 사용한다.

 물론, 개인이 대규모 임상시험을 통해 인과관계를 과학적으로 입증하는 것은 현실적으로 불가능하며, 이를 개인에게 요구하는 것은 과도한 기대이다. 그러나 최소한 자신의 건강 개선에 영향을 미쳤을 수 있는 다른 요인들을 종합적으로 검토하는 태도는 합리적이다. 단순히 비타민 섭취와 건강 개선 사이의 선후관계를 인과관계로 단정하는 것은 논리적 오류일 수 있다. 이는 '오비이락'의 예처럼, 까마귀가 날자 배가 떨어졌다는 사실만으로 까마귀가 배를 떨어뜨렸다고 단정하는 것과 같은 오류이다.

2. [좋은 논증의 3가지 기준]을 토대로 분석하기

- **전제**
  - 한 달 전부터 종합비타민을 먹기 시작했다.
  - 비타민을 먹기 시작한 후 건강이 좋아졌다.
- **결론**   비타민 덕분에 건강이 좋아졌다.

1. **전제의 진실성 또는 수용 가능성**: 첫 번째 전제(비타민 섭취)는 사실이기에 참이고, 두 번째 전제(건강 개선)는 주관적 경험에 기반한 진술로 수용은 가능하지만, 객관적 근거는 부족하다.
2. **전제와 결론의 연관성**: 건강 개선이 비타민 섭취와 관련이 있을 수 있지만, 단순히 시간적 순서에 의한 착각인지, 실제 인과관계가 있는지 증명하지 못한 상태이다.
3. **전제의 적절성과 충분성**: 건강 개선이 비타민의 효과라는 결론을 내리기 위해서는 다른 요인(식습관 변화, 운동 등)을 배제한 객관적 자료가 필요하다. 전제는 결론을 뒷받침하기에 충분하지 않다.

* 논리적 타당성 검토

이 논증은 전제에서 결론으로 도출되는 과정에서 논리적 비약이 있으며, 인과관계가 명확히 입증되지 않았기 때문에 논리적 타당성이 부족하다. 논증의 전제는 두 가지로, 첫째는 '한 달 전부터 종합비타민을 먹기 시작했다'라는 사실이고, 둘째는 '비타민 섭취 후 건강이 좋아졌다'라는 관찰이다. 첫 번째 전제는 사실이라 수용 가능하지만, 두 번째 전제는 주관적 경험에 근거한 진술로서 객관적 근거가 부족하다.

문제는 이 전제들로부터 '비타민 덕분에 건강이 좋아졌다'는 결론이 도출되는 과정에서 발생한다. 이 논증은 '선후 인과의 오류'를 포함하고 있다. 선후 인과의 오류란, 어떤 일이 다른 일보다 먼저 일어났다는 이유만으로 두 사건 사이에 인과관계가 있다고 가정하는 논리적 오류를 의미한다. 비타민 섭취 이후 건강이 좋아진 것은 시간적 순서일 뿐, 이것이 비타민의 효과 때문이라고 단정할 근거는 없다.

더욱이 건강 개선에는 논증에서 언급되지 않은 다른 요인들, 즉 운동 습관의 변화, 식단 개선, 스트레스 관리 등이 영향을 미쳤을 가능성도 고려해야 한다. 매일 30분씩의 조깅을 시작하거나 과일과 채소를 늘린 식단 변화 같은 요소는 건강 개선에 큰 영향을 미치는 주요 요인들이다. 하지만, 이 논증은 이러한 요인들을 배제하거나 통제하지 않은 채, 단순히 비타민 섭취를 건강 개선의 주된 원인으로 단정하고 있다.

좋은 논증이 되려면 전제와 결론 간에 명확한 인과관계를 입증해야 한다. 이를 위해 비타민 섭취 외의 다른 변수들을 통제한 객관적 자료나 연구가 필요하다. 예컨대, 건강 개선이 비타민 섭취에 의한 것인지 확인하려면 통제군과 실험군을 설정하여 실험을 수행하거나, 장기적인 관찰 데이터를 분석해야 한다. 그러나 이 논증에서는 이러한 과학적 근거 없이 주관적인 경험만으로 결론이 도출되었다.

정우의 논증은 전제와 결론 간 연관성을 입증하지 못했고, 결론을 뒷받침하기 위한 전제의 충분성과 적절성도 부족하다. 다양한 요인을 고려하지 않은 채 비타민이 건강 개선의 결정적 원인이라고 주장하는 것은 논리적 비약이며, 타당성이 부족하다.

3. 오류 바로잡기

선후 인과의 오류를 바로잡기 위해 어떤 일이 다른 일의 결과라고 단정하기 전 신중하게 생각해야 한다. 우선, 뒤에 일어난 사건에 영향을 미친 다른 요인이 없는지 확인해야 한다. 예를 들어, 건강이 좋아졌다면 비타민 섭취 외 운동, 식단 변화 등 다른 요인이 있었는지 살펴봐야 한다. 또한, 비슷한 상황에서 이런 결과가 반복적으로 나타났는지도 확인해야 한다. 만약 사례가 적거나 우연일 가능성이 높다면, 원인으로 단정하기 어렵다.

선후 인과의 오류에 빠지지 않기 위해서는 자기 생각에 선입견이 있는지 스스로 점검해야 한다. 선후 인과의 오류는 '이게 원인일 것이다'라는 선입견과 같은 심리적 요인 때문에 더 쉽게 발생한다. 따라서 인과관계로 보이는 상황에서는 선행 사건 외 다른 가능성 있는 원인들을 충분히 고려해야 하며, 단순히 'A 때문에 B가 일어났다'는 식으로 결론을 내리지 말아야 한다.

다른 사람이 이런 오류를 범하는 것을 보게 된다면, 그 사람이 간과한 다른 요인들을 함께 이야기해 볼 필요가 있다. 예를 들어 '비타민 때문이 아니라 운동이나 식단 변화 때문일 수 있지 않을까?'와 같은 질문을 해 볼 수 있다. 또, 그 결과가 우연이 아닌 충분한 사례에 근거를 두고 있는지, 그리고 그 사람의 믿음이 심리적인 요인에서 비롯된 것은 아닌지 등을 함께 검토해 볼 수 있다. 이렇게 하면 상대방도 선후관계와 인과관계를 혼동했다는 것을 쉽게 깨달을 수 있다.

4. 사례로 훈련하기

다음 진술의 논증 과정에는 어떤 문제가 있을까요?

1. 어제 점심으로 갈비탕을 먹었는데 점심을 먹고 나서부터 두통이 생겼어. 아마 어제 점심으로 먹은 갈비탕 때문에 두통이 생긴 것 같아.

2. 대통령이 취임하면서 자연재해가 많아지고 있어. 지난겨울에는 산불이 기승을 부리더니 이번 여름에는 폭염에 홍수까지 발생했잖아. 최근 이렇게 산불이 많이 나고 폭염과 홍수가 잦아진 것은 새로 취임한 대통령 때문이야.

3. 어제저녁에 새로운 향수를 뿌리고 밤새 잠을 잘못 잤어. 바뀐 향수 때문에 그런 것 같아. 앞으로 그 향수는 사용하지 말아야겠어.

4. 영국에서 5G 이동통신 주파수가 코로나19를 확산시킨다는 주장이 확산되었으며, 일부 지역에서 통신 탑 방화 사건이 연이어 발생했다. 5G 이동통신 서비스가 시작된 후 코로나19가 창궐했는데 5G 기지국에서 발산되는 전파가 대중의 면역체계를 약화시켜 전염병이 빠르게 확산했다는 주장이다.

5. 우리 아이가 백신을 접종한 이후에 자폐증 증상이 발생했습니다. 백신이 자폐증을 일으키는 것이 틀림없어요.

☞ 해설로 확인하기

1. 두통의 원인이 음식이 아닐 수 있다. 단지 시간상 점심을 먹은 이후 두통이 발생했다는 이유만으로 점심으로 먹은 갈비탕이 두통의 원인이라고 단정할 수는 없다. 갈비탕이 위장장애를 일으키고 그 영향으로 두통이 발생할 수도 있지만, 지금 주어진 정보만으로는 갈비탕이 두통의 원인이라는 근거가 희박하다. 다른 원인도 고려해야 한다. 최근 스트레스가 많아진 것 때문일 수도 있고, 운동 후 근육통이 두통으로 이어졌을 수도 있으며 뇌 질환이 있을 가능성도 있다. 질병의 원인은 다양하기 때문에 섣불리 단정 짓기보다는 의사의 도움을 받아 의학적인 방법으로 제대로 된 원인을 찾아야 한다.

2. 새 대통령 취임과 자연재해는 선후관계에 있을 뿐, 인과관계나 연관관계는 거의 없다. 자연재해는 우연이거나 대통령이 새로 취임하기 전부터 문제가 된 지구온난화 때문일 수도 있다. 이런 오류는 특정 정치적 신념이나 입장을 가진 사람들이 의도적으로 악용하는 방법이다.

3. 잠을 잘 자지 못하게 만든 원인을 새로운 향수로 단정했지만, 다른 요인들의 영향일 가능성도 있다. 예를 들어, 어제 스트레스가 심했거나, 커피 등 카페인을 섭취한 것 때문일 수도 있다. 따라서 단순히 향수 때문이라고 결론 내리는 것은 선후 인과의 오류일 수 있다.

4. 5G 주파수가 전염병을 확산시킨다는 근거는 없다. 5G 서비스가 확대되는 시점에 코로나19가 창궐했다고 주장하는 것은 인과관계가 없

을 뿐만 아니라 연관관계도 없다. 즉, 전제와 결론의 연관성이 전혀 없기에 선후 인과의 오류에 빠진 전형적인 가짜뉴스다.

5. 백신 접종에 대한 대표적인 음모론이다. 백신 접종 후 아이의 자폐증 증상을 알아차린 부모들이 백신을 자폐증의 원인으로 착각한 것이라고 판단된다. 물론, 백신에도 부작용이 있을 수 있다. 하지만 백신이 건강에 어떤 영향을 미치는지는 임상 연구를 통해 증명해야 한다. 백신 접종이 자폐증을 일으킨다는 주장은 대규모 임상 연구를 통해 여러 차례 반박되었음에도 접종 음모론은 수그러들지 않고 있다. 선후 인과의 오류가 이 음모론을 지탱하고 있다.

5. 넓고 깊게 알아보기

* 오비이락(烏飛梨落)

'오비이락'은 '까마귀 날자 배 떨어진다'라는 뜻의 사자성어로, 우연히 동시에 발생한 사건이 마치 인과관계가 있는 것처럼 보이는 상황을 의미한다. 이는 불필요한 오해나 의심을 받을 때 종종 사용되며, 겉보기에는 인과관계가 있는 것처럼 보이지만 실제로 전혀 관련이 없는 두 사건이 연속적으로 발생한 경우를 말한다.

오비이락은 논리적 오류 중 하나인 선후 인과의 오류와도 관련이 있다. 선후 인과의 오류란, 어떤 사건이 다른 사건 이후에 일어났다는 이유만으로 두 사건 사이에 인과관계가 있다고 결론짓는 잘못된 추론을 말한다. 이러한 오류는 정확한 원인을 분석하지 않고 단순히 시간적 순서만으로 인과관계를 단정할 때 발생한다.

오비이락을 피하려면 사건의 겉으로 드러난 모습만 보고 판단하지 말고, 상황을 종합적으로 분석하고 실제 원인을 철저히 조사해야 한다. 단순히 시기적으로 일치한 사건들이 반드시 관련이 있는 것은 아니기 때문에, 관련성을 신중히 검토하는 노력이 필요하다. 이를 통해 불필요한 오해나 잘못된 결론에 이르지 않도록 방지할 수 있다.

오비이락은 우리가 상황을 더 깊이 이해하고, 성급한 결론을 내리지 않도록 경계하는 데 중요한 교훈을 제공한다. 이 사자성어를 되새기며 사건의 실제 원인을 파악하려는 자세를 유지한다면, 논리적 오류를 줄이고 더욱 정확한 판단을 내릴 수 있다. 이는 개인의 판단력뿐 아니라 사회적 의사결정 과정에서도 중요한 가치를 지닌다.

공통 원인을 무시하는 오류

- Ignoring a Common Cause -

'진짜 원인은 다른 곳에 있어!'

'공통 원인을 무시하는 오류'는 여러 현상이 공통된 원인에 의해 발생했는데 이를 찾지 못하고 비슷한 시기나 상황에 발생한 여러 사건이 서로 인과관계가 있다고 생각하는 오류이다. 즉 'A와 B가 모두 C 때문에 발생한 것을 간과하고 A와 B가 인과관계에 있다'고 생각하는 오류를 말한다.

1. 사례로 들어가기

거장을 낳은 '우울한 뇌' … 우울증과 창조성의 관계

최근 정신분석 전문가 사이에서 우울증이 부정적 영향만 끼치는 것이 아닌, 창조성을 발휘하는 데도 중요한 역할을 한다는 주장이 나오고 있다. 이러한 주장은 예술가 중 우울증 환자가 많다는 점을 근거로 하고 있다. 실제 베토벤, 피카소, 고흐, 헤밍웨이와 같은 위대한 예술가들이 우울증을 겪었다는 사실을 통해 '우울증이 예술적 창의력을 높이는 주요 원인'이라는 결론을 내린다. 전문가들은 우울증이 인간의 내면적 성찰과 감수성을 자극하고, 이를 통해 예술적 영감을 제공한다고 본다.

지혜

기사에서 보니 베토벤, 피카소, 고흐, 헤밍웨이 같은 유명 예술가들이 일반인에 비해 우울증을 많이 겪었다고 하더라.

민주

내 생각엔 <u>우울증이 예민한 감수성을 유발해서 예술적 재능을 일으키는</u> 것 같아.

☞ **질문**

밑줄 친 지혜의 주장에서 나타난 논리적 오류는 무엇일까요?

공통 원인을 무시하는 오류

☞ **답변**

지혜는 우울증과 예술 활동 간의 관계를 논하며, '우울증'이 '예술적 재능'의 원인이라고 주장한다. 그러나 이러한 주장은 겉보기에 관련 있어 보이는 두 현상이 동일한 대상에서 나타날 때 흔히 저지르는 인과적 오류를 보여준다. 예를 들어, 예술가 중에서 우울증을 앓는 사람이 많다는 사실을 접하면, 사람들은 예술 활동이 우울증을 초래했다고 생각하거나, 반대로 우울증이 예술적 영감을 불러일으켜 예술가가 되었다고 믿기 쉽다. 하지만 이러한 가정은 두 현상이 공통된 원인에 의해 발생했을 가능성을 간과한 것이다. 실제로는 '예민한 감수성'이라는 심리적 특성이 우울증에 걸릴 가능성과 예술적 활동을 할 가능성을 동시에 높였을 수 있다. 그럼에도 지혜는 이러한 공통된 원인을 고려하지 않고 두 현상 사이에 직접적인 인과관계가 있다고 잘못 판단하고 있다.

이처럼 두 현상이 같은 시기 또는 동일한 대상에게 나타났다고 해서 반드시 인과관계가 성립한다고 결론짓는 오류를 '공통 원인을 무시하는 오류'라고 한다. 이는 여러 현상이 어떤 연관성을 보일 때 발생하기 쉬운 논리적 실수다. 공통 원인을 무시한 오류는 다양한 사례에서 발견된다.

예를 들어, 한 학생이 매일 다이어리를 작성하고, 공부를 잘하며, 아침 일찍 일어나는 습관이 있다고 가정하자. 이 경우, 이러한 행동들 모두가 학생의 성실성이라는 특성에서 비롯된 것임에도 불구하고, 사람들은 '매일 다이어리를 작성하기 때문에 공부를 잘한다'거나 '공부를 잘하려면 일찍 일어나야 한다'는 식으로 잘못된 인과관계를 설정할 수 있다. 이처럼 '다이어리 작성', '공부를 잘하는 것', 그리고 '일찍 일어나는 것'은 모두 성실성이라는 공통 원인에서 기인한 것일 수 있으나, 이러한 공통점을 간과하면서 두 현상 사이에 직접적인 인과관계가 있는 것으로 오해할 수 있다.

공통 원인을 무시하는 오류는 특정 집단이나 개인의 특징을 논할 때 특히 빈번하게 발생한다. 이를 피하려면 여러 현상이 공유할 가능성이 있는 공통된 원인을 충분히 고려해야 한다. 논리적 주장을 검토할 때, 표면적인 관련성에만 의존하지 말고, 해당 현상들이 더 근본적인 원인에서 비롯된 것은 아닌지 분석하는 태도가 필요하다. 이러한 과정을 통해 잘못된 인과관계를 바로잡고, 보다 정교하면서도 설득력 있는 논증을 제시할 수 있을 것이다.

결론적으로, 공통 원인을 무시한 오류는 논리적 사고와 설득력 있는 논증을 방해하는 주요한 함정이다. 이를 피하기 위해서는 현상 간의 관계를 분석할 때 반드시 공통된 원인을 염두에 두고 검토하는 태도가 요구된다.

2. [좋은 논증의 3가지 기준]을 토대로 분석하기

- **전제**
  - 베토벤, 피카소, 고흐, 헤밍웨이 같은 유명 예술가들이 우울증을 앓았다.
  - 일반인들보다 예술가들은 우울증을 많이 앓는다.
  - 우울증은 예민한 감수성을 유발한다.
- **결론** 우울증이 예술적 재능을 일으키는 원인이다.

1. **전제의 진실성 또는 수용 가능성**: 베토벤, 피카소, 고흐, 헤밍웨이가 우울증을 앓았다는 것은 완전한 진실로 간주하기 어렵다. 일반인보다 예술가들이 우울증을 많이 앓는다는 주장도 통계적 근거가 부족하다. 우울증이 예민한 감수성을 유발한다는 가정 역시 과학적 근거가 부족하다. 전제의 불완전성으로 인해 참이나 수용성이 있다고 볼 수 없다.
2. **전제와 결론의 연관성**: 전제에서 제시된 사례들은 우울증과 예술적 재능이 공통된 원인에 의해 나타났을 가능성을 무시하고 있다. 그러므로 전제와 결론 사이의 연관성이 부족하다.
3. **전제의 적절성과 충분성**: 우울증을 앓은 유명 예술가들의 사례가 매우 적기 때문에 일반적인 결론을 도출하기에 충분하지 않다. 몇몇 사례를 근거로 하여 결론을 내리는 것은 위험하다. 결론적으로 전제가 적절성과 충분성을 충족하지 못한다.

* 논리적 타당성 검토

전제에서 결론으로 도출되는 과정에서 우울증과 예술적 재능의 동시 발생은 공통된 원인일 가능성을 배제하는 오류를 범하여 논리적 타당성을 충족하지 못한다.

이 논증은 '좋은 논증 조건 3가지'를 충족하지 못하며, 공통 원인을 무시하는 오류를 범하고 있다. 우울증과 예술적 재능이 공통된 요인에 의해 나타났을 가능성을 배제하고, 우울증을 예술적 재능의 원인으로 단정했다. 이에 따라 전제의 진실성, 전제와 결론의 연관성, 전제의 적절성과 충분성을 갖추지 못했고, 결과적으로 논리적 타당성이 모두 결여되었다.

위 논증의 논리적 결여는 단순히 공통 원인을 무시하는 데 그치지 않고, 논증의 전반적인 설득력을 약화시킨다. 첫째, 전제의 진실성을 뒷받침하는 객관적 근거가 부족하다. 예술가 사이에서 우울증의 비율이 높은 이유를 체계적으로 조사하지 않았으며, 이를 통해 예술적 재능과 우울증 간의 필연적 관계를 증명하지 못했다. 둘째, 전제와 결론의 연관성을 입증하기 위해서는 감수성이 예술적 재능으로 이어진다는 심리학적 메커니즘과 그 과정이 명확히 설명되어야 하나, 이 또한 부재하다. 셋째, 전제의 적절성과 충분성 측면에서, 몇몇 유명 예술가들의 사례만으로 일반화된 결론을 내린 것은 통계적으로나 논리적으로 설득력이 떨어진다. 마지막으로, 논리적 타당성을 위해 반례를 검토해야 했으나, 반대 사례나 다른 요인에 대한 분석이 배제된 점이 문제이다. 따라서 이 논증은 전제와 결론 사이의 논리적 비약이 심각하다.

3. 오류 바로잡기

공통 원인을 무시하는 오류를 피하려면, 서로 관련 있어 보이는 사건을 볼 때 이들이 같은 원인에서 비롯된 것은 아닌지 의심해 봐야 한다. 사람들이 이런 오류를 자주 범하는 이유는, 공통 원인으로 인해 발생한 여러 현상이 실제로 서로 연관되어 보이기 때문이다. 따라서 두 사건이 동시에 일어난다고 해서 바로 인과관계로 단정 짓기보다는, 두 사건 모두를 설명할 수 있는 숨겨진 공통 원인이 있는지 찾아야 한다.

이런 오류를 피하려면 겉으로 드러난 현상의 연관성을 단순히 원인과 결과로 보지 않는 습관이 중요하다. 또한, 숨겨진 공통 원인을 탐구하는 비판적인 사고를 기르고, 두 사건이 동시에 나타난 이유를 설명할 수 있는 제3의 가능성을 항상 염두에 두어야 한다. 객관적인 데이터를 확인하거나 다양한 사례를 검토하며, 자기 생각이 틀릴 수도 있다는 점을 받아들이는 열린 태도를 유지하는 것도 필요하다.

상대방이 이런 오류를 범할 경우, 그들이 다른 관점을 받아들일 수 있도록 돕는 것이 중요하다. 공통 원인의 가능성을 제시하며 자연스럽게 생각할 기회를 줄 수 있다. 예를 들어, '우울증과 예술적 재능이 예민한 감수성 같은 공통된 원인에서 비롯된 건 아닐까요?' 같은 질문은 상대방이 다시 생각해 볼 수 있도록 한다. 또한, 관련 연구를 함께 검토하거나 논리를 점검할 질문을 통해 비판적 사고를 유도하면 상대방이 자신의 주장에 대해 더 깊이 고민하고 수정할 수 있도록 도울 수 있다. 이러한 대화를 통해 서로의 논리를 더 발전시킬 수 있다.

4. 사례로 훈련하기

다음 진술의 논증 과정에는 어떤 문제가 있을까요?

1. 도박 중독자 대부분이 과소비라는 문제를 겪고 있다는 것이 밝혀졌어. 도박을 많이 하다 보면 비싼 물건을 사고 싶은 욕구가 커지나 봐.

2. 달리기를 좋아하는 사람들이 비타민을 많이 먹는 것을 보면, 달리기할 때 비타민이 먹고 싶어지나 봐.

3. 오지 여행을 좋아하는 사람들의 사망률이 높다는 기사를 봤어. 오지로 여행을 가면 사망 사고가 자주 발생하나 봐.

4. 옷을 세련되게 입는 친구가 백화점에 많이 가는 걸 보니, 나도 백화점에 자주 가면 옷을 세련되게 입게 될 거야.

5. 친구가 많은 사람들이 술자리를 많이 가지는 것을 보니 나도 친구가 많아지려면 술을 많이 마셔야겠어!

공통 원인을 무시하는 오류

해설로 확인하기

1. 도박 중독이 과소비의 원인이라는 근거가 없다. 단지 같은 사람에게 두 현상이 함께 나타난다고 해서 인과관계가 성립한다고도 볼 수 없다. 실제 충동적인 성향이라는 공통 원인이 도박 중독과 과소비를 동시에 유발할 가능성이 높다. 그러나 공통 원인을 무시하고 도박 중독을 과소비의 원인으로 잘못 연결하는 오류를 범하고 있다.

2. 달리기를 하면 비타민이 먹고 싶어진다는 결론을 도출하고 있다. 이는 달리기를 좋아하는 사람들이 비타민을 많이 먹는다는 주관적인 관찰에 기반을 두고 있다. 달리기를 좋아하는 사람들이 비타민을 많이 먹는 이유는 여러 가지일 수 있다. 건강에 더 신경을 쓰는 사람들이 운동에 관심이 많고, 비타민 섭취량도 늘릴 가능성이 있다. 건강에 관심이 높은 사람들이라는 공통 원인에 의해 발생한 사안을 인과관계에 의한 것으로 혼동한 것이다.

3. 오지로 여행을 가면 사망 사고가 많이 발생한다고 결론짓고 있다. 그러나 오지 여행과 사망 사고를 모두 유발하는 공통 원인을 간과하고 있다. 예를 들어, 오지 여행을 선호하는 사람들은 위험을 감수하는 모험적인 성향이 있을 가능성이 높고, 이러한 성향은 일반적으로 높은 사망률과도 관련될 수 있다. 즉, 오지 여행과 높은 사망률이 공통 원인에서 비롯된 것일 수 있으나, 사례는 이 사실은 전혀 고려하지 않고 있다.

4. 백화점에 자주 가면 옷을 세련되게 입을 수 있다고 결론짓고 있다. 그러나 친구가 패션에 관심이 많기 때문에 옷을 세련되게 입고, 동시에 백화점을 자주 방문하는 것일 수도 있다. 즉, 패션에 대한 관심이라는 공통 원인을 고려하지 않고, 단순히 백화점 방문이 직접적인 원인이라고 단정한 것은 오류다.

5. 술을 많이 마시면 친구가 많아질 수 있다고 결론짓고 있으나, 공통 원인을 간과하고 있다. 실제로는 외향적이고 사교적인 성격이 친구를 많이 사귀고 술자리도 자주 갖게 만드는 공통 원인일 가능성이 높다. 그러나 사례는 이를 배제한 채 술을 많이 마시는 것을 친구가 많아지는 직접적 원인으로 결론짓는 오류를 범하고 있다.

5. 넓고 깊게 알아보기

* 연관관계(상관관계)와 인과관계

1. 연관관계(Correlation)
   - **정의**: 두 변수 간에 일정한 관계가 있다는 것을 의미한다. 한 변수가 변할 때 다른 변수도 달라지는 경향을 나타낸다.

   - **특징**: 연관관계는 한 변수가 증가할 때 다른 변수도 증가하는 양의 상관관계나 반대의 음의 상관관계로 나타날 수 있다. 그러나 상관관계가 인과관계를 의미하지는 않는다.

   예 아이스크림 판매량과 익사 사고의 증가 사이에 연관관계가 있을 수 있지만, 이는 여름이라는 공통 요인(제3의 변수) 때문이다.

2. 인과관계(Causation)
   - **정의**: 한 변수의 변화가 다른 변수의 변화 원인이 되는 경우이다. A가 변하면 B도 변한다는 확실한 원인-결과 관계가 성립한다.

   - **특징**: 인과관계는 실험, 통계적 분석, 논리적 추론 등을 통해 입증되어야 한다. 단순히 데이터상 연관성이 있다고 해서 인과관계를 주장할 수는 없다.

   예 운동량 증가가 체중 감소를 유발한다면 이는 인과관계이다.

3. 연관관계가 인과관계를 의미하지 않는 이유
- **공통변수 문제**: 두 변수 간의 관계가 제3의 변수(공통 요인)로 설명될 수 있다.

  예 아이스크림 소비와 익사 사고의 증가는 여름이라는 계절적 요인 때문이다.

- **우연한 관계**: 데이터에서 우연히 관계가 발견되는 경우가 있다.

- **시간적 순서**: 인과관계는 원인이 결과보다 시간상으로 선행돼야 하지만, 연관관계는 순서와 관계없이 나타날 수 있다.

4. 결론

연관관계와 인과관계를 구분하는 것은 데이터를 해석하는 데 매우 중요하다. 연관성을 발견한 후, 이를 인과관계로 입증하려면 추가 연구와 실험이 필요하다. '연관관계는 인과관계를 의미하지 않는다'는 통계학에서 중요한 경구로, 데이터 분석과 해석의 기초로 자리 잡고 있다.

| 도미노 오류 |

- Slippery Slope Fallacy -

> '한 명이 결석하면 다음엔 두 명이 되고, 나중엔 모든 학생이 학교에 안 나오게 될 거야!'

도미노 오류란 도미노 하나가 무너지면 모든 도미노가 무너지는 것처럼, 하나의 사건이 여러 사건을 연달아 일으킬 것이라고 생각하는 것이다. 그러나 우리가 살아가는 현실은 도미노와 달리 매우 복잡한 인과관계가 얽혀 있다. 따라서 하나의 사건이 연이어 일어나는 수많은 사건의 원인이 되는 것은 사실상 불가능하다. 도미노 오류는 연쇄적인 사건 사이의 인과관계를 명확하지 않게 함으로써, 비판하고자 하는 대상의 부정적 영향을 과장하는 데 사용된다.

1. 사례로 들어가기

노벨문학상을 수상한 작가의 외삼촌이라고 밝힌 한 목사가 남긴 공개편지가 논란이 되었다.

그 목사는 작가의 노벨문학상 수상이 '구원에서 멀어지는 길'이라며, 작가의 작품을 공개 비판했다. 다음은 그 목사가 쓴 공개편지의 일부이다.

'작가의 대표작에 형부와 처제의 불륜 관계가 묘사된다. 아무리 문학 작품이라도 이런 외설적인 묘사는 청소년들이 읽기에 부적합하며 비판의 소지가 있다.
<u>이런 패륜이 하나씩 정당화되기 시작하면 근친상간도 정당화될 수 있을 것이고, 더 나아가 수간 행위도 미화될 수 있다.</u>
<u>그다음은 명백한 범죄인 인육을 먹는 행위까지도 정당화될 지경에 이르게 될 것이다.</u>
<u>그렇게 되면 우리의 윤리의식은 모두 타락의 극치에 이르게 된다.</u>'

☞ **질문**
밑줄 친 목사의 발언에서 보이는 논리적 오류는 무엇일까요?

도미노 오류

답변

　도미노 오류는 하나의 사건이 마치 도미노처럼 연쇄적으로 다른 사건들을 발생시킨다고 주장하면서도, 그 과정을 증명할 근거를 제시하지 않는 논리적 오류를 말한다. 목사의 편지에서 이런 도미노 오류의 사례를 볼 수 있다. 목사는 작가가 불륜에 대한 묘사를 정당화하는 것이 도덕적 기준을 무너뜨리고, 결과적으로 점점 더 심각한 도덕적 타락으로 이끌 것이라고 주장한다. 그는 패륜 → 근친상간 → 수간 → 식인 섭취의 순서로 도덕적 타락이 심화될 것이라 말하며, 결국 범죄까지도 옹호하게 될 가능성을 제시하고 있다. 하지만 그의 주장에는 이러한 연쇄 과정이 실제로 일어날 것임을 증명하는 구체적인 근거가 전혀 없다.

　실제로 도미노 놀이를 해 본 사람은 도미노가 연달아 쓰러지려면 일정한 간격으로 잘 배열되어야 한다는 것을 안다. 만약 한 개의 도미노라도 잘못 놓이면 연쇄 반응은 중간에 멈춘다. 논증도 마찬가지로, 한 사건이 다른 사건을 일으킬 수 있다고 주장하려면, 각 단계가 다음 단계를 유발할 수 있음을 증명해야 한다. 목사가 주장한 도덕적 타락의 연쇄 과정(패륜 → 근친상간 → 수간 → 인육 섭취)도 각 단계가 반드시 다음 단계로 이어진다는 인과관계를 구체적으로 입증해야만 논리적으로 설득력이 있다.

　그러나 목사의 편지는 이러한 증거를 생략한 채, 약간의 연관성만으로 사건들이 연달아 발생할 것이라고 주장한다. 이런 주장은 논리적 근거보다는 신념에 의존한 자의적인 '선언'에 가깝다. 도미노 오류는 특히 극단적이거나 비관적인 사고방식을 가진 사람들에게서 자주 나타나며, 실생활에서도 흔히 볼 수 있다. 정신과학에서는 이를 '재앙화 사고'라고 부른다. 이는 사소한 일이 발생했을 때, 적절한 근거 없이 이를 계기로 큰 불상사가 일어날 것이라고 믿는 사고방식이다. 예를 들어, 작은 실수 하나가 모든 일을 망치거나, 작은 변화가 대재앙으로 이어질 것이라고 걱정하는 것이 재앙화 사고의 전형적인 사례이다.

도미노 오류를 피하려면, 사건 간의 연관성을 단순히 원인과 결과로 결론짓는 것을 삼가야 한다. 각 단계에서 명확한 근거를 제시하고, 사건들이 실제로 연관되어 있는지 꼼꼼히 검토해야 한다. 논증이 설득력을 가지려면, 각 단계가 서로 연결된다는 논리적 연쇄를 증명해야 하며, 단순히 가능성에 의존해서는 안 된다. 또한, 자신의 주장에 대해 비판적인 태도를 유지하고, 그 주장을 뒷받침할 객관적인 데이터와 다양한 사례를 통해 검증하려는 노력이 필요하다.

목사의 주장처럼 극단적인 주장을 할 때는 특히 신중해야 한다. 목사의 편지에서 제시한 연쇄적 도덕적 타락의 과정은 근거가 없는 단순한 가능성의 나열에 불과하다. 그의 주장이 설득력을 가지려면, 단계마다 구체적이고 객관적인 증거가 필요하다. 하지만 그러한 증거 없이 가능성만을 제시하는 것은 도미노 오류의 전형적인 사례이다.

따라서 도미노 오류를 줄이기 위해서는 자신의 사고를 비판적으로 검토하고, 근거를 통해 논리를 보완하는 습관을 기르는 것이 중요하다. 이러한 노력이 더 논리적이고 설득력 있는 주장을 만드는 데 도움이 될 것이다.

2. [좋은 논증의 3가지 기준]을 토대로 분석하기

- **전제**
  - 작가의 작품은 불륜을 미화하고 있다.
  - 불륜은 패륜에 해당한다.
  - 패륜 행동이 미화되면 근친상간이 정당화된다.
  - 근친상간이 정당화되면 수간 행위가 미화의 대상이 될 수 있다.
  - 수간 행위가 미화되면 인육을 먹는 식인 행위가 정당화될 수 있다.
  - 식인은 불법행위이다.
  - 불법행위가 미화되면 우리의 윤리의식은 타락의 극치에 이르게 된다.
- **결론** 작가의 작품은 우리의 윤리의식을 타락의 극치에 이르게 한다.

1. 전제의 진실성 또는 수용 가능성 : 전제는 주관적인 판단과 과도한 비약을 포함하고 있어 참이라고 단정하기 어렵다. 작가의 작품이 불륜을 미화하고 있는지 논쟁의 대상이 될 수 있지만, 그 이후 전제들이 더 문제다. '패륜에 해당하는 것이 미화되면 근친상간이 정당화된다' '근친상간이 정당화되면 수간 행위가 미화의 대상이 될 수 있다' 그리고 '수간 행위가 미화되면 인육을 먹는 행위가 정당화될 수 있다' 등의 전제는 모두 입증된 사실이 아니다. 이 목사는 이에 대한 입증도 하지 않고 마치 사실인 양 논증에 활용하고 있다. 이러한 논증 과정은 수용되기 어렵다.

2. **전제와 결론의 연관성**: 전제에서 언급된 내용은 논리적으로 결론과 직접적인 연관성이 없다. 작가의 작품이 불륜을 미화한다고 해서 윤리의식의 타락으로 반드시 이어진다는 것은 과도한 추측에 따른 것이다.
3. **전제의 적절성과 충분성**: 이 사례는 충분한 근거가 없다. 도미노와 같은 연쇄 반응을 증명하기 위해서는 개별 사건들이 서로 인과관계로 연결되어 있음을 증명해야 한다.

* 논리적 타당성 검토

도미노 오류(Slippery Slope)는 전제와 결론 사이의 논증 구조가 논리적으로 타당하지 않음을 보여주는 대표적인 오류다. 이 오류는 하나의 사건이 반드시 연속적인 사건으로 이어질 것이라는 전제를 바탕으로 결론을 도출하지만, 이러한 연쇄 반응이 실제로 발생할 것이라는 명확한 근거를 제시하지 못한다. 전제가 참이라고 가정하더라도, 각각의 사건이 필연적으로 다음 사건으로 이어진다는 보장은 없기 때문에 논리적 비약에 해당한다.

도미노 오류를 범하는 사람들은 각 단계의 인과관계를 증명할 수 있는 충분한 증거 없이 단순히 연쇄적인 결과가 일어날 것이라고 가정한다. 이러한 점에서 도미노 오류의 본질은 인과관계에 대한 구체적이고 타당한 근거가 결여된 상태에서 논증을 진행한다는 데 있다.

이 논증에서도 도미노 오류의 특징이 드러난다. 목사는 작가의 작품이 불륜을 미화한다고 주장하며, 이를 시작으로 윤리의식의 타락이라는 극단적인 결론에 도달한다. 하지만, 이 과정에서 불륜이 패륜으로 이어지고, 패륜이 근친상간, 수간, 나아가 인육 섭취의 정당화로 연결된다는 주장은 전적으로 가정에 의존하고 있다. 각각의 단계가 다음 단계로 이어진다는 것의 명확한 근거를 제시하지 않았기 때문에 이 주장은 설득력이 없다.

예를 들어, 불륜이 반드시 패륜으로 이어지고, 그다음 단계로 점점 더 심각한 비윤리적 행위들이 발생한다는 논리는 단순한 가능성을 나열한 것에 불과하다. 가능성이 존재한다고 해서 그것이 필연적인 결과로 이어진다고 볼 수는 없다. 이 목사는 각 사건이 다음 사건을 필연적으로 유발한다는 명확한 증거를 제시하지 못했으며, 이러한 비약적인 결론은 논리적 근거보다는 신념에 기초한 주장으로 평가될 수밖에 없다.

결론적으로, 도미노 오류는 논리적 설득력이 부족하며, 논증의 타당성을 저해한다. 하나의 사건이 다른 사건으로 이어진다는 주장을 할 때는 각 단계에서 명확한 인과관계를 입증해야 한다. 그렇지 않으면, 그 주장은 단순한 추측에 그치며 논리적 비약으로 간주될 수밖에 없다.

3. 오류 바로잡기

도미노 오류의 핵심은 연이은 사건 간에 인과관계가 입증되지 않았다는 점에 있다. 이를 극복하려면 각각의 사건 사이의 인과관계를 증명해야 한다. 예를 들어, 목사는 작가의 책에 담긴 '불륜 묘사'가 '패륜 → 근친상간 → 수간 → 식인'으로 이어진다고 주장한다. 하지만, 이 과정이 실제로 일어난다고 주장하려면, 불륜 묘사가 패륜으로 이어지고, 패륜이 어떻게 근친상간으로 발전하며, 근친상간이 수간으로, 수간이 식인으로 이어지는 과정을 구체적으로 따져야 한다. 만약 이 과정에서 충분한 인과관계가 증명된다면, 이 논증은 오류가 아니라 논리적으로 타당한 주장이 될 수 있다. 반대로, 이러한 인과관계를 찾지 못한다면, 이는 도미노 오류를 범한 잘못된 논증이다.

도미노 오류를 피하려면, 단순히 사건들이 연쇄적으로 일어날 것이라는 막연한 가정을 근거로 삼아서는 안 된다. 각각의 사건이 도미노처럼 연달아 발생한다고 주장하려면, 사건들 사이의 연관성을 뒷받침하는 명확한 증거와 논리가 필요하다. 만약 도미노 오류를 범했다는 사실을 깨달았다면, 이후에라도 도미노에 해당하는 각 사건 사이의 인과관계를 입증할 증거를 찾아내 보완하면 된다.

이 목사처럼 도미노 오류를 범하는 사람을 만났을 때, 그 오류를 바로잡는 데에는 두 가지 효과적인 방법이 있다.

첫째, 각각의 사건 사이의 인과관계에 대해 구체적으로 질문을 던지는 것이다. 예를 들어, '백번 양보해 수간을 미화하는 사람이 생긴다고 해도, 그것이 어떻게 식인을 정당화하는 것과 연결될 수 있나요?'라고 물음으로써 논리의 비약을 지적할 수 있다. 이런 질문은 상대방이 자신의 주장에 내재한 논리적 허점을 자각하도록 돕는 데 효과적이다.

둘째, 반례를 제시하는 방법이 있다. 상대방의 주장과 비슷한 구조를 가진 사례를 들어 잘못된 점을 지적할 수 있다. 예컨대, 문학 작품에서 불륜을 묘사한 경우는 과거에도 수없이 많았다. 하지만 이런 작품들이 근친상간이나 수간을 미화하거나 도덕적 타락을 가져온 사례는 없다. 영화나 드라마 같은 시각적 콘텐츠는 소설보다 더 직접적이고 자극적으로 불륜을 묘사하기도 하지만, 이들 역시 이 목사가 주장하는 바와 같은 도덕적 타락을 일으킨 적은 없다. 만약 이 목사의 논리가 타당하다면, 이미 이러한 콘텐츠들로 인해 사회가 심각한 부도덕으로 치닫고 있어야 했다. 하지만 실제로 그런 일은 일어나지 않았다.

결국 이 목사의 주장은 도미노 오류의 전형적인 사례로, 하나의 사건이 반드시 연쇄적인 결과를 초래할 것이라는 잘못된 가정을 기반으로 하고 있다. 도미노 오류를 피하려면, 주장하는 사건들 사이의 인과관계를 명확히 입증할 근거를 제시해야 한다. 그렇지 않으면, 이러한 주장은 단순한 비약적 가정에 불과하며 설득력이 없다.

도미노 오류를 극복하기 위해서는 논리적 근거를 명확히 하고, 현실적인 사례와 데이터를 통해 주장을 보완해야 한다.

4. 사례로 훈련하기

다음 진술의 논증 과정에는 어떤 문제가 있을까요?

1. 이번 시험은 이의 제기를 받지 않겠습니다. 한 명의 학생이 이의를 제기하면, 다른 학생들도 이의 제기를 하고 싶어질 것이고, 그렇게 되면 불필요한 이의 제기가 넘쳐나게 될 것입니다. 이번 시험뿐 아니라 앞으로 있을 모든 시험도 과도한 이의 제기로 인해 정상적인 진행이 불가능해질 것이 뻔합니다.

2. 학생인권조례에는 학교가 임신/출산 등을 이유로 학생을 퇴학시키지 못하게 되어 있습니다. 그런데 이런 조례가 통과되면 임신/출산 하는 학생들이 늘어날 것이고, 결과적으로 청소년들이 성적으로 문란해질 위험이 있습니다.

3. 학생: 교수님, 제가 예비군 훈련 때문에 다음 주 강의에 출석하기 어려울 것 같습니다.
   교수: 수업에 참여하지 않는다면 출석 점수는 감점입니다. 이 원칙은 다른 모든 사유에도 동일하게 적용됩니다.
   학생: 하지만 학칙상으로도 법정 감염병에 걸리거나, 예비군 훈련을 받는 등 불가피한 사유로 결석하는 경우 출석을 인정하게 되어 있지 않나요?
   교수: 학생의 결석을 봐주면, 이와 비슷한 다른 이유로 결석하는 학생들도 봐줘야 할 것이고, 그러면 한도 끝도 없

겠죠. 나중에는 학생 대부분이 각자의 개인적인 사정을 봐 달라며 학교에 나오지 않을 수도 있습니다. 교수 입장에서 어쩔 수 없는 걸 이해해 주면 좋겠군요.

4. 엄마: 아들, 요즘 게임 너무 많이 하는 거 아니야? 그렇게 계속 게임을 하면 큰일 나!

   아들: 엄마, 저 하루에 한두 시간 하는 거예요. 다들 하는데 뭐가 문제예요?

   엄마: 한두 시간이라도 게임을 하는 것 자체가 문제야! 그러다 보면 점점 게임을 하는 시간이 늘어나고, 결국 게임 중독에 빠질 거야. 게임 중독에 빠지면 공부는 뒷전이겠지. 그러면 성적이 떨어지고 학교를 못 다니게 될 수도 있어. 너 게임 중독으로 학업도 포기하고 인생이 망가진 사람들 이야기 뉴스에서 안 봤어? 그게 너에게도 일어날 수 있다고!

   아들: 엄마, 하루에 게임 한두 시간 한다고 학교도 못 다니게 된다고요? 너무 심한 과장이잖아요.

5. 딸: 엄마, 저는 앞으로 채식을 하기로 했어요. 채식을 하면 건강에도 좋고, 환경도 보호할 수 있으니까요.

   엄마: 뭐라고? 고기를 안 먹으면 단백질을 제대로 섭취 못 할 텐데. 그렇게 하다가는 단백질 부족으로 근육이 약해지고, 나중에 병원 신세를 지게 되는 거야!

☞ 해설로 확인하기

1. 이의 제기를 받지 않는 것이 이의 제기를 받는 것보다 시험 진행 관련 업무를 줄이는 데는 도움이 될 것이다. 그러나 한 학생의 이의 제기가 다른 학생들의 불필요한 이의 제기로 이어질 것이라는 주장은 적절한 근거가 없다. 도미노처럼 학생들이 단순히 옆 학생의 영향을 받아 행동할 것으로 단순화했기 때문에 발생한 오류라고 볼 수 있다. 학생들뿐만 아니라 개인은 서로 다른 행동의 주체로서 다른 선택을 하기 때문이다. 한 명의 학생이 이의를 제기한 것만으로 다른 학생들이 무분별하게 이의를 제기할 것이라는 주장은 설득력이 부족하다.

2. 임신/출산한 학생들을 퇴학시키는 학교는 위와 같은 명분으로 학생들을 퇴학시킬 가능성이 있다. 그러나, 이런 상황에 놓인 학생들을 보호한다고 해서 다른 학생들이 학교에서 퇴학시키지 않으니 임신/출산을 더 쉽게 할 것이라는 주장은 근거가 빈약하다. 또, 이것이 어떻게 청소년의 성적 문란함으로 이어지는지 적절한 근거를 대기 어렵다. 당시 학생인권조례 통과에 대한 비판들은 '도미노 오류'를 범하는 경우가 상당히 많았다.

3. 학생은 학칙을 근거로 예비군 훈련으로 인한 결석을 인정해 달라고 요구하고 있다. 교수는 결석을 출석으로 인정하면 향후 발생할 연쇄적인 반응에 우려하고 있다. 그러나, 학생이 인정해 달라고 요구한 결석 사유는 학칙에 명시되어 있는 '특별한 공적인 이유'다. 따라서 교수가 우려하는 개인적인 사정으로 학생 대부분이 결석하게 될 상황과

거리가 있다. 그러므로 교수의 주장은 합리적인 근거 대신 막연한 연상을 통해 미래를 예견한다는 점에서 '도미노 오류'라고 할 수 있다.

4. 엄마는 '아들이 하루 한두 시간 게임을 한다'는 사실로 출발해 점차적인 연쇄 반응을 통해 '게임 중독 → 공부 포기 → 성적 하락 → 학교 중퇴 → 인생 실패'로 이어질 것이라는 극단적인 결론을 내리고 있다. 게임을 하는 것이 반드시 게임 중독으로 이어지지 않으며, 게임 중독이 학업 실패로 연결된다는 증거도 없다. 단순히 게임을 한다고 해서 '인생이 망가질 것'이라는 결론도 비약이다. 이러한 논리적 오류는 불필요한 공포를 유발하고, 합리적인 논의를 어렵게 만든다.

5. 엄마는 딸이 '고기를 안 먹으면 단백질을 제대로 섭취하지 못한다. → 단백질을 제대로 섭취하지 못하면 근육이 약해진다. → 근육이 약해지면 건강 문제가 생긴다. → 결국 병원 신세를 지게 된다'라고 생각한다. 고기를 먹지 않는다고 반드시 단백질 부족이 생기거나, 건강 문제가 발생하는 것은 아니다. 이는 영양학적 지식과 식단 관리에 따라 충분히 예방할 수 있다. 결국 병원 신세를 지게 된다는 주장도 중간 단계에서 발생할 수 있는 다양한 변수를 무시한 결론이다.
이러한 도미노 오류는 논리적으로 취약해 상대방의 반발을 사기 쉽다.

5. 넓고 깊게 알아보기

* 도미노 이론과 공산주의

　1954년 4월 7일, 드와이트 아이젠하워 미국 대통령은 기자회견에서 '도미노를 일렬로 세워 놓고 첫 번째 것을 넘어뜨리면 마지막 도미노가 넘어지는 것은 순식간의 일일 것입니다'라는 발언을 통해 '도미노 이론'을 세상에 처음 제시했다. 이 이론은 한 국가가 공산화되면 이웃 국가들까지 연쇄적으로 공산화될 것이라는 가정에 기반한다. 냉전 시기, 공산주의 확산을 막기 위해 미국이 군사적으로 개입해야 한다는 논리를 정당화하는 데 핵심 역할을 했다.

　이 시기, 베트남에서는 호찌민이 이끄는 공산주의 세력이 프랑스의 식민 지배에 맞서 독립 전쟁을 벌이고 있었다. 이에 미국은 베트남이 공산화될 경우 태국, 라오스, 캄보디아 등 동남아 국가들로 공산주의가 퍼질 것을 우려했다. 심지어 일본까지도 공산주의의 영향을 받을 수 있다는 걱정이 있었다. 아이젠하워 대통령은 이러한 우려를 도미노에 비유하며 공산화 확산의 위험성을 강조했다.

　이후 미국은 베트남의 공산화를 막기 위해 군사적 개입을 포함한 다양한 조치를 했지만, 결국 베트남의 공산화를 저지하지 못했다. 흥미롭게도, 도미노 이론의 예상과 달리 베트남 주변의 동남아 국가들은 대규모 공산화가 이뤄지지 않았다. 태국, 라오스, 캄보디아 등 많은 국가가 공산주의 확산을 막고 자신들의 체제를 유지했다. 이는 도미노 이론이 복잡한 국제 관계를 지나치게 단순화한 것임을 보여주는 사례로 평가된다.

　도미노 이론은 시간이 지나며 여러 비판을 받았다. 미국은 베트남 전쟁과 같은 군사 개입을 정당화하기 위해 이 이론을 활용했지만, 국가 간의 상호작용을 과장하고 실제 상황을 왜곡했다는 지적이 제기되었다. 이러한 문제는 '도미노 오류'라는 개념으로 발전했는데, 이는 복잡한 문제를 단순화해 잘못된 결론에 도달하는 논리적 오류를 의미한다.

소련의 붕괴 이후 동유럽 공산주의 정권의 몰락 과정은 도미노 이론을 떠올리게 한다. 그러나 이 과정 또한 단순히 도미노식 연쇄 반응으로 설명하기 어렵다. 각국의 정권이 무너진 방식이 매우 다양했기 때문이다. 예를 들어, 체코슬로바키아와 폴란드는 비폭력적인 민주화 운동을 통해 공산 독재 체제에서 벗어났다. 반면 루마니아는 폭동과 독재자 처형을 통해 정권이 전복되었다. 헝가리의 경우에는 점진적인 개혁을 통해 체제가 해체되었다. 이는 공산주의 정권의 몰락이 단일한 원인에서 비롯된 것이 아니라, 각 국가가 가진 독특한 정치적, 사회적, 역사적 요인이 결합한 결과임을 보여준다.

결국 도미노 이론은 냉전 시기의 미국 외교 정책을 뒷받침하는 논리로 중요한 역할을 했지만, 현실 세계를 지나치게 단순화했다는 점에서 한계를 드러냈다. 이는 국제적 사건을 분석할 때 각국의 맥락과 고유한 요인을 면밀히 고려해야 한다는 교훈을 남긴다.

| 도박사의 오류 |

- Gambler's Fallacy -

'이번엔 내가 이길 차례가 됐어!'

　도박사의 오류는 독립 확률 사건에서 과거 결과가 미래 결과에 영향을 미칠 것이라고 믿는 심리적 착각에서 기인한다. 예를 들어, 동전 던지기에서 앞면이 계속 나오면 다음에는 뒷면이 나올 가능성이 높다고 생각하는 것이 이에 해당한다. 그러나 동전 던지기나 주사위 굴리기와 같은 독립적 사건은 과거 결과와 무관하게 매번 동일한 확률로 발생한다. 오류를 피하려면 독립적 사건의 본질을 이해하고 직관과 심리적 편향에 휘둘리지 않아야 한다.

1. 사례로 들어가기

딜러
자, 조금 전 주사위를 던졌을 때는 5가 나왔는데 이번에는 3이 나왔습니다! 3에 거신 분들 축하드립니다. 이어서 다음 라운드를 시작하겠습니다.

준호
음, 5와 3은 아까 나왔으니까, 이번에는 나머지 숫자 중 2와 6에 걸게요.

딜러
왜 5와 3을 빼시는 건가요?

준호
아, 뻔하잖아요. 방금 5와 3이 연이어 나왔으니까, 다음에는 5나 3이 나올 가능성이 절대적으로 줄어들죠. 다른 숫자가 나올 확률이 당연히 높을 테니까요.

딜러
흥미롭네요. 그 논리대로라면 이미 나온 숫자들은 앞으로 게임에서 나올 가능성이 줄어든다는 건가요?

준호
당연하죠. 너무 당연한 거 아닌가요? 반복해서 동일한 숫자가 나올 확률은 적을 테니까요.

☞**질문**

위 대화 중 준호의 말에서 보이는 논리적 오류는 무엇일까요?

답변

위 사례의 대화에서 준호는 이른바 '도박사의 오류'에 빠져 이전에 나왔던 숫자가 다시 나올 확률은 낮을 것이라 착각하고 있다. 즉, 준호는 확률적으로 독립적인 사건을 종속사건으로 오인한 것이다. 그래서 과거의 결과가 미래의 결과에 영향을 미칠 것이라고 잘못 생각하고 있다. 하지만 주사위 게임에서 매번의 결과는 독립적으로 결정되며, 과거 결과는 미래에 전혀 영향을 미치지 않는다.

주사위 굴리기는 독립적인 사건이므로 매번 주사위를 굴릴 때마다 모든 숫자가 나올 확률은 1/6로 동일하며, 이전에 나온 숫자가 다음 결과에 아무런 영향을 미치지 않는다. 준호는 이번에 5와 3이 나왔으므로 다음에는 다른 숫자가 나올 가능성이 높다고 믿고 있지만, 이는 통계적으로 잘못된 추론이다. 확률적으로는 5나 3이 나올 가능성은 전혀 줄지 않는다.

일반적으로 사람들은 이어지는 사건은 연관된 패턴을 따를 것이라고 기대하는 경향이 있다. 그래서 독립사건의 무작위성을 종속적 사건과 혼동해서 5와 3이 연속으로 나왔으니, 다음에는 다른 숫자가 나올 차례라고 생각하며, 과거 결과를 기반으로 미래를 예측하려 하는 것이다. 이는 통계적으로 유의미한 데이터가 없는 상황에서 어떤 연관을 찾으려는 인간의 자연스러운 본능적 사고에 의한 경향성이라 할 수 있다.

2. [좋은 논증의 3가지 기준]을 토대로 분석하기

- **전제**
  - 이전에 주사위 굴리기에서 5와 3이 나왔다.
  - 한번 나온 숫자는 다시 나올 가능성이 줄 것이다.
- **결론**   그러므로 3과 5를 제외하고 베팅해야 한다.

1. **전제의 진실성 또는 수용 가능성**: 이전에 5와 3이 나왔다는 것은 참이다. 그러나 한 번 나온 숫자가 다시 나올 가능성이 적다는 진술은 참이 아니다.
2. **전제와 결론의 연관성**: 전제와 결론은 표면적으로는 연관되어 보이지만, 전제 자체가 틀렸기 때문에 실제로 연관성을 갖지 않는다.
3. **전제의 적절성과 충분성**: 이전에 5와 3이 나왔다는 정보는 결과에 영향을 주지 않으므로, 전제는 적절하지 않으며, 결론을 정당화하기에도 충분하지 않다.

* 논리적 타당성 검토

이 논증은 통계적으로 전제가 잘못되었고, 결론도 부적절하다. 도박사의 오류(Gambler's fallacy)는 독립적인 확률 사건에서 과거 결과가 미래 결과에 영향을 미친다고 믿는 잘못된 사고를 의미한다. 준호의 발언은 이 오류의 대표적인 사례로, 주사위를 던졌을 때 이전에 나온 숫자가 다음 결과에 영향을 미칠 것이라는 잘못된 믿음을 보여준다. 그는 5와 3이 연이어 나왔으니 다음 라운드에서는 이 숫자들이 나올 가능성이 낮고, 다른 숫자가 나올 확률이 높다고 생각한다. 하지만 이는 확률적 독립성을 무시한 잘못된 추론이다.

주사위 던지기는 전형적인 독립적 사건이다. 공정한 주사위를 한 번 던질 때, 각 면(1~6)이 나올 확률은 동일하며, 이는 1/6이다. 중요한 점은 이전 라운드에서의 결과가 이후 라운드의 결과에 아무런 영향을 미치지 않는다는 사실이다. 즉, 5와 3이 연속해서 나왔다고 해서 이 숫자들이 다음에 나올 확률이 낮아지거나 다른 숫자가 나올 확률이 높아지지 않는다. 각 라운드에서 모든 숫자가 나올 가능성은 여전히 1/6로 동일하다.

도박사의 오류는 사람들이 확률을 '균형'이라는 관점에서 직관적으로 잘못 이해하면서 발생한다. 예를 들어, 동전을 던져 다섯 번 연속 앞면이 나왔다고 가정할 때, 많은 사람이 다음번에는 뒷면이 나올 가능성이 더 크다고 생각한다. 그러나 실제로 여섯 번째 던짐에서도 앞면과 뒷면이 나올 확률은 각각 50%로 변하지 않는다. 주사위 던지기에서도 마찬가지로, 특정 숫자가 연이어 나왔다고 해서 그 숫자가 나올 확률이 달라지지 않는다.

이 오류는 사람들의 본능적인 확률 직관에서 비롯된다. 과거 결과가 미래에 영향을 미칠 것이라는 착각은 도박이나 게임에서 자주 나타나며, 이를 믿는 사람들은 잘못된 확률 계산으로 인해 불필요한 손실을 볼 수 있다. 도박사의 오류를 극복하기 위해서는 독립적 사건의 본질을 이해하고 과거의 결과가 미래를 예측하는 데 아무런 영향을 미치지 않는다는 사실을 인식해야 한다.

3. 오류 바로잡기

도박사의 오류를 피하려면 먼저 독립적 사건의 본질을 이해하는 것이 중요하다. 독립적 사건은 과거의 결과가 미래의 결과에 영향을 미치지 않는다는 점이 핵심이다. 주사위, 동전 던지기, 로또와 같은 확률적 사건은 매번 독립적으로 발생하므로, 이러한 특성을 명확히 인식해야 한다.

동시에 직관과 심리적 편향에 주의가 필요하다. 사람은 균형을 맞추려는 경향성과 평균을 지향하는 경향성을 가지고 있다. 그 결과, 많이 나온 숫자를 피하거나 결과적 평균에 수렴하는 쪽을 선택하려고 하는데, 이는 독립사건을 종속사건이나 조건부 확률로 오인하게 만드는 심리적 기제로 작용한다.

따라서 확률적 사건이 발생했을 때는 직관과 심리적 편향을 경계할 필요가 있다. 사건을 객관적으로 분석하여 독립적 사건인지, 종속적 사건인지, 아니면 조건부 확률인지 명확히 구분하는 것이 중요하다. 특히, 독립적 사건에서는 과거의 결과가 미래의 결과에 영향을 미치지 않는다는 점을 명심해야 한다.

또한, 도박사의 오류에 빠진 상대방에게는 독립적 사건의 본질을 올바르게 설명하는 것이 필요하다. 동전 던지기와 같은 무작위 사건은 매번 독립적으로 일어나며, 이전 결과가 이후 결과에 아무런 영향을 미치지 않는다는 사실을 분명히 전달해야 한다. 독립적 사건의 특징과 본질을 제대로 이해시키는 것은 상대방이 잘못된 믿음에서 벗어나도록 하는 데 큰 도움이 된다.

* 수학적 접근

수학적으로 접근하는 것도 좋은 대책이 될 수 있다. 일상생활에서 발생하는 도박사의 오류는 수학적 계산이 그다지 복잡하지 않다. 일례로 동전 던지기는 독립사건인데, 매번 시행에서 앞면이 나올 확률은 1/2이다. 주사위 굴리기도 독립사건으로 매번 시행마다 특정 숫자가 나올 확률이 1/6이다. 이러한 사실을 설명하기만 해도 쉽게 이해할 것이다.

또한, 카드 뽑기에서는 뽑은 카드를 되돌려 놓는다면, 독립사건이 되어 매번 시행할 때마다 특정 무늬를 뽑을 확률은 1/4, 특정 숫자를 뽑을 확률은 4/52, 특정 무늬의 특정 숫자를 뽑을 확률은 1/52이 된다는 것을 설명해 주는 것도 좋은 방법이다. 이와 더불어 뽑은 카드를 되돌려 놓지 않는다면, 종속사건이 되어 과거 시행한 결과가 다음 시행하는 결과에 영향을 미친다는 점도 설명해 주면 더 쉽게 받아들일 것이다.

그리고 앞으로 시행할 사건을 종속사건으로 인식하는지 혹은 조건부 확률로 인식하는지를 명확히 파악해서 독립사건과의 차이를 설명해 주어야 한다. 아울러 독립사건의 경우는 이전 결과가 미래 결과에 영향을 주지 않는다는 점도 논리적으로 강조해야 한다.

일반적으로 도박사의 오류에 빠지는 사람들은 무작위성을 어떤 균형 잡힌 '인과의 결과'로 오해하는 경향을 보이므로 직관보다는 '통계'와 '확률'에 의존하는 것이 좋다고 설명해 줄 필요도 있다. 그러면 상대방이 기분 상하지 않고 자연스럽게 수용할 수 있을 것이다.

4. 사례로 훈련하기

다음 진술의 논증 과정에는 어떠한 문제가 있을까?

1. 현수: 이야, 양쪽 투수들 진짜 대단하네. 3이닝 동안 점수가 안 나다니.
   민재: 그러게, 둘 다 컨디션이 좋아 보인다. 오늘 경기 팽팽하겠다.
   현수: 이제 4회쯤엔 점수가 나오겠지? 3이닝 동안 아무도 점수를 못 냈으니, 다음에는 누군가 득점할 확률이 높을 거야.
   민재: 뭐? 왜 그렇게 생각해?
   현수: 아니, 계속 무실점으로 갈 수는 없잖아. 지금까지 득점이 없었으니까, 이제는 점수가 나올 순서가 아닐까?

2. 민수: 한국 축구 국가대표팀은 지난번에 이어 이번에도 월드컵 본선에 진출할 가능성이 높아.
   지영: 왜 그렇게 확신해?
   민수: 지난번에 본선에 진출했잖아. 그리고 그전에도 계속 진출했었고. 그러니 이번에도 진출할 가능성이 당연히 높지!

3. 민수: 2026년 북미 월드컵에서는 아마도 유럽 국가가 우승할 거야!

지영: 왜 그렇게 생각해?

민수: 2018년에 유럽팀인 프랑스가 우승했잖아? 그리고 2022년에는 남미 국가인 아르헨티나가 우승했지. 그러니까 이번에는 다시 유럽팀 차례겠지!

4. 민수: 이번 미국 대선에서는 공화당이 이길 게 뻔해!

   지영: 왜 그렇게 확신해? 여론조사에서도 공화당과 민주당이 접전을 보이는 걸로 나오는데.

   민수: 봐봐, 2012년에는 민주당 후보인 오바마가 당선됐고, 2016년에는 공화당의 트럼프가 당선됐잖아? 그리고 2020년에는 다시 민주당의 바이든이 당선됐지. 그러니까 이번에는 당연히 공화당 차례지!

5. 민수: 내년엔 분명히 어두운 색깔이 패션의 대세가 될 거야.

   지영: 왜 그렇게 생각해? 요즘에는 밝은 파스텔톤이 인기가 있던데?

   민수: 지난 몇 년 동안 보인 패턴이 명확해. 3년 전에는 뉴트럴톤이 유행했고, 그다음 해에는 강렬한 원색, 그리고 올해는 파스텔톤이 유행했잖아? 그러니까 이제 어두운 색깔이 다시 유행할 차례야.

   지영: 그게 확실한 근거가 있는 분석이 맞아?

   민수: 당연하지. 패션은 늘 주기적으로 변하거든. 밝은색 뒤에는 늘 어두운색이 유행하는 법이야.

☞ 해설로 확인하기

1. 현수가 야구 경기에서 과거에 무실점이 이어졌다고 해서, 앞으로 득점이 나올 가능성이 더 높아진다고 믿는 것은 전형적인 '도박사의 오류'다. 각 이닝의 득점 여부는 그 자체로 독립적인 사건이다. 4회에 득점이 날 확률은 이전 3이닝의 결과와 아무런 상관이 없으며, 단지 각 팀의 상황과 투수의 컨디션, 운 등에 따라 달라질 것이다.

2. 본선 진출은 매번 다른 변수들이 작용하는 독립사건에 해당한다. 따라서 과거의 기록만으로 결론을 내리면 '도박사의 오류'에 빠지게 된다. 지난번에 본선에 진출한 것과 이번 예선과는 아무런 연관성이 없다. 본선 진출에는 매번 다른 변수들이 작용한다. 본선 진출 여부에는 과거의 전적이 영향을 주는 것이 아니라 상대 팀의 상태나 우리 팀의 경기력과 선수 개개인의 컨디션, 운과 같은 것들이 영향을 준다.

3. 각 월드컵 대회는 독립적인 사건이다. 이전 대회의 우승 팀이 다음 대회의 우승 팀에 그 어떤 영향도 미치지 않는다. 월드컵 우승은 팀의 실력, 경기 전략, 선수 상태 등 다양한 요인에 따라 결정된다. 따라서 이전에 어떤 팀이 우승했는지는 다음 대회의 결과에 영향을 미치지 않는다. 그러므로 이전의 우승 기록이 다음 우승 팀의 확률에 영향을 미친다고 주장하는 것은 '도박사의 오류'에 해당한다.

4. 민수의 주장은 과거의 패턴을 근거로 미래를 예측하는 잘못된 주장이다. 4년마다 진행되는 대통령 선거는 각각 독립적인 시행이다. 이전 선거 결과나 과거의 패턴이 다음 선거에 영향을 미치지 않는다. 이런

점에서 각 정당이 번갈아 가며 대통령을 배출한다는 패턴이 항상 이어질 것이라고 생각하는 것은 '도박사의 오류'에 해당한다. 미래 선거 결과는 후보자의 역량, 유권자의 심리, 경제 사회적 상황 같은 다양한 변수들에 의해 결정된다. 과거 패턴이 다음 선거를 예측하는 근거가 될 수 없다. 이와 같은 논리대로라면, 동전 던지기의 경우 지속해서 '앞면-뒷면-앞면-뒷면' 순으로만 숫자가 나올 것이라고 믿는 것과 비슷하다.

5. 민수는 과거의 유행 패턴이 미래의 유행에도 동일하게 적용될 것이라고 믿고 있다. 하지만 내년의 패션 트렌드는 독립사건에 해당한다. 민수는 유행 패턴이 주기적으로 변한다고 믿고 있으며, 밝은색 뒤에는 반드시 어두운색이 유행할 차례라는 잘못된 결론을 내리고 있다. 이는 '도박사의 오류'를 범하고 있는 것인데, 패션의 유행이란 과거의 경향과 동향에 따라서만 결정되는 것이 아니라, 디자이너의 창의성, 사회적 트렌드, 경제 상황 등에 의해서도 지대한 영향을 받는다. 그러므로 이와 같은 다양한 상황에 따라 지금의 유행이 지속될 수도 있고, 중간 톤으로 갈 수도 있다.

5. 넓고 깊게 알아보기

1) 독립사건

'독립사건'이란 두 사건이 서로 영향을 미치지 않는 경우를 말한다. 한 사건의 발생 여부가 다른 사건의 발생 확률에 전혀 영향을 주지 않는 것이다. 예를 들어, 동전을 던져 앞면이 나오는 사건이나 주사위를 굴려 특정 숫자가 나오는 사건 등은 모두 독립적인 사건이다.

왜냐하면 이전 시행 결과가 무엇이든 다음 시행 결과에는 아무런 영향을 미치지 않기 때문이다. 그러므로 일상생활에서 두 사건이 독립적이라면 하나의 사건이 이미 발생했더라도 다른 사건이 발생할 확률은 바뀌지 않는다.

2) 종속사건

'종속사건'은 한 사건이 다른 사건의 발생 확률에 영향을 미치는 경우를 말한다. 일례로, 카드 덱에서 카드를 뽑고 다시 넣지 않을 때, 첫 번째 카드가 무엇인지에 따라 두 번째 카드의 확률이 달라진다. 이는 첫 번째 사건(카드 선택)이 두 번째 사건의 확률에 영향을 미치는 종속적 상황에 놓이기 때문이다.

따라서 종속사건에서는 사건들이 서로 연관되어 있어, 하나의 사건이 발생하면 다른 사건이 발생할 확률이 달라질 수 있음을 인지해야 한다. 이런 점에서 송속사건을 분석할 때는 항상 사건 간의 '관계' 즉면을 고려해야 한다.

3) 조건부 확률

'조건부 확률'은 특정 사건이 이미 발생했을 때, 다른 사건이 일어날 확률을 계산하는 개념이다. 이는 사건 간의 관계를 이해하고, 어떤 특정 조건 아래에서 확률을 재조정하는 데 사용된다. 기본적으로 어떤 사건 A가 이미 발생했다는 조건이 주어졌을 때, 사건 B가 발생할 확률을 구하는 과정이다.

이러한 조건부 확률은 의료 진단이나 기계의 고장 예측, 범죄 수사, 보험 위험 평가, 경제 예측 등 다양한 분야에서 사용된다.

예컨대, 특정 질병 검사를 받은 사람이 양성 판정을 받았을 때, 실제로 그 질병이 있을 확률을 계산할 수 있다. 이때 기존의 질병 발생률(사전 확률)과 검사 결과의 신뢰도(민감도와 특이도)를 함께 고려하여 조건부 확률을 구한다.

또한, 어느 한 공장에서 특정 부품이 불량품으로 판정되었을 때, 해당 공정에서 발생한 다른 부품들의 불량률을 분석하는 데에도 조건부 확률을 활용한다. 아울러 범죄 수사에서는 특정 단서가 발견되었을 때, 용의자가 실제 범인일 가능성을 평가하는 데 조건부 확률이 쓰인다.

(3) 논점을 이탈하는 오류

논의의 핵심에서 벗어나거나 문제와 관련 없는 논리로 논점을 흐리는 오류이다.

① **강조의 오류**: 특정 부분을 부각해 논점에서 벗어나게 하는 오류
   예 '이 제품은 50% 할인됩니다!' (원래 가격이 부풀려진 경우)

② **복합질문의 오류**: 나의 질문 속에 두 가지 이상의 가정이 포함되어 있어, 답변자가 특정한 전제를 수용하도록 유도하는 오류
   예 '당신은 언제부터 법을 어기기 시작했나요?'

③ **허수아비 논증의 오류**: 상대방의 주장을 왜곡하여 반박하는 오류
   예 '환경보호를 주장하는 사람들은 모든 산업 활동을 중단하려 한다.'

강조의 오류

- Fallacy of Accent -

> **'나무를 보지 말고 숲을 보자.'**

강조의 오류는 특정 부분을 과도하게 강조하여 전체 상황이나 맥락을 왜곡하는 논리적 오류를 말한다. 이는 여러 요소 중 하나만 특별히 부각하거나 하나의 진술에서 특정 단어를 강조하여 판단을 흐리게 만드는 방식으로 나타난다. 강조의 오류는 단순한 의사소통 실수로 발생할 수도 있지만, 의도적으로 활용될 경우 심각한 오해와 혼란을 초래할 수 있다.

1. 사례로 들어가기

**'A 대학교 연구팀,
'기후 변화는 인간 활동과 무관하다'는 충격적 발견'**

최근 발표된 연구에 따르면, 특정 지역에서 나타난 기후 변화 패턴은 주로 자연적 요인에 의해 발생한 것으로 분석되었다. 연구팀은 해당 지역의 기후 변동을 조사한 결과, 인간 활동의 영향이 상대적으로 적다는 결론을 내렸다.

그러나 연구팀은 이번 연구 결과가 지구 전체의 기후 변화 원인을 설명하는 것으로 확대 해석되어서는 안 된다고 강조했다. 이번 연구는 특정 지역에 한정된 사례 연구일 뿐이며, 전 세계적인 기후 변화의 주요 원인은 여전히 인간 활동이라는 점을 분명히 밝혔다. 특히 온실가스 배출이 기후 변화에 미치는 영향에 대한 기존 과학적 합의는 변함이 없으며, 이번 연구가 이를 반박하는 근거로 사용될 수 없다고 설명했다.

즉, 특정 지역의 기후 변화가 자연적 요인에 의해 발생할 수 있음을 보였지만, 이는 국지적 현상일 뿐이며, 전 지구적 기후 변화는 인간의 영향을 크게 받는다는 기존 과학적 입장을 유지해야 한다는 것이다.

☞**질문**
기사의 밑줄 친 헤드라인에서 보이는 논리적 오류는 무엇일까요?

☞ **답변**

　강조의 오류는 특정 요소를 지나치게 부각하여 다른 중요한 요소를 간과하거나 무시하게 만드는 논리적 오류를 말한다. 예를 들어, '기후 변화는 인간 활동과 무관하다'는 기사 제목만 보면, 마치 A 대학교 연구팀이 인간 활동이 기후 변화의 원인이라는 기존 통념을 뒤집는 연구 결과를 발표한 것처럼 보인다. 하지만 실제 기사 본문을 살펴보면, 이는 사실과 다르다. 연구팀이 밝힌 것은 특정 지역에서 자연적 요인으로 인해 기후 변화가 발생한 사례가 있다는 점에 한정되었을 뿐이다.

　문제는 기사 제목이 연구의 일부 내용을 과도하게 강조함으로써 전체적인 맥락과 연구팀의 의도를 왜곡했다는 점이다. 연구의 본래 목적은 자연적 요인이 기후 변화에 미친 영향을 특정 지역에서 규명하는 것이었으며, 인간 활동이 기후 변화의 원인에서 배제된다는 주장을 한 것이 아니었다. 하지만 제목은 이러한 연구의 맥락을 무시한 채 단순화하고 과장하여 독자들이 잘못된 결론을 내리도록 만들 가능성을 높였다.

　강조의 오류는 이처럼 중요하지 않은 특정 부분을 지나치게 부각함으로써 논의의 본질을 흐리고, 거시적인 관점을 놓치게 만든다. 정보 전달 과정에서 일부 요소만 과도하게 강조하면 독자들이 전체 내용을 잘못 이해하거나 왜곡된 관점으로 해석할 가능성이 커진다.

　따라서 정보를 전달할 때는 특정 세부 사항에만 의존하지 말고, 연구의 전체 맥락과 의도를 균형 있게 반영하는 것이 중요하다. 이렇게 해야만 독자들이 왜곡되지 않은 정확한 정보를 바탕으로 올바른 결론에 도달할 수 있다. 강조의 오류를 피하려면 정보를 다룰 때 주제의 본질과 큰 틀을 항상 고려해야 한다.

2. [좋은 논증의 3가지 기준]을 토대로 분석하기

- **전제**
  - 특정 지역에서 관찰된 기후 변화는 자연적 요인에 의해 발생했다.
  - 특정 지역에서 관찰된 기후 변화가 인간 활동과 무관하다.
- **숨은 전제** 전체 중 일부 특수한 사례를 강조해서 일반화해도 무관하다.
- **결론** 기후 변화는 인간 활동과 무관하다.

1. **전제의 진실성 또는 수용 가능성**: 특정 지역에서 관찰된 기후 변화가 자연적 요인에 의해 발생했다는 전제는 해당 지역의 분석 결과로 참일 수 있다. 특정 지역에서 발생한 기후 변화가 인간 활동과 무관하다는 주장 역시 연구 데이터를 기반으로 참일 가능성이 있다.
2. **전제와 결론의 연관성**: 전제는 특정 지역에서의 관찰에 국한되어 있지만, 결론은 전 지구적 기후 변화와 인간 활동 간의 연관성을 부정하는 방향으로 확장되고 있다. 이러한 경우, 특정 지역의 전제와 전 지구적 결론 사이에는 직접적인 연관성이 부족하며, 이에 따라 논리적 비약이 발생하게 된다.
3. **전제의 적절성과 충분성**: 특정 지역에서 관찰된 자연적 요인의 역할만으로는 전 지구적 기후 변화의 복합적인 원인을 충분히 설명할 수 없다. 인간 활동의 역할을 무시하는 것도 충분성을 갖추지 못한 것으로 보아야 한다.

* 논리적 타당성 검토

특정 지역에서 관찰된 자연적 요인을 기후 변화의 전 지구적 원인으로 일반화하는 것은 논리적 비약이며, 논증의 타당성을 떨어뜨린다. 이러한 논증은 특정 지역의 연구 결과라는 전제가 참일 수는 있으나, 전제와 결론 사이의 연관성, 적절성, 충분성이 부족하여 '강조의 오류'를 범한 사례에 해당한다. 특히 이 사례는 좋은 논증의 조건 중 전제의 수용성에 문제가 있다. 연구의 특수한 사례를 일반화할 수 있다는 암묵적인 전제를 바탕으로 논증이 전개되기 때문이다.

핵심은 연구 결과의 '전체적인 맥락'을 배제하고 특정 부분만 부당하게 강조함으로써 독자의 판단을 흐리게 만든다는 점이다. 전체 맥락을 숨겨도 된다는 전제는 논리적으로 수용할 수 없는 근거이며, 이러한 방식은 논증의 신뢰성을 크게 떨어뜨린다.

기사 제목에서 '기후 변화는 인간 활동과 무관하다'라는 자극적인 표현을 사용해 독자의 관심을 끈다. 제목 자체가 본문을 읽기 전부터 독자들이 연구 결과를 인간 활동과 기후 변화가 무관하다는 보편적 결론으로 오해하도록 만든다. 그러나 기사 본문에서는 연구가 특정 지역에 국한되었으며, 자연적 요인이 주요 원인으로 분석되었다고 분명히 언급한다. 또한, 연구진은 이 결과가 전 지구적 기후 변화에 대한 일반적 결론으로 확대하여 해석될 수 없음을 명시했다.

그렇지만 제목과 서술 구조는 연구의 제한적 범위와 맥락을 독자가 간과하게 만들 가능성이 높다. 독자는 이 연구가 '인간 활동과 기후 변화가 무관하다'라는 보편적 결론을 내렸다고 오해할 수 있다. 이는 강조의 오류를 명확히 보여주는 사례로, 논리적 사고를 저해하며 정보 전달의 왜곡을 초래한다.

3. 오류 바로잡기

'나무를 보지 말고 숲을 보라'는 격언처럼, 강조의 오류를 극복하려면 전체적인 맥락을 살피고 다른 요소들과의 객관적 비교를 통해 균형 있는 관점을 유지해야 한다. 전체적인 맥락을 파악한 뒤에는 상대방에게 이를 설명하고, 특정 상황이나 요소가 강조된 이유를 질문해야 한다. 이러한 과정을 통해 상대방 역시 자신의 시야가 좁아져 있었다는 사실을 깨달을 수 있다.

강조의 오류를 피하기 위해서는 항상 사안의 전체를 보는 노력을 기울이며, 자신의 논리 구조가 편중되지 않았는지 점검하는 것이 중요하다. 객관적인 시각을 유지하려는 태도는 설득력을 높이고 논리적인 사고를 가능하게 하는 중요한 기반이 된다.

강조의 오류에 빠지지 않으려면, 자신이 무의식적으로 전체적인 맥락을 숨기고 있지는 않은지 점검할 필요가 있다. 강조의 오류는 무언가를 강하게 주장하거나, 타인을 설득하거나, 관심을 끌고 싶을 때 특히 쉽게 범하기 쉬운 오류다. 자신에게 유리한 요소만 부각시키고 싶은 욕구는 자연스러운 심리일 수 있지만, 강조의 오류를 범한 주장은 초기에는 주목을 받을 수 있어도, 금세 논리적 결함이 드러나기 마련이므로 주의해야 한다. 의도적으로 강조의 오류를 범하는 것은 단기적인 효과를 노린 근시안적 태도에 불과하다고 할 수 있다.

상대방이 강조의 오류를 범했을 때는 특정 요소가 다른 요소보다 근거 없이 부각되고 있음을 논리적으로 지적해야 한다. 특정 요소만 지나치게 강조하면 다른 중요한 요소들을 간과하거나 배제하게 되는 결과를 초래하기 쉽다. 위 사례처럼 특수한 상황이 전체 맥락을 배제한 채 부각되어 있다면, 이를 지적함으로써 오류를 드러낼 수 있다.

이 기사에서 나타난 강조의 오류도 연구 결과의 제한적 맥락을 충분히 반영하지 않고, 자극적인 표현과 불균형적 정보 전달로 독자의 오해를 유발할 가능성이 크다. 글의 제목과 초반부에서 강조된 메시지는 연구 결과의 전반적 의미를 과대 해석하거나 왜곡하도록 독자를 유도할 수 있다. 이를 방지하기 위해서는 중립적 언어 사용과 연구의 제한적 범위를 명확히 설명하는 노력이 필요하다. 올바른 정보 전달은 과학적 신뢰성을 유지하고, 중요한 환경 문제에 대한 대중의 이해를 돕는 데 핵심적인 역할을 한다.

강조의 오류는 항상 명확하게 드러나는 것은 아니다. 여러 중요한 요소 중 하나만 부당하게 강조하거나, 특정 단어나 표현이 강조하여 본래 의도와 다르게 해석되도록 하는 경우, 오류를 알아차리기가 어려울 수 있다. 상대방의 주장이 지나치게 편향되어 있다고 판단한다면, 강조된 요소 이외에 고려해야 할 다른 요소가 있는지 점검하면서 전체적인 관점을 유지하려는 노력이 필요하다.

4. 사례로 훈련하기

다음 진술의 논증 과정에는 어떤 문제가 있을까요?

1. 엄마가 나한테 이 빵을 먹지 말라고 하셨어. 그래서 나는 이 빵을 먹을 수 없으니, 형이 이 빵을 먹어.

2. 학생들이 다 같이 떠들고 있는 상황, 선생님이 한 학생에게 말했다. '너는 수업 시간에 왜 그렇게 떠드니?'

3. ***중국, 지하수 난개발로 인한 침하… 위기에 놓인 수억 명**

최근 중국 동남부 연안 도시들이 잇따라 침수 피해를 겪고 있습니다. '슈퍼 문'으로 인한 밀물 홍수 피해가 채 가라앉기도 전에, 11월 태풍과 폭풍 해일의 여파로 바닷물이 넘쳐 도시들이 큰 피해를 보았습니다. 태풍이 직접 상륙하지는 않았지만, 먼바다에서 발생한 강력한 해일이 밀물과 함께 연안 도시를 강타한 것으로 분석됩니다. 더욱 심각한 문제는 연안 도시들이 지속적인 지반 침하를 겪고 있다는 점입니다. 지난 4월 발표된 연구에 따르면, 지하수의 과도한 개발과 도심 빌딩 숲의 무게로 인해 연안 지역의 지반이 매년 3mm 이상 가라앉고 있습니다. 여기에 기후 변화로 인한 해수면 상승까지 더해지면서, 100년 이내에 중국 해안선의 4분의 1이 사라질 수 있다는 경고도 나왔습니다. 이는 약 2억 7천만 명이 살 곳을 잃게 되는 심각한 결과로 이어질 수 있습니다.

전문가들은 이러한 문제가 비단 중국만의 일이 아니라고 강조합니다. 전 세계의 많은 연안 도시가 지하수 고갈과 해수면 상승의 이중 위협에 직면해 있으며, 이를 해결하기 위한 국제적 대응이 시급하다고 경고하고 있습니다.

4. 길동이는 반 친구와 싸운 일로 선생님께 꾸중을 들었다. 그 이야기를 들은 어머니가 자초지종을 물으니, 길동이는 이렇게 대답했다. '선생님께서 반 친구들과 싸우지 말라고 하셨으니, 앞으로는 선생님 말씀을 잘 새기고 바르게 행동할게요. 걱정하지 마세요. 대신 이제 반 친구들과는 싸우지 않고 옆 반이나 다른 학교 아이들과만 싸울게요.'

5. 한 직원이 사무실에서 지나치게 자주 사적인 통화를 하자, 팀장은 그 직원에게 사무실에서는 개인적인 통화를 하지 말라고 지시했다. 그러나 직원은 이 지시를 듣고, 앞으로는 밖으로 나가서 사적 통화를 하고 오겠다고 대답했다. 직원의 예상치 못한 반응에 팀장은 어이가 없었다.

☞ 해설로 확인하기

1. 화자는 엄마가 빵을 먹지 말라고 한 대상, 즉 '나'에게만 초점을 맞추고 있다. 그러나 엄마가 '나'에게 빵을 먹지 말라고 한 이유는 여러 가지로 추측할 수 있다. 예를 들어, 그 빵이 유통기한이 지나 상했기 때문에 먹지 말라고 했을 수도 있고, '나'의 비만 때문에 건강을 걱정하여 먹지 말라고 했을 가능성도 있다. 만약 비만 때문에 먹지 말라고 한 것이라면, 형은 빵을 먹어도 무방할 수 있다. 하지만 빵이 상한 경우라면, 엄마가 빵을 먹지 말라고 한 대상이 '나'라고 하더라도 형 역시 그 빵을 먹어서는 안 된다.

   따라서 엄마의 의도가 명확히 판별되지 않은 상황에서 단순히 '나'라는 단어에만 초점을 맞추는 것은 엄마의 의도를 왜곡하는 '강조의 오류'에 해당할 수 있다. 원래 의도와 맥락을 충분히 고려하지 않은 채 특정 요소만을 부각하는 것은 바람직하지 않다.

2. 모든 학생이 떠들고 있는 상황에서 선생님이 학생의 떠드는 행동을 지적한 것은 잘못된 일이 아니다. 그러나 여러 학생 중 특정 학생을 지목하고 보조사 '는'을 사용해 강조한 것은 문제의 소지가 있다. 만약 해당 학생이 반 친구들이 수업에 집중하지 못하도록 주도했거나 다른 학생들보다 유독 크게 떠들었다면, 선생님의 지적은 타당할 수 있다. 그러나 그러한 특별한 이유 없이 특정 학생만 지적했다면, 이는 '강조의 오류'에 해당하며 차별로 여겨질 가능성도 있다.

3. 기사 제목만 보면 지하수 남용 때문에 중국이 심각한 위험에 빠진 것처럼 보인다. 하지만 기사 내용을 살펴보면, 자연재해와 지구온난

화로 인한 피해가 주요 원인으로 언급되고 있다. 지하수 남용은 기사에서 언급된 여러 문제 중 하나일 뿐, 다른 핵심적인 문제를 가릴 만큼 비중이 크다고 보기 어렵다. 게다가 자연재해, 지구온난화, 빌딩 건설, 지하수 개발 등으로 인한 위험은 중국만의 문제가 아니라 전 세계 여러 국가에서도 나타나는 공통적인 문제다. 따라서 기사 제목이 본문의 내용과 다소 동떨어져 특정 요소를 부각한 것은 '강조의 오류'에 해당한다고 볼 수 있다. 제목과 본문이 조화를 이루지 못하면 독자들이 본문을 오해하거나 특정 관점으로 왜곡된 정보를 받아들일 가능성이 크다.

4. 선생님께서는 '싸우지 말라'는 점에 방점을 두고 이야기했지만, 길동이는 '반 친구'라는 표현에 강조점을 두어 받아들였다. 이에 따라 길동이의 해석은 선생님의 의도와 완전히 동떨어진 결과를 낳게 되었다. 길동이가 단순히 잘못 이해했을 수도 있지만, 이를 통해 선생님의 지시에 반항하려는 마음을 우회적으로 표현했을 가능성도 있다.

5. 팀장은 업무시간 동안 회사 내에서 사적인 통화를 자제하라는 취지로 지시했지만, 직원은 '사무실'이라는 장소에 초점을 맞춰 팀장의 지적을 받아들였다. 이는 강조의 오류에 빠진 것일 수도 있고, 의도적으로 강조의 오류를 악용해 팀장의 지시에 비아냥거리는 태도를 보인 것일 가능성도 있다. 이러한 반응은 팀장의 지시를 왜곡하여 본래의 의도를 흐리게 만든다.

5. 넓고 깊게 알아보기

'It's the economy, stupid!' (1992년 미국 대선을 바꾼 구호)

1992년 미국 대선에서 민주당 빌 클린턴 캠프의 구호 'It's the economy, stupid!'는 당시 경제 상황을 부각하며 선거 전략의 핵심으로 자리 잡았다. 이 문구는 클린턴 캠프의 전략가 제임스 카빌이 고안한 것으로, 경제적 어려움에 직면한 유권자들의 공감을 끌어내고, 클린턴을 경제 문제 해결의 적임자로 각인시키는 데 성공했다.

당시 조지 H. W. 부시 대통령은 걸프전 승리 등 외교적 성과를 거두었으나, 국내에서는 경제 침체와 실업 문제로 비판받고 있었다. 클린턴 캠프는 이러한 경제 문제를 최우선 과제로 삼아 유권자들이 느끼던 불만과 좌절을 정확히 반영한 메시지를 통해 선거 전략을 구체화했다. 이 슬로건은 클린턴 캠프 내부의 모든 전략적 판단을 이끄는 핵심 지침으로 작용했다.

'It's the economy, stupid!'는 간결하면서도 강력한 메시지로, 정치 슬로건의 힘을 보여준 사례로 평가된다. 그러나 경제만을 강조함으로써 정치·사회적 요인들을 간과했다는 비판, 즉 강조의 오류라는 지적을 받을 가능성도 있다. 실제로 외교적 성과와 같은 다른 요인들도 선거에 영향을 미쳤으나, 클린턴 캠프는 당시 유권자들이 가장 민감하게 느끼던 경제 문제에 초점을 맞춤으로써 효과적으로 공감을 끌어냈다. 결론적으로 이 문구는 논리적 오류라기보다는 특정 이슈를 명확히 부각한 성공적인 선거 전략으로 평가된다.

복합질문의 오류

- Complex Question Fallacy -

> '답정너!(답은 정해져 있고 너는 대답만 하면 돼)'

　복합질문이란 여러 개의 질문이 하나로 묶여 있거나, 숨은 질문과 겉으로 드러난 질문으로 구성된 형태의 질문을 말한다. 복합질문의 오류는 두 가지 이상의 판단 요소를 하나의 질문으로 결합해 물을 때 발생한다. 복합질문은 '예' 또는 '아니오'로 답하기 어렵거나, 어떤 답을 하더라도 원하지 않는 사실을 마치 인정한 것처럼 보이게 만드는 오류를 초래하는데 이를 복합질문의 오류라고 한다.

1. 사례로 들어가기

지혜

이번 행사에 <u>선생님과 선생님의 가족들이 함께 참석하실 건가요?</u>

민주

예… 아니, 아니, 가족들과 함께 올지는 아직 몰라요.

지혜

<u>행사 후에 저녁 식사는 같이 하실 거죠?</u>

민주

예… 그런데 행사 끝까지 있을지 아직 잘 모르겠어요.

☞**질문**

위 지혜와 민주의 대화 가운데 밑줄 친 지혜의 주장에서 보이는 논리적 오류는 무엇일까요?

답변

지혜의 첫 번째 질문에는 '선생님은 이번 행사에 참석하실 건가요?'와 '가족들도 함께 참석하실 건가요?'라는 두 개의 질문이 결합되어 있다. 본인은 참석하지만, 가족들의 참석 여부는 결정하지 못한 민주는 이 질문에 '예'나 '아니오'로 명확히 대답하기 어렵다. 이는 복합질문의 오류에 해당한다.

지혜의 두 번째 질문에는 '행사에 끝까지 계실 거죠?'라는 숨은 질문과 '저녁 식사를 같이 하실 거죠?'라는 겉으로 드러난 질문이 포함되어 있다. 지혜는 숨은 질문인 '행사에 끝까지 계실 거죠?'에 대해서는 이미 '예'라는 답이 이루어진 것으로 가정한 상태에서 '저녁 식사는 같이 하실 거죠?'라는 질문을 하고 있다.

민주가 이 질문에 '예'라고 답할 경우, 아직 결정하지 않은 '행사에 끝까지 참석한다'라는 가정을 인정한 셈이 되어 버린다. 반대로 '아니오'라고 답하면 '행사에 끝까지 있지 않다'라는 것인지, '저녁 식사를 같이 하지 못한다'라는 것인지가 모호해진다. 이는 전형적인 복합질문의 오류를 보여주는 사례다.

지혜는 복합질문의 오류로 인해 민주에게 명확한 답변을 하기 어려운 상황을 만들었다. 질문이 여러 가정을 포함하거나 독립적으로 처리할 수 없는 방식으로 제기되면, 대화는 혼란스럽고 비효율적으로 이어질 가능성이 크다. 이를 방지하기 위해 질문은 단순하게, 구체적으로 분리하여 상대방이 명확히 대답할 수 있도록 해야 한다.

2. [좋은 논증의 3가지 기준]을 토대로 분석하기

논증 1
- **전제**
  - 민주는 행사에 참석한다.
  - 민주의 가족들도 행사에 참여한다.
- **결론** 민주와 민주의 가족들은 행사에 참석한다.

논증 2
- **전제**
  - (민주는 행사 끝까지 있는다.)
  - 민주는 행사 후 저녁 식사를 같이 한다.
- **결론** 민주는 행사 끝까지 있고 저녁 식사를 같이 한다.

논증 1
1. **전제의 진실성 또는 수용 가능성**: 전제 중 하나가 참이라는 증거가 없어 수용하기 어렵다.
2. **전제와 결론의 연관성**: 전제의 참 여부가 결론의 참 여부에 직접적으로 연관된다.
3. **전제의 적절성과 충분성**: 민주의 가족들이 행사에 참석한다는 전제가 단순 추정이라면, 결론을 내리기에 충분하지 않다.

논증 2
1. **전제의 진실성 또는 수용 가능성**: 민주의 구체적 의사가 명확히 확인되지 않아 전제를 수용하기 어렵다.
2. **전제와 결론의 연관성**: 전제의 참 여부가 결론의 참 여부에 직접적으로 연관된다.

3. 전제의 적절성과 충분성: 전제의 수용 가능성이 부족하여 결론을 충분히 보장하지 못한다.

* 논리적 타당성 검토

두 전제 간의 상호 연결성이 완벽하지 않기 때문에 구조적으로 비약이 존재한다. 따라서 논리 구조가 타당하다고 보기 어렵다. 첫 번째 질문에는 '예'나 '아니오'로 명확하게 답변하기 어렵다. 이는 질문의 두 전제 중 하나인 '민주의 가족들도 행사에 참여한다'라는 전제가 사실과 맞지 않았기 때문이다. 이 잘못된 전제로 인해 응답이 불가능해졌고, 결과적으로 '복합질문의 오류'가 발생했다.

두 번째 질문은 겉보기에는 논리적으로 보이지만, '민주는 행사 끝까지 있을 것이다'라는 전제가 질문 속에 암묵적으로 포함되어 있다. 이 전제는 질문자가 명시적으로 확인하거나 상대방이 동의한 적이 없는데도, 질문 과정에서 자동으로 승인된 것처럼 취급된다.

질문자가 '행사 후 저녁 식사를 같이 하실 거죠?'라고 물었을 때, 이 질문에는 '행사 끝까지 있을 것이다'라는 전제가 숨어 있다. 만약 상대방이 '예'라고 답하면, 이는 저녁 식사뿐만 아니라 '행사 끝까지 있을 것'이라는 전제까지 자동으로 승인하는 효과를 낳는다. 반대로 '아니오'라고 답할 경우에도, 질문자가 이 답변을 왜곡하여 '행사에는 참석하지만, 저녁 식사는 하지 않는다'는 의미로 해석할 가능성이 생긴다. 따라서 이 질문은 어떤 방식으로 답하더라도 질문자가 숨겨 놓은 가정을 부인하거나 수정하기 어려운 구조로 되어 있다.

이러한 복합질문의 오류는 질문 속에 명시되지 않은 가정을 포함하여, 상대방이 이 전제를 암묵적으로 동의하도록 강요한다.

3. 오류 바로잡기

복합질문의 오류는 질문을 통해 알고 싶은 것을 정확히 파악하지 못할 때 발생할 수 있다. 또는 질문자가 논의 상황을 자신에게 유리하게 이끌기 위해 의도적으로 복합질문을 사용하는 경우도 있다. 이때 질문에 숨어 있는 가정을 알아차리지 못한 채 답변하면, 복합질문의 오류에 빠질 위험이 있다.

복합질문의 오류를 피하기 위해서는, 우선 내가 질문을 통해 알고자 하는 것이 무엇인지 명확히 파악해야 한다. 또한, 나의 질문에 상대방이 부정할 수 있는 가정이 포함되어 있지 않은지 검토하고, 그러한 가정이 있다면 이를 제거해야 한다. 논증이나 토론에서 우위를 점하기 위해 의도적으로 복합질문을 사용하는 것은 지양해야 한다. 상대방이 복합질문임을 간파하고 질문을 쪼개서 답변할 경우, 나의 논거가 잘못되었음이 쉽게 드러날 수 있기 때문이다. 때로는 상대가 답변하기 어려운 질문을 회피하기 위해 복합질문이라고 항의하며 답변을 거부하는 상황도 생길 수 있다. 이럴 때는 나의 질문에 상대방이 승인할 수 없는 가정이 포함되어 있는지 다시 살펴보아야 한다. 만약 상대가 승인할 수 없는 가정이 있다면 이를 제거해야 한다.

상대방의 질문이 길고 복잡하여 답하기 어렵다면, 먼저 그 질문에 다른 전제나 가정이 숨어 있는지 분석해야 한다. 만약 인정할 수 없는 전제가 포함되어 있다면, 이를 지적하고 '정확히 무엇을 알고 싶은지 다시 질문해 달라'고 요구해야 한다. 상대가 이를 인정하지 않고 답변을 강요한다면, 질문을 하나씩 나누어 답변하면 된다.

4. 사례로 훈련하기

다음 진술의 논증 과정에는 어떤 문제가 있을까요?

1. 유튜버: 성남·분당 지역에 어마어마한 아방궁 보유 중이십니까?
   작가: 어마어마하지 않습니다.
   유튜버: 그럼, '아방궁은 맞다'라는 이야기로 받아들이겠습니다.

2. 아들! 너 언제 결혼할 거야?

3. 형사: 허위 광고로 그 제품 판매량 많이 늘었죠?
   피의자: 판매량은 늘지 않았습니다.
   수사관: 허위 광고한 건 인정하네! 그럼, 언제부터 허위 광고를 했어요?

4. 민주: 너 요즘도 거짓말하고 다니냐?
   지혜: 어….

5. 의원: 국방부 장관의 윗선은 누굽니까?
   장관: 국방부 장관의 윗선은 군 통수권자인 대통령입니다.
   의원: 그러면 대통령이 사건 무마하라고 지시했어요?
   장관: 아, 제가 윗선이라고 한 건 이 사건에 대한 윗선이라는 것이 아니라 국방부 장관을 지휘하는 윗선이 대통령이라는 것이었습니다.

☞ 해설로 확인하기

1. 인기 유튜버와 유명 웹툰 작가의 가상 청문회 대화의 일부이다. 유튜버는 두 개의 질문을 하나로 묶어 복합질문을 던짐으로써 함정을 만들었다. 작가가 '어마어마하지는 않다'라고 답하자, 유튜버는 이를 '그러면 아방궁은 인정한 거다'라고 해석했다. 그러나 작가가 자신의 집이 아방궁이라는 점을 인정하지 않았음에도 불구하고, 유튜버는 복합질문을 통해 작가가 그것을 인정한 것처럼 보이게 만들었다. 이는 '복합질문의 오류'를 활용해 상대의 의사를 왜곡하는 사례로 볼 수 있다.

2. 이 질문에는 '너는 결혼할 거야?'라는 숨은 질문이 포함되어 있다. 엄마는 이 숨은 질문에 대해 아들이 긍정적으로 대답할 것이라고 가정한 뒤, '언제 할 거냐?'라고 묻고 있다. 그러나 아들이 결혼할 생각이 없다면, 이 가정은 잘못된 것이며 엄마는 '복합질문의 오류'를 범한 것이다. 다만, 과거에 아들이 '결혼은 할 거야' 또는 '언제 할지 생각해 볼게'와 같은 긍정적인 대답을 했다면, 이는 엄마의 가정을 승인한 것으로 볼 수 있다. 이 경우, 엄마의 질문은 숨은 가정이 이미 승인된 상태에서 이루어진 것이므로 '복합질문의 오류'에 해당하지 않는다.

3. 형사는 피의자에게 '허위 광고를 했다'는 자백을 받아내기 위해 교묘한 복합질문을 던졌다. 당황한 피의자는 이를 알아차리지 못하고 판매량 증가에 대해서만 부인하였다. 이에 대해 형사는 '허위 광고는 이미 인정했다'고 주장하며 이를 전제로 다른 신문을 이어 가고 있다.

명백한 '복합질문의 오류'이다. 수사기관에서는 피의자가 실제 허위 광고를 했는데도 이를 계속 인정하지 않고 있다고 판단해 의도적인 복합질문을 던질 수도 있다. 피의자가 암시된 가정을 자신도 모르게 인정할 때 다른 증거의 단서가 드러날 수도 있기 때문에 수사 기법의 하나로 사용하기도 한다.

4. 이 질문은 긍정이든 부정이든, 어떤 답변을 하더라도 질문자의 의도대로 해석될 수 있는 전형적인 복합질문이다. '그렇다'라고 답하면 '나는 과거에도 거짓말쟁이였고 지금도 거짓말쟁이다'라는 의미가 되고, '아니다'라고 답하면 '나는 과거에는 거짓말쟁이였으나 지금은 아니다'라는 의미가 된다. 결국 어떤 답을 하더라도 과거에 거짓말쟁이였다는 것을 부인할 수 없게 된다. 이는 복합질문의 오류에 해당한다. 이 질문 전체를 부인하려면, 두 개의 질문으로 나누어 각각에 대해 답변해야 한다. 예를 들어, "나는 과거에도 지금도 거짓말하지 않아'라고 답하거나, '내가 언제 거짓말을 했다고 그래?'와 같이 두 질문을 모두 부정할 수 있는 방식으로 대답해야 한다. 질문을 나누어 답변하면 숨겨진 가정을 드러내고 오류를 방지할 수 있다.

5. 국정감사나 청문회와 같은 정치적 상황에서는 '복합질문의 오류'가 자주 발생한다. 이는 강제 수사권이 없는 상황에서 진실에 접근해야 하는 정치의 한계에서 비롯되기도 하지만, 과열된 정쟁 속에서 원하는 답변을 끌어내려는 행태가 이를 부추기고 있기 때문이다. 한 사례로, 군인 사망 사건과 관련한 청문회에서 야당 의원이 국방부 장관을 추궁한 장면이 있다. 야당 의원은 대통령이 사망 사건 수사를 방해했

다고 의심하며 국방부 장관에게 복합질문을 던졌다. 이 질문에는 '대통령이 국방부 장관에게 사건 축소를 지시했다'는 숨은 질문이 포함되어 있었다. 국방부 장관은 처음에는 이 함정을 알아채지 못하고 답변했으나, 뒤늦게 자신이 '복합질문의 오류'에 빠졌음을 깨닫고 급히 처음의 답변을 정정한 것이다.

5. 넓고 깊게 알아보기

다음은 두 변호사가 수사기관에서 사용하는 복합질문을 비판하는 대담이다. 논증이나 토론에서 발생하는 '복합질문의 오류'와 다른 점이 있는지 살펴보자. 그리고 이 오류가 일상생활에서 우리에게 미치는 영향에 대해 생각해 보자.

A 변호사: 수사기관에서 조사를 받을 때 복합질문에 대해 주의할 필요가 있습니다. 수사기관도 이런 질문 방식은 이제 지양해야 합니다.

B 변호사: 실제 법정에서 피의자 신문 조서가 증거로 인정받지 못한 사례를 설명하겠습니다. 검찰 조사를 받던 중 검사가 피의자에게 다음과 같은 질문을 했습니다. '본인 계좌에 착오로 송금된 것을 알고도 딸 수술비로 그 돈을 다 쓴 것이지요?' 이 질문은 명백한 복합질문입니다. 그러나 당시 피의자는 '네, 맞습니다'라고 대답했습니다. 검찰은 이 조서를 근거로 재판에서 '피고가 착오 송금을 알고도 돈을 사용했다고 자백했다'라고 주장했습니다.

A 변호사: 법원은 이를 어떻게 판단했나요?

B 변호사: 법원에서는 판사와 변호인이 피고에게 질문의 취지를 확인하기 위해 질문을 나누어 물었습니다. 그 결과, 피고는 '착오

송금을 알고 돈을 사용한 것이 아니라, 질문의 마지막 부분인 '돈을 사용했지요?'에 대해 '네, 딸의 수술비로 썼다'고 답한 것'이라고 진술했습니다. 결국 법원은 이 피의자 신문 조서를 자백으로 인정하지 않고 증거로 채택하지 않았습니다.

A 변호사: 사실 수사기관에서 5시간, 10시간씩 심리적 압박을 느끼며 조사받다 보면 당황해서 질문의 내용을 정확히 기억하지 못할 수도 있습니다. 이런 상황에서 복합질문에 대해 어떻게 대처해야 할까요?

B 변호사: 복합질문에 효과적으로 대처하기 위해서는 몇 가지 방법을 활용할 수 있습니다. 복합질문을 받았다면, 반드시 질문을 나누어 각각 답변하는 것이 중요합니다. 질문의 각 부분을 분리하여 구체적으로 대답하면 오해를 줄이고 자신의 의도를 명확히 전달할 수 있습니다.

또한 심리적 압박 속에서도 최대한 침착함을 유지하려는 노력이 필요합니다. 긴장된 상황에서 당황하면 실수를 범할 가능성이 커지므로 냉정함을 잃지 않고 차분하게 대응하는 것이 중요합니다.

질문이 지나치게 길거나 숨은 의도가 있다고 판단될 경우에는 바로 답변하기보다는 질문자에게 질문의 취지를 되물어야 합니다. 질문의 의미를 명확히 파악한 뒤 답변하면 불필요한 오해를 방지할 수 있습니다. 만약 질문의 내용이 명확하지 않거나 이해되지 않을 때는 억지로 대답하지 않는 것이 안전합니다. 이 경우 '질문을 이해하지 못했다'라고 솔직히 말하거나 묵비권을 행사하는 것이 바람직합니다. 억지로 답변하다 보면 사실과 다른 내용을 인정하게 되거나 위증으로 간주할 위험이 있기 때문입니다.

복합질문은 답변자의 의도를 왜곡하거나 잘못된 판단을 초래할 가능성이 큽니다. 따라서 침착하고 신중하게 대처하며, 질문의 내용을 정확히 이해하고 답변하려는 노력이 필요합니다. 이러한 방법을 통해 자신에게 불리한 상황을 예방하고, 자기 입장을 분명히 전달할 수 있습니다.

허수아비 논증의 오류

- Straw Man Fallacy -

'허수아비와 싸우지 마라!'

상대방이 제시한 논증을 실수로 잘못 해석하거나 고의로 왜곡·축소·과장하여 허점을 만들어낸 뒤 이를 근거로 상대방의 논증이 틀렸다고 주장하는 것을 '허수아비 논증의 오류'라고 한다. 상대방의 원래 논증을 사람으로 비유한다면, 왜곡된 논증은 그저 허수아비에 불과하다. 아무리 허수아비를 쓰러뜨려도 실제 사람, 즉 상대방의 원래 논증에는 아무런 영향을 미치지 못한다는 점을 풍자적으로 표현한 것이다.

1. 사례로 들어가기

의원

검찰의 특수활동비가 투명하지 않게 사용되고 있습니다. 본래 특수 수사에 사용되어야 할 예산이 명절 떡값, 사무실 집기 구입비, 심지어 고급 식당에서 회식비로 지출된 사례도 보고되고 있습니다.
그런데도 검찰은 관련 자료 제출을 거부하고 있습니다. 특수활동비가 목적에 맞게 사용되었음을 입증하지 못한다면, 해당 예산은 전액 삭감되어야 할 것입니다.

법무부 장관

특수 수사의 특성상 장소와 시간 등 구체적인 내용이 드러나는 자료를 제출하기 어려운 점을 양해해 주시기 바랍니다. 저희는 해당 예산을 원칙에 따라 사용하고 있습니다.
만약 <u>특수활동비가 삭감된다면, 이는 필연적으로 범죄 수사의 위축을 초래할 것입니다. 결과적으로 범죄율이 증가하고 국민이 피해를 보게 되는 상황이 발생할 수 있습니다.</u>
이러한 점을 고려하여 특수활동비의 필요성과 역할을 재평가해 주시기를 요청합니다.

☞ **질문**

밑줄 친 장관의 주장에서 보이는 논리적 오류는 무엇일까요?

답변

의원은 몇 가지 사례를 들어, 올바르게 사용되지 않은 특수활동비를 삭감해야 한다고 주장하고 있다. 반면 법무부 장관은 자료 제출이 어렵다는 점을 이유로 들며, 특수활동비를 줄이는 것이 결국 국민에게 피해를 줄 것이라고 주장한다. 그러나 장관은 특수활동비의 정당한 사용 여부를 입증하는 책임을 회피하면서, 마치 의원이 정당하게 사용된 특수활동비까지 삭감하려는 것처럼 왜곡하고 있다. 이는 의원이 제기하는 전제와 결론과는 무관한, 허수아비('특수활동비 삭감은 곧 국민의 피해')를 만들어내는 오류를 범하고 있는 것이다.

법무부 장관의 발언은 허수아비 논증의 전형적인 예이다. 의원의 주장은 특수활동비가 본래 목적에 맞게 사용되지 않았다는 점과 투명성을 확보해야 한다는 데 초점이 맞춰져 있다. 하지만 장관은 이에 대해 '자료 제출의 어려움'과 '특수활동비 삭감이 범죄 수사의 위축을 초래한다'는 논점으로 논의를 전환했다. 이는 의원의 주장을 제대로 반박하지 않고, 논쟁의 초점을 흐려 허수아비를 세운 뒤 이를 쓰러뜨리려는 시도이다. 의원의 원래 논증은 특수활동비의 부당 사용과 투명성 확보 요구에 관한 것이지, 삭감이 범죄 수사에 미칠 영향에 관한 것이 아니다. 이러한 논리적 전환은 원래 논쟁의 본질을 다루지 않고 엉뚱한 결론을 도출하게 만든다. 허수아비 논증은 논의를 비생산적으로 만들고, 핵심 쟁점 해결을 방해하는 비합리적인 논법이다.

2. [좋은 논증의 3가지 기준]을 토대로 분석하기

- **원래의 논증**

  - **전제** 검찰의 특수활동비가 부당하게 집행되고 있다.
  - **결론** 자료로 입증되지 않은 특수활동비는 삭감해야 한다.

- **허수아비 논증**

  - **전제** 특수활동비는 자료 제출이 어렵다.
  - **결론** 특수활동비를 삭감하면 범죄 수사가 위축되고 국민이 피해를 본다.

1. **전제의 진실성 또는 수용 가능성**: '특수활동비는 자료 제출이 어렵다'라는 전제는 특수 수사의 특성상 일정 부분은 수용 가능할 수도 있다. 그러나 본 논쟁의 핵심은 특수활동비의 투명성과 부당 집행 여부에 관한 것이므로, 이 전제는 논의의 중심에서 벗어나 있다. 자료 제출의 어려움은 핵심 쟁점과 직접적으로 연결되지 않는다.
2. **전제와 결론의 연관성**: 전제와 결론 간의 연관성이 부족하다. '특수활동비를 삭감하면 범죄 수사가 위축된다'는 결론은 자료 제출의 어려움과는 직접적인 연관성이 없으며, 따라서 주장의 일관성이 없다. 자료 제출의 어려움을 이유로 범죄 수사에 대한 잠재적 위축을 결론짓는 것은 논리적 비약에 해당한다.

3. **전제의 적절성과 충분성**: 전제가 결론을 내리기에 적절하거나 충분하지 않다. 특수활동비 삭감이 범죄 수사에 미치는 영향을 설명하기 위해서는 자료 제출의 어려움 외에 투명성과 집행의 정당성을 입증해야 한다. 단순히 자료 제출이 어렵다는 이유만으로 모든 상황을 설명하려는 것은 논리적으로 적절하지 않으며, 결론을 설득력 있게 뒷받침하지 못한다.

* 논리적 타당성 검토

　이 논증은 논리적 타당성이 부족하다. 전제에서 결론으로 이어지는 논리적 연계가 명확하지 않아, 주장을 왜곡하고 논리적 오류를 초래하고 있다. 이는 원래의 논쟁과는 무관한 논점을 만들어내어 본래의 쟁점을 흐리는 결과를 낳는다. 전제와 결론 사이에 일관성과 타당성이 없으며, 이를 통해 논리적 구조의 문제점이 드러난다.

　허수아비 논증은 논쟁에서 상대의 주장을 왜곡하거나 논점을 흐려 본래의 쟁점을 부적절하게 대체하는 오류이다. 특수활동비 논의에서 '특수활동비 삭감이 범죄 수사를 위축시킨다'는 주장은 본래의 핵심 쟁점인 투명성과 부당 집행 여부를 벗어나 '자료 제출이 어렵다'는 전제를 바탕으로 결론을 도출하고 있다. 그러나 자료 제출의 어려움은 특수활동비의 정당성과 투명성을 판단하는 데 직접적으로 관련이 없으며, 삭감이 수사 활동에 미치는 영향을 설명하기에 적절하거나 충분하지 않다. 이러한 논리적 비약은 핵심 문제에서 벗어나 논쟁의 본질을 왜곡하고, 생산적인 대화를 가로막는 결과를 초래한다. 특수활동비의 논의는 투명성과 정당성을 중심으로 적절한 논거를 통해 이루어져야 한다.

3. 오류 바로잡기

　허수아비 논증은 상대방의 주장을 고의로 왜곡하거나 축소·과장하여 허점을 만들어낸 뒤, 이를 근거로 상대방의 논증이 틀렸다고 주장하는 오류를 말한다. 이를 피하려면 무엇보다 상대방의 논증을 정확히 이해하는 것이 중요하다. 상대의 주장이 산으로 가는지, 바다로 가는지조차 제대로 파악하지 못하면 자신의 주장이 잘못될 가능성이 크다. 대화와 토론에서 상대방의 논증을 공정하게 진술하는 것은 기본 원칙이며, 이를 어기면 신뢰를 잃게 된다.

　논쟁에서 이기고 싶은 욕심으로 상대방 논증의 중요한 단어를 다른 단어로 교묘히 바꾸거나, 논증의 중요한 전제를 생략하거나, 논증의 범위를 임의로 확장하는 행동은 삼가야 한다. 이러한 행위는 상대의 논증을 정확히 다뤄야 한다는 호의의 원리를 어길 뿐만 아니라, 논쟁 과정에서 자신에게도 부정적인 결과를 초래한다. 상대방이 내 허수아비 논증에 제대로 대응하지 못한다면 일시적으로 우위를 점할 수 있겠지만, 대화가 지속되면 반격을 당하거나 신뢰를 잃을 가능성이 높다. 특히, 상대방이나 청중이 이를 단순 실수로 보지 않고 고의적인 왜곡이라고 판단하면, 비난은 나에게 돌아온다. 이는 논증의 참과 거짓 여부를 떠나 나의 주장과 신뢰를 떨어뜨리는 결과를 낳을 수 있다.

　만약 상대방이 나의 논증에 대해 허수아비 논증의 오류를 범하고 있다면, 우선 상대방이 단순히 오해하고 있는지, 아니면 고의로 왜곡하고 있는지를 판단해야 한다. 상대가 오해하고 있다면, 내 주장을 다시 한번 명확히 진술하거나, 상대방이 잘못한 해석을 바로잡아야 한다. 상대가 실수를 인정하고 이를 수용한다면, 정상적인 대화와 토론으로 이어질 가능성이 크다.

하지만 상대방이 해명을 수용하지 않고 왜곡된 논증을 고집한다면, 왜곡된 부분을 수정하거나 보충하며 주의를 주는 방법이 필요하다. 그렇지만 상대가 자신의 의견을 계속 고집한다면 이는 고의성이 있다고 판단할 수 있다. 이런 경우, 상대방과 공정하게 논의할 생각이 없다면 대화와 토론은 불가능하다는 점을 분명히 지적해야 한다. 허수아비 논증을 기반으로 한 논의는 생산적일 수 없으므로, 대화를 지속할 필요가 없다.

허수아비 논증을 피하기 위해서는 상대방의 논증을 왜곡하지 않고 정확히 이해하는 것이 중요하다. 대화와 토론은 항상 원래 논증에 기반한 진정한 논의를 통해 이루어져야 한다. 허수아비 논증이 계속되면 대화의 초점이 흐려지고, 문제 해결이 불가능해진다. 따라서 상대방과 공정하게 논의를 진행하고 대화를 명확히 하려는 노력이 필요하며, 이를 통해 신뢰와 생산적인 논의의 장을 유지할 수 있다.

4. 사례로 훈련하기

다음 진술의 논증 과정에는 어떤 문제가 있을까요?

1. **지혜:** 환경보호를 위해 플라스틱 사용을 줄여야 해.
   민주: 그 말은 모든 사람이 플라스틱 제품을 완전히 사용하지 말라는 거야? 그렇게 하면 생활이 불편해질 거야. 전혀 현실적이지 않아.

2. **의원:** 하천 정비 사업에서의 비효율적인 예산 집행 문제가 여러 언론에서 지적되고 있습니다. 이를 시급히 점검하고 바로 잡아야 할 필요가 있습니다.
   시장: 예산 집행 문제를 이유로 하천 정비 공사를 재검토하자는 말인가요? 곧 우기가 다가오는데 하천 정비가 중단되거나 늦어지면 큰 피해가 발생할 우려가 있습니다.

3. **정신과 전문의:** 대부분의 인터넷 게임 이용자는 건전하게 이용하고 있지만, 일부는 과도한 이용으로 중독 증상을 보이기도 합니다. 인터넷 게임이 대인관계, 가족관계, 학업, 직장 생활에 지나친 영향을 끼치고 있고 본인이 이를 줄이려 노력하는데도 잘 안된다면 정신 질환으로 분류해 예방하고 치료해야 합니다.
   게임사 대표: '일부'는 몇 퍼센트를 의미하나요? '과도하다'라는 것은 얼마만큼의 시간을 기준으로 하는 건가요? '일

부'와 '과도하다'의 명백한 기준이 있습니까? 이처럼 객관적인 기준이 없는데도 인터넷 게임 이용자를 정신 질환 환자로 분류하는 것은 잘못입니다.

4. 지혜: OECD 국가 중에서 한국의 남녀 간 평균 임금 차이가 가장 커. 작년 말을 기준으로 보면, 전체 여성의 평균 임금은 남성의 70%에도 미치지 못하거든. 이건 한국의 노동시장에 성차별이 존재한다는 것을 보여주는 증거야.
   영호: 현재 남성이 여성보다 더 높은 임금을 받고 있는 것은 남성의 노동 능력이 여성보다 우수하기 때문이야. 만약 남녀의 노동 능력이 동일하다면 한국의 기업주들은 남성을 해고하고 여성을 고용하겠지. 임금이 낮은 여성을 고용하는 게 훨씬 이익이 되니까. 하지만 남성 고용률이 더 높은 것을 보면 한국에서 남녀 간 임금 격차는 차별이 아니라 차이라고 생각해.

5. 민주: 건강을 위해 가공식품 섭취를 줄이는 게 좋아.
   지혜: 그러면 사람들이 가공식품을 절대 먹지 말고 굶으라는 거야? 그건 불가능해.

☞ 해설로 확인하기

1. 민주는 지혜의 원래 주장을 왜곡하거나 극단화해 반박하고 있다. 지혜의 원래 주장은 '플라스틱 사용을 줄이자'라는 것이지만, 민주는 이를 '모든 사람이 플라스틱 제품을 완전히 사용하지 말아야 한다'로 왜곡했다. 이처럼 주장을 과장하거나 비현실적으로 만들어 비판하면, 상대방의 실제 주장과는 무관하게 반박하는 것이 된다. 결과적으로 민주가 지적한 '생활의 불편함'은 지혜의 주장과 직접적으로 연결되지 않으며, 논의의 본질을 흐리는 허수아비에 해당한다.

2. 의원은 하천 정비 공사의 예산 집행을 점검하자고 주장하였다. 그러나 시장은 예산 집행 점검이 곧 공사 중단을 의미한다고 오해하며 반대 의견을 펼치고 있다. 물론 예산 집행 점검 과정에서 문제가 발견되면 공사 일정에 영향을 줄 가능성은 있지만, 그것이 반드시 공사 중단을 의미하는 것은 아니다. 큰 피해가 우려되는 지역의 경우, 문제가 있더라도 공사를 제때 완료할 수 있는 대안을 충분히 강구할 수 있다. 시장은 '공사 중단'이라는 허수아비를 만들어 그것과 싸우고 있을 뿐이다.

3. 인터넷 게임 중독을 질병으로 분류할 것인가에 대한 오래된 논쟁의 한 장면이다. 정신과 전문의는 게임 이용자의 증상과 개인의 개선 노력을 종합적으로 살펴, 심각한 경우 이를 정신 질환으로 분류하고 치료해야 한다고 주장한다. 반면, 게임사 대표는 정신과 전문의가 제시한 전제 조건들을 생략하고 정신과 전문의의 주장을 단순화하여, '일

부'와 '과도한'이라는 모호한 표현을 비판하며 인터넷 게임 중독을 질병으로 분류하기 어렵다고 주장한다. 정신 질환은 일반 질환과 달리 명백한 수치로 질병 여부를 판단하기 어렵지만, 그렇다고 진단이 불가능한 것은 아니다. 정신 질환 진단은 오랜 학습과 임상 경험을 가진 전문의가 문진과 관찰을 통해 종합적으로 판단하며, 우리 사회는 이러한 과정을 신뢰하고 전문의의 판단에 동의해 왔다. 그러나 게임사 대표는 이러한 정신 질환 진단 과정을 모르거나 무시한 채, '게임 중독은 객관적인 수치가 없으므로 질병으로 분류할 수 없다'라는 허수아비를 만들어 이를 근거로 논쟁을 펼치고 있다. 이는 원래의 논의를 흐리는 허수아비 논증의 전형적인 사례다.

4. 지혜는 한국에서 남녀 간 평균 임금 차이가 크다는 점을 들어 노동시장에 성차별이 존재한다고 주장했다. 이에 대해 영호는 남녀 간 임금 격차가 노동 능력 차이에서 비롯된 것이라고 주장하며 논증의 범위를 남녀 간 임금 격차에서 노동 능력의 차이로 확장했다. 그리고 지혜의 주장은 남녀 간 노동 능력의 차이를 무시했기 때문에 틀렸다고 반박했다. 일부 육체노동 직종에서는 영호의 주장처럼 남성의 능력이 여성보다 높을 수 있다. 그러나 지혜는 이러한 사실을 부정한 적이 없다. 오히려 섬세한 감각이 필요한 직종에서는 여성이 더 뛰어난 능력을 보일 수도 있으며, 사무직, 홍보·마케팅, 연구직 등 대부분의 직종에서는 성별에 따른 능력 차이가 거의 나타나지 않는다. 영호는 평균 임금 조사가 어떤 방식으로 이루어졌는지를 검토하기보다는 논증의 범위를 임의로 확장하여, '지혜가 남녀 간 노동 능력에 차이가 없다고 주장한다'라는 허수아비를 만들어내었다. 이는 원래의 논점을 벗어난

잘못된 논증이며, 지혜의 주장을 왜곡한 허수아비 논증의 오류라고 할 수 있다.

5. 민주의 원래 주장은 '가공식품 섭취를 줄이는 것이 건강에 좋다'라는 점에 초점이 맞춰져 있다. 그러나 지혜는 이를 '가공식품을 절대 먹지 말고 굶으라'는 주장으로 왜곡했다. 지혜는 민주의 주장을 제대로 이해하거나 논리적으로 검토하지 않고, 극단적인 예시를 만들어 본래의 논의를 방해하는 결과를 가져왔다.

이는 민주의 실제 주장을 의도적으로 극단적으로 만들거나 과장한 뒤 반박하는 허수아비 논증의 오류에 해당한다. 허수아비 논증은 왜곡된 허수아비를 만들어 공격함으로써 논점에서 벗어나게 만든다. 이 과정에서 논의의 핵심이 흐려지며 생산적이고 설득력 있는 대화가 이루어지기 어렵다.

5. 더 넓고 깊게 알아보기

* 다음은 미국 상원의 청문회 장면이다.

미국 공화당의 상원의원은 중국 공산당의 통제를 받는 틱톡이 미국 시민들의 정보를 빼가고 있기 때문에 미국에서 사용이 금지되어야 한다고 주장한다. 반면 틱톡의 운영 기업인 바이트댄스(ByteDance)사의 CEO 쇼우 지 츄(Shou Zi Chew)는 이를 부인하고 있다. 이 청문회에서 어떤 허수아비들이 만들어지고 있는지 생각해 보자.

의원: 틱톡은 중국 공산당의 통제를 받는 '바이트댄스'라는 기업이 소유하고 있다. 바이트댄스 내부 회의에서 유출된 80여 개의 음성 파일에 따르면, 바이트댄스 직원들은 반복적으로 미국 시민들의 비공개 데이터에 접근했다. 심지어 미국 기자들의 IP주소와 사용자 데이터에도 접근했다. 틱톡에 대해 부정적인 기사를 쓰고 있는지 확인하려는 것이었다. 바이트댄스는 기본적으로 중국 공산당의 스파이 조직이다. 왜 틱톡을 미국에서 금지하면 안 되는가?

CEO: 나는 당신의 생각에 동의하지 않는다. 틱톡은 1억 7천만 명의 미국인들이 사용하고 있다.

의원: 그 미국인 모두가 당신들이 키 입력, 앱 사용, 위치 데이터를 추적한다는 사실 때문에 위험에 처해 있다. 그 모든 정보에 중국 직원들이 접근할 수 있으며 그들은 중국 공산당의 지시를 받는다.

CEO: 당신이 설명한 것은 정확하지 않다. 우리는 당신이 얘기한 많은 것들을 수집하지 않는다.

의원: 내 설명은 100% 정확하다. 중국의 '바이트댄스' 직원들이 반복적으로 미국인들의 데이터에 접근했다는 것을 부인하는가?

CEO: 우리는 그것을 막기 위해 수십억 달러의 비용이 드는 프로젝트를 구축했다. 많은 진전이 있었다.

의원: 그러나 데이터 접근은 중단되지 않았다. 어제 월스트리트저널 기사에 따르면 '바이트댄스' 직원들이 공식 채널을 거치지 않고 생년월일과 IP주소 등을 포함해서 미국 시민들의 개인 정보에 접근할 수 있었다고 한다.

CEO: 언론이 항상 옳은 것은 아니다.

의원: 중국 공산당처럼 말인가?

CEO: 내 말은 우리가 이 프로젝트에 수십억 달러를 투자했다는 것이다. 나는 2,000명의 바이트댄스 직원이 데이터를 보호하기 위해 하는 일을 자랑스럽게 생각한다.

의원: 하지만 데이터는 보호되지 않았다. 그것이 문제다. 여기에 와 있는 다른 회사들과는 달리 틱톡은 적대적인 외국 정부의 통제와 검열 대상이다. 그들은 적극적으로 미국인의 정보와 소재를 추적하려 하고 있다. 틱톡은 미국에서 금지되어야 한다.

(4) 권위와 대중에 호소하는 오류

논리적 근거 대신 권위자나 다수의 의견에 의존하는 오류이다.

① **권위에 호소하는 오류**: 권위자의 주장이 옳다고 가정하는 오류
   예 '유명한 박사가 추천했으니 이 약은 효과가 있을 것이다.'

② **대중에 호소하는 오류**: 다수의 의견이나 감정을 이용해 주장을 정당화하는 오류
   예 '이 식당은 사람이 많으니 맛있을 것이다.'

| 권위에 호소하는 오류 |

- Appeal to Authority -

> '내가 방송에서 봤어.'

　권위에 편승하려는 오류는 어떤 주장이나 의견을 검증할 때 권위자의 지위나 명성에 의존하는 것을 말한다. 주장의 옳고 그름을 따지는 대신, 권위자의 말이기 때문에 무조건 옳다고 받아들이는 것이다. 이 오류는 논리적 근거보다는 권위에 의존하여 신뢰성을 확보하려는 경향이 있다.

1. 사례로 들어가기

테슬라 CEO 일론 머스크가 언급한
체중 관리 비결 '위고비', 드디어 한국 출시

덴마크 제약회사 노보 노디스크(Novo Nordisk)의 비만 치료제 위고비(Wegovy)가 국내에서 출시된다. 국내 품목 허가를 받은 지 1년 반 만에 시장에 선보이게 된 것이다. 위고비는 비만 치료제 중에서도 혁신적인 약물로 평가받고 있으며, 체중 감량 효과로 이미 세계 시장에서 큰 관심을 받고 있다.

특히, 이 약물은 <u>테슬라 CEO 일론 머스크(Elon Musk)가 자신의 체중 관리 비결로 직접 언급하면서 더 주목받았다.</u> 머스크는 한 인터뷰에서 '단식과 함께 위고비를 활용했다'라며 위고비가 자신의 체중 감량에 큰 도움이 됐다고 밝혔다. 그의 발언 이후 위고비는 전 세계적으로 화제가 되었으며, 비만 관리와 체중 감량에 관심을 가진 이들의 큰 기대를 받고 있다.

☞ **질문**

위 기사의 제목과 본문 중 밑줄 친 부분에서 보이는 논리적 오류는 무엇일까요?

☞**답변**

　권위에 편승하는 오류는 일상에서 흔히 나타나는 것으로, 이 기사에서도 일론 머스크의 이름을 활용해 비만 치료제 위고비를 부각하고 있다. 유명인이 가진 영향력이나 권위에 호소하는 방식은 종종 해당 분야와 관련이 없거나 전문성이 없는 사람의 권위를 빌리는 경우가 많다. 이는 논리적으로 문제가 있다. 머스크는 전기차와 우주산업 등 첨단 기술 분야에서 성공한 기업가이자 유명인이지만, 의료나 제약 분야에 대한 전문성은 없다. 그는 단순히 위고비 사용자 중 한 명일 뿐인데, 언론은 그의 영향력을 이용해 위고비의 효과를 강조하고 있다.

　이러한 보도 방식은 사람들로 하여금 머스크가 효과를 경험했다는 이유만으로 위고비를 맹신하게 만들고, 최악의 경우 약물의 오남용 현상을 초래할 수 있다. 실제로 위고비의 부작용으로 췌장염에 걸리거나 사망한 사례까지 보고된 바 있다. 하지만 의료 전문가의 객관적 평가보다 머스크 관련 기사들이 더 많은 이런 상황은 문제다. 이는 일반인이 과학적 검증 없이 약물의 효과를 과대평가하게 만들 위험이 있다.

　반대로 전문가의 권위에만 의존하는 것도 문제가 될 수 있다. 전문가도 신념이나 이익에 따라 잘못된 판단을 할 가능성이 있기 때문이다. 특정 전문가의 의견만 신뢰하는 것은 충분한 논리적 근거를 확보하지 못하고, 결국 권위에 의존하는 오류를 범할 수 있다. 예를 들어, 머스크 대신 특정 의사의 권위를 내세웠어도, 객관적인 과학적 자료가 없다면 권위에만 의존한 오류에 해당한다. 권위에 편승하는 오류를 피하기 위해서는 비판적 사고를 통해 권위자의 전문성과 해당 분야와의 관련성을 검토해야 한다.

2. [좋은 논증의 3가지 기준]을 토대로 분석하기

- **전제**
  - 비만 치료제인 위고비가 출시됐다.
  - 머스크가 위고비를 활용해 체중 감량에 성공했다.
- **결론**   머스크도 투약했으면 믿을 만한 약이고 효과도 좋을 것이다.

1. **전제의 진실성 또는 수용 가능성**: '위고비가 비만약으로 출시됐다'는 것과 '머스크가 위고비를 투약하고 체중 감량에 성공했다'는 사실은 알려져 있다. 이는 참인 전제라고 볼 수 있다.
2. **전제와 결론의 연관성**: 위고비가 비만 치료제로 출시되었고, 머스크가 이를 사용해 체중 감량에 성공했다는 사실만으로 '위고비는 믿을 만하고 효과적인 약이다'라는 결론을 내리기는 어렵다. 체중 감량에 성공했다는 것은 단순히 체중 감량과의 연관성을 보여줄 뿐이며, 그 자체로 약의 신뢰성과 효과를 입증하는 근거가 되지는 않는다. 실제로 많은 다이어트 약이 체중 감량 효과를 보이지만, 동시에 부작용을 동반하는 경우도 많기 때문이다.
3. **전제의 적절성과 충분성**: 머스크의 개인적인 사례만으로 특정 약물의 효능과 신뢰성을 과학적으로 입증하기에는 부족하다. 개인의 체중 감량 결과는 여러 변인의 영향을 받을 수 있으며, 특정 약이 한 사람에게 효과가 있었다고 해서 모든 사람에게 동일한 효과를 보장하는 것은 아니다. 위고비의 실제 약효를 판단하려면, 대규모 임상 시험과 객관적인 검증이 필요하다. 따라서, 단순히 머스크의 사례를 근거로 결론을 내리는 것은 충분한 근거가 되지 못한다.

* 논리적 타당성 검토

　이 논증은 논리적 타당성이 부족하다. 전제는 참이거나 수용할 수 있는 것으로 보인다. 위고비가 비만 치료제로 출시된 것은 사실이며, 머스크가 이를 사용해 체중 감량에 성공한 사실 또한 알려져 있다. 그러나 전제와 결론 사이 논리적 연관성이 약하며, 결론을 도출하기에는 전제가 적절하지 않다.

　전제는 특정 약물의 효능과 신뢰성을 머스크의 개인 사례에만 의존하고 있다. 머스크는 세계적으로 유명한 경제인이라는 권위를 가지고 있다. 그러나 의료계나 약학계와는 무관한 인물이다. 그의 개인적인 경험은 과학적이고 객관적인 근거가 될 수 없으며, 약물의 효과와 신뢰성은 임상시험을 비롯한 다수의 객관적 검증을 통해서만 입증될 수 있다. 따라서 '머스크도 투약한 약이면 믿을 만하고 효과적이다'라는 결론은 그의 경제적 성공이나 유명세에 지나치게 의존한 주장이며, 과학적 근거와 무관하다.

　약물의 효과와 신뢰성은 과학적 연구, 임상시험, 그리고 의학적 검토를 통해 검증되어야 한다. 그러나 이 논증은 머스크의 사회적 명성과 개인 경험을 근거로 삼아 약물의 효과를 평가하고 있다. 이는 과학적이고 객관적인 검증 대신 유명인의 경험에 의존해 결론을 도출하는 오류를 범하고 있다.

　결국 이 논증은 권위에 호소하는 오류를 범하고 있으며, 전제가 결론을 정당화하기에 부족하다. 유명인의 경험은 객관적 평가의 기준이 될 수 없다. 머스크의 사례를 근거로 위고비의 효과와 신뢰성을 판단하는 것은 타당하지 않으며, 약물 평가에는 독립적이고 객관적인 증거가 필요하다.

3. 오류 바로잡기

사례에서 테슬라 CEO 일론 머스크가 위고비를 사용해 체중 감량에 성공했다고 언급했다. 그의 발언은 약물에 대한 대중의 관심과 기대를 높였다고도 설명한다. 그러나 머스크는 세계 경제계 유명 인사일 뿐 의료나 약학 분야 전문가는 아니다. 그의 체중 감량 사례는 단순히 개인적인 경험일 뿐, 과학적으로 일반화할 수 없다. 또한, 객관적으로 검증된 근거로 보기도 어렵다. 머스크가 의학계 권위자라고 해도, 개인의 성공 사례에 불과하다. 그것만으로는 특정 약물의 효과를 입증할 수 없다.

약물의 효능을 평가할 때 권위자의 발언만 신뢰하기보다 과학적이고 객관적인 검증이 필요하다. 임상시험 결과와 연구 데이터를 통해 약물의 안전성과 효과를 판단해야 한다.

권위에 호소하는 오류를 범하지 않기 위해서는 권위자의 말을 무조건 신뢰하기보다 논리적 사고와 과학적 검증을 활용해 주장의 근거를 판단해야 한다. 주장의 타당성을 평가하려면 객관적 데이터와 연구 결과를 검토해야 하며, 권위자의 신뢰성과 전문성, 객관성을 철저히 확인해야 한다. 또한, 한 명의 권위자의 말에만 의존하지 않고 다양한 전문가와 출처를 놓고 비교·검토해야 한다.

상대방이 권위에 호소하는 오류를 범할 경우, 권위자의 주장에 내재한 논리적 근거와 증거를 직접 검토할 필요가 있음을 지적해야 한다. 권위자의 발언이 설득력을 얻기 위해선 실질적이고 객관적인 데이터를 기반으로 해야 한다는 점을 강조할 필요가 있다.

4. 사례로 훈련하기

다음 진술의 논증 과정에는 어떤 문제가 있을까요?

1. 많은 건강 관련 방송프로그램에 출연한 경력이 있는 의사가 건강보조제 관련 회사를 운영한다. 그는 홈쇼핑에서 본인 회사에서 출시한 특정 건강보조제가 면역력을 강화하고, 피로를 줄이며, 전반적인 건강을 개선하는 데 탁월한 효과가 있다고 말한다. 그는 여러 근거를 들어 이를 뒷받침하며, 자신도 매일 그 건강보조제를 복용하고 있다고 말하며 제품을 추천한다. 이에 많은 소비자는 제품이 효과가 있을 것으로 생각하고 구매를 결정한다.

2. 안중근 의사는 '일일부독서 구중생형극(一日不讀書 口中生荊棘, 하루라도 책을 읽지 않으면 입 안에 가시가 생겨난다)'이라고 했다. 그는 우리 역사에서 존경받는 인물 중 한 명으로, 그의 말은 깊은 의미와 가치를 담고 있다. 그런 안중근 의사가 독서의 중요성을 강조했으니, 독서는 매우 중요한 일이다. 따라서 매일 꾸준히 독서를 해야 하고, 이를 통해 독해력과 학업 역량을 키워야 한다. 안중근 의사의 말처럼 독서를 하지 않으면, 학업 성적도 오르지 않을 것이다.

3. 『동의보감』에 따르면, 경옥고는 원기를 보하여 노인을 젊어지게 하고, 모든 허손증을 보하여 온갖 병을 낫게 합니다. 또한, 정신이 좋아지고 오장이 충실해지며 흰머리가 다시 검어진다고 기록되어 있

습니다. 이 밖에도 빠진 이가 다시 나오며 걸음걸이가 뛰는 말과 같이 빨라진다고도 합니다. 하루에 두세 번 먹으면 하루 종일 배고프거나 목마를 일이 없다고 전합니다. 경옥고의 효과는 이처럼 대단합니다. 그래서 우리 한의원에선 동의보감의 처방을 그대로 적용하여 대표원장이 직접 경옥고를 만들고 있습니다. 만성피로나 원기회복, 발육부진, 육체적 정신적 피로도가 심한 수험생, 스트레스로 인해 피부노화가 심한 사람들에게 좋습니다.

(어느 한의원의 광고성 문안 정리).

4. 마르크스는 '종교는 인민의 아편이다'라고 말했다. 마르크스는 역사적으로 위대한 사상가이며, 그의 철학은 수많은 학자와 사회 운동에 영향을 끼쳤다. 그런 마르크스가 종교를 비판한 것은 그럴만한 이유가 있을 것이다. 따라서 종교는 사람의 이성을 마비시키고, 한 번 빠지면 헤어 나오지 못하게 만드는 것이 분명하다. 마르크스의 말처럼 종교를 믿는 것은 바람직하지 않다고 볼 수 있다.

5. 공자는 사서삼경 중 으뜸이라고 할 수 있는 『논어』에서 '배우고 때때로 익히면 기쁘지 아니한가(學而時習之不亦說乎 학이시습지 불역열호)?'라고 했어. 복습의 중요성을 강조한 말이지. 세계 4대 성인 중 한 명인 공자의 말씀이야. 역시 복습이야말로 공부의 왕도라고 할 수 있지.

해설로 확인하기

1. 의사의 권위를 활용해 제품 효과를 홍보하고 있는데 과학적 증거가 부족한 광고의 문제점을 보여준다. 소비자들은 의사의 전문성과 명성에 의존해 비판적 사고 없이 제품을 신뢰하게 되며, 이는 잘못된 결정을 유도할 수 있다. 건강보조제의 효능은 객관적이고 과학적인 임상 결과를 통해 검증되어야 하며, 신뢰할 수 있는 연구기관의 자료가 함께 제공되어야 한다. 그러나 해당 광고는 의학적 검증 대신 유명 의사의 말과 명성만을 근거로 삼고 있다. 특히 해당 의사는 건강보조식품 사업과 관련된 이해당사자이기도 하다. 홈쇼핑 광고에서 그는 단순히 모델임에도 불구하고 의사라는 직업을 가졌다는 이유로 소비자들은 제품이 검증되었을 것이라고 오인할 가능성이 높다. 이는 의사라는 직업적 권위를 악용한 전형적인 오류로, 객관성과 신뢰성을 위해 의사가 아닌 다른 모델을 내세우고, 과학적 데이터를 더 활용해야 할 필요가 있다.

2. 안중근 의사의 권위를 바탕으로 독서의 중요성을 정당화하고 있다. 사례는 안중근 의사가 '일일부독서, 구중생형극'(一日不讀書, 口中生荊棘 하루라도 독서를 하지 않으면 입속에 가시가 생긴다)이라는 말을 했다는 사실과 그의 역사적 지위를 강조하며, 독서의 필요성을 주장한다. 하지만 안중근 의사가 존경받는 인물이라는 사실이 곧 독서가 학업 성적 향상에 필수라는 주장의 논리적 근거가 될 수는 없다. 독서와 학업 성적 간 연관성을 입증하려면 객관적인 데이터나 논리적 근거를 제시해야 한다. 그러나 이 글은 권위자인 안중근 의사의 발언에만 의존하고 있다. 이는 독립적인 논증 없이 특정 인물의 권위를

이용해 결론을 정당화하려는 오류에 해당한다.

3. 의학과 의술이 빠르게 발전하는 현대에 지난 1610년에 편찬된 동의보감을 치료 효과의 근거로 삼는 것은 권위에 의존하는 오류에 해당한다. 동의보감은 세계 최초로 세계문화유산에 등재된 의학서로 역사적·문화적 가치가 크다. 하지만 의학서로서 과학적 가치는 시대가 지남에 따라 약화되었다는 평가를 받는다. 특히, 한의학계에서 동의보감을 교과서로 여기는 태도는 의학이 과학적 검증에 기반해야 한다는 측면에서 적절하지 않다. 경옥고의 효과를 강조하려면 과학적으로 진행된 임상시험 결과를 제시했어야 한다. 또한, 동의보감의 내용을 인용하려면 과학적 검증이 뒷받침된 경우에만 근거로 삼아야 한다. 검증 없이 동의보감만 인용하는 것은 한의학에 대한 신뢰를 저하할 수 있다.

4. 이 글에서 보이는 권위에 호소하는 오류는 마르크스라는 사상가의 역사적인 권위를 바탕으로 종교가 부정적이라고 주장하는 데 있다. 글은 마르크스가 '종교는 인민의 아편이다'라고 말한 점과 그의 철학적, 역사적 중요성을 강조한다. 이를 토대로 그의 주장이 곧 옳다는 결론을 내린다. 그러나 마르크스가 위대한 사상가라고 해서 그의 모든 의견이 반드시 논리적이고 타당한 것은 아니다. 종교의 긍정적·부정적 영향을 말하려면 논리적 근거와 검증할 수 있는 데이터를 제시해야 한다.

5. 공자의 '배우고 때때로 익히면 기쁘지 아니한가?'라는 말은 반복 학

습의 중요성을 강조한 것으로 해석될 수 있지만, 반드시 '복습'만을 의미한다고 단정하기는 어렵다. 또한, 공자가 세계 4대 성인 중 한 명이라는 사실이 그의 주장을 절대적으로 타당하게 만드는 것은 아니다. 더욱이 '복습이 공부의 왕도'라는 결론은 논리적 비약의 가능성이 있다. 공부에는 다양한 방법이 존재하며, 복습이 가장 중요한 요소라고 주장하려면 추가적인 논거가 필요하다. 따라서 복습의 중요성을 강조하려면 현대 교육학이나 학습 이론과 같은 보완적 근거를 함께 제시하는 것이 더 논리적으로 타당할 것이다.

따라서 '공자의 말씀이기에 복습은 공부의 왕도다'는 주장은 논리적 연관성이 없다. 이는 결국 권위에 의존해 결론을 정당화하려는 오류에 해당한다.

5. 넓고 깊게 알아보기

임상시험은 새로운 의약품의 효과와 안전성을 입증하기 위해 진행되는 필수 과정이다. 그러나 과학적 엄밀성과 윤리적 기준을 준수하지 않으면 신뢰할 수 없는 결과가 나올 수 있고, 환자에게 위험을 초래할 수 있다. 따라서 각 단계에서 주의 사항을 철저히 준수하고, 규제기관 및 윤리위원회의 지침에 따라 시험을 진행하는 것이 중요하다.

- **의약품 임상시험 절차**
1. 초기 단계
    1) **신약 개발 및 기초 연구**: 신약 후보 물질을 발굴하고, 비임상시험(동물시험 등)으로 기본 안전성과 효과를 평가한다. 비임상시험 결과는 이후 진행될 임상시험의 설계에 중요한 자료로 활용된다.
    2) **임상시험 계획 수립**: 시험의 목적, 방법, 대상자 수, 평가 항목 등을 포함한 임상시험계획서(Protocol)를 작성한다. 계획서는 과학적이어야 하고, 윤리적인 기준에 따라야 한다.
    3) **임상시험 계획서 제출 및 승인**: 작성된 계획서를 국가 의약품 규제기관(예: 식품의약품안전처)과 임상시험심사위원회(IRB)에 제출한다. IRB는 이를 검토해 환자의 안전과 연구 윤리 준수를 확인하고 승인 여부를 결정한다.

2. 임상시험 단계
임상시험은 크게 네 단계로 구분된다.

- 1상(Phase I): 소수의 건강한 자원자나 특정 질병 환자를 대상으로 약물의 안전성, 내약성, 약동학, 약력학 등을 평가한다.
  주의사항: 최소 용량부터 시작해 점진적으로 용량을 증가시켜 안전성을 확인한다.
- 2상(Phase II) : 소규모 환자 그룹을 대상으로 약물의 초기 유효성과 안전성을 평가한다.
  주의사항: 실험군과 대조군을 명확히 정하고, 위약군을 포함하여 무작위 배정을 시행한다.
- 3상(Phase III) : 대규모 환자 그룹을 대상으로 약물의 유효성과 안전성을 확인하고, 표준 치료제와 비교하거나 병용 효과를 평가한다.
  주의사항: 대상자의 다양성을 고려하여 모집하고, 장기적인 안전성을 평가한다.
- 4상(Phase IV, 시판 후 조사): 신약 출시 후, 실제 사용 환경에서 안전성, 부작용, 추가 효능을 평가한다.
  주의사항: 실사용 데이터를 적극적으로 수집하여 이상 반응을 관찰한다.

3. 데이터 분석 및 결과 보고
   1) 데이터 수집 및 관리: 임상시험 과정에서 수집된 모든 데이터를 철저히 기록하고 관리한다.
      주의사항: 데이터의 정확성과 일관성을 보장하고, 비밀 유지와 보안을 철저히 한다.

2) **통계 분석**: 시험 결과를 통계적으로 분석하여 신뢰할 수 있는 결론을 도출한다.
   주의사항: 분석 시 편향이나 오류를 최소화하고, 결과를 투명하게 보고한다.
3) **결과 보고 및 제출**: 임상시험 결과를 보고서 형태로 작성하여 규제기관에 제출한다.
   주의사항: 결과 보고 시 긍정적 데이터뿐만 아니라 부정적 데이터도 포함하여 객관성을 유지한다.

■ **임상시험 시 고려 사항**

1. **변인통제**: 변인통제는 시험 결과의 신뢰성을 높이기 위해 필수다. 대상자의 나이, 성별, 건강 상태 등을 균등하게 분포시키고 시험 환경(온도, 시간, 용량, 투여 방식 등)을 표준화한다.
2. **위약 대조 및 무작위 배정**: 위약군과 실험군을 비교하여 약물의 효과를 객관적으로 평가하기 위한 무작위 배정(Randomiz-ation)을 통해 실험군과 대조군의 차이를 최소화한다.
3. **윤리적 고려**: 연구 참여자의 권리와 안전을 최우선으로 보장해야 하며, 연구 참여 전 동의서(Informed Consent)에 서명을 받는다. 연구 과정에서 발생할 수 있는 위험을 사전에 평가하고, 이를 최소화하는 전략을 마련해야 한다.
4. **시험 중 안전성 모니터링**: 임상시험 중 발생할 수 있는 이상 반응을 신속히 확인하고 대처해야 한다. 필요시 시험을 중단하거나 설계를 변경한다.

| 대중에 호소하는 오류 |

- Appeal to the Crowd -

'많은 쪽이 옳은 거야?'

단지 많은 사람이 지지한다는 것을 근거로 주장이나 결론을 내세울 때 발생하는 오류다. 다수가 지지한다는 사실은 주장과 결론이 옳다는 것의 증거가 될 수 없다.

이를 '다수에 호소하는 오류' 또는 '대중 감정에 호소하는 오류'라고도 한다.

1. 사례로 들어가기

사형제 폐지 TV 토론

지난 2019년 사형제를 주제로 진행된 TV 토론의 한 장면이다. 우리나라는 현재 사형제를 유지하고 있지만, 1998년 이후 사형을 집행하지 않아 '사실상의 사형제 폐지 국가'로 분류된다. 토론 당시에 잔혹한 범죄가 자주 일어나 사형제에 대한 논쟁이 다시 불붙었다.

민주

최근 여론조사를 종합하면, 사형제 유지 찬성 80%, 사형제 폐지 주장이 20% 정도입니다. 유지 여론이 월등히 높으니, 사형제는 유지되어야 하고, 사형도 집행해야 합니다.

지혜

우리나라는 인권 국가를 지향하고 있습니다. 국제적으로 인권이 가장 발전한 국가들은 예외 없이 사형제를 폐지했습니다. 우리나라도 사형제 폐지로 나아가야 합니다. 사형을 집행한다고 강력 범죄가 감소한다는 증거가 없습니다. 사형집행을 계속 금지해야 합니다.

☞ **답변**

밑줄 친 민주와 지혜의 주장에서 보이는 논리적 오류는 무엇일까요?

☞ **질문**

민주와 지혜의 발언 모두에서 대중에 호소하는 오류가 나타난다.

민주는 사형제 유지에 찬성하는 여론이 80%로 월등히 높다는 점을 강조하며, 이를 근거로 사형제를 유지하고 집행해야 한다고 주장한다. 그러나 다수의 여론이 특정 입장을 지지한다고 해서 그 입장이 자동으로 옳거나 정당화되는 것은 아니다.

사형제의 존폐는 인권, 윤리, 범죄 억제 효과 등 다각적인 요소를 고려해 논의되어야 하며, 단순히 여론의 다수결로 결정할 수 있는 문제가 아니다. 민주는 여론을 대중 심리의 대리인으로 활용해 자신의 주장을 강화하려 하지만, 이는 논리적이고 객관적인 검토가 필요한 사형제 논쟁의 본질을 흐리고 있다.

지혜는 사형제를 폐지해야 한다는 주장을 뒷받침하기 위해 '인권이 가장 발전한 국가들은 예외 없이 사형제를 폐지했다'라고 언급하며, 이를 우리나라가 따라야 한다고 주장한다. 그러나 특정 국가들이 사형제를 폐지했다는 사실만으로 우리나라도 반드시 그와 동일한 결정을 내려야 한다는 결론을 도출하는 것은 논리적 비약이다.

국제적 추세나 타국의 선택은 참고할 만한 요소일 수 있지만, 각 국가의 법적·문화적 맥락과 사회적 조건이 다르기 때문에 이를 단순히 모방해야 한다는 주장은 설득력이 떨어진다. 지혜는 '인권이 발전한 국가'라는 긍정적 이미지를 활용해 자기 입장을 정당화하려 했지만, 이는 사형제의 효과성, 윤리적 정당성 등 구체적이고 객관적인 논거를 제시하지 못한 채 다수 국가의 선택에 의존하는 논리적 오류를 범한 것이다. 결론적으로, 대중에 호소하는 오류는 사형제 논쟁의 복잡성을 단순화하며 본질적 논의를 흐리게 한다.

2. [좋은 논증의 3가지 기준]을 토대로 분석하기

논증 1
- **전제**   사형제를 유지하자는 사람들이 월등히 많다.
- **결론**   그러므로 사형제를 유지해야 한다.

논증 2
- **전제**   많은 인권 국가가 사형제를 폐지하였다.
- **결론**   그러므로 사형제를 폐지해야 한다.

논증 1: 사형제를 유지하자는 사람들이 월등히 많다.
  → 사형제는 유지해야 한다.
1. 전제의 진실성 또는 수용 가능성: 전제는 사실일 수 있지만, 다수의 의견이 윤리적·법적 정당성을 보증하지는 못하므로 수용 가능성에 한계가 있다.
2. 전제와 결론의 연관성: 다수 의견은 정책 결정에 영향을 줄 수 있으나, 윤리적·법적 정당성을 확보하기에 직접적인 연관성은 부족하다.
3. 전제의 적절성과 충분성: 다수 의견만으로 사형제 유지의 적합성을 증명하기 어렵고 충분한 정당성을 입증하지 못한다.

논증 2: 많은 인권 국가가 사형제를 폐지하였다.
  → 사형제를 폐지해야 한다.

1. **전제의 진실성 또는 수용 가능성**: 인권 국가들의 사형제 폐지는 사실일 수 있으나, 국내 상황에 직접 적용하기에는 무리가 있다.
2. **전제와 결론의 연관성**: 전제는 결론과 연관이 있지만, 다른 국가의 사례만으로 국내 사형제 폐지의 윤리적 정당성을 확보하지는 못한다.
3. **전제의 적절성과 충분성**: 인권 국가의 사례는 참고할 수 있지만, 정책 결정의 직접적 기준으로 사용하기에는 적절성과 충분성이 부족하다.

* 논리적 타당성 검토

다수의 지지를 근거로 결론을 도출하는 것은 대중에 호소하는 오류에 해당하며, 결국 논리적 타당성을 갖추지 못한다. 두 논증 모두 대중에 호소하는 오류를 포함하며, 논리적 타당성 부족이라는 공통적인 문제점을 가진다. 첫 번째 논증에서 '사형제를 유지하자는 사람들이 월등히 많다'는 사실일 수 있으나, 다수의 의견이 반드시 윤리적·법적 정당성을 보장하는 것은 아니다. 다수결은 정책 결정에 중요한 요소일 수 있으나, 윤리적 문제에서 근본적인 판단 기준이 될 수 없다.

두 번째 논증은 '많은 인권 국가가 사형제를 폐지하였다'는 전제를 두고 결론을 도출하지만, 이는 다른 국가의 사례를 무조건 국내 정책에 적용하려는 문제를 포함하고 있다. 인권 국가의 사례는 참고할 만한 가치가 있지만, 각 국가의 사회적, 문화적, 법적 맥락은 모두 다르기 때문에 이를 절대적 기준으로 삼는 것은 적절하지 않다.

3. 오류 바로잡기

'대중에 호소하는 오류'는 주장을 관철하기 위해 증거나 논리적 추론을 제시하는 대신 대중의 감정, 욕구, 행동을 활용하는 오류이다. 사람은 집단이 되면 이성적으로 생각하고 행동하기보다 감정적으로 움직이는 경향이 강해진다. 이때 우월감, 공포심, 수치심, 애착심 등 감정을 불어 넣으면 대중은 증거와 결론과의 관계를 따지지 않고 잘못된 주장이나 결론을 쉽게 받아들인다.

'대중에 호소하는 오류'는 단지 논리적 오류로 끝나지 않고 현실에서 심각한 결과를 초래하기도 한다. 대중의 감정을 움직이기 위해 근거 없는 편견과 차별을 조장하기도 하고, 감정에 휩쓸려 극단적인 말이나 행동도 사용하기 때문이다. 수천만 명의 사상자를 낸 2차 세계대전의 전범인 히틀러와 괴벨스가 대중의 감정을 움직이는 데 능했다는 것을 떠올리면, '대중에 호소하는 오류의 위험성'을 짐작할 수 있다.

오류를 범하지 않기 위해서는 나의 주장에 감정이 섞이지 않도록 주의해야 한다. 설득력을 높이기 위해 대중 감정에 호소하는 전제를 사용할 수 있지만, 보조적인 수단에 불과하다. 나의 주장을 입증하려면 대중 감정에 따라 변하지 않는 구체적인 증거를 제시해야 한다.

상대방이 '대중에 호소'하는 논증 방식을 사용할 경우, 상대방의 논증 과정에 감정적 호소 외에 뚜렷하게 제시하는 증거가 없다는 것을 명확하게 지적해야 한다. 그다음 감정에 의지해 잘못된 결론을 내린 사례를 제시하며 그런 감정만으로 결론을 내리지 않겠다고 알려주는 것이 좋은 방법이다.

4. 사례로 훈련하기

다음 진술의 논증 과정에는 어떤 문제가 있을까요?

1. 아빠, 게임기 사 주세요. 내 친구들은 다들 가지고 있어요.

2. 베트남 전쟁은 비윤리적인 전쟁이었어. 많은 미국인이 베트남 전쟁은 비윤리적이었다는 데 동의해.

3. 한 인기 남성 가수가 유튜브에서 '드릉드릉'이라는 단어를 사용해 자신의 감정을 전한 발언이 논란이 되었다. 일부 팬들은 이 표현이 남성을 비하하는 단어라며 가수를 비판했고, 공인으로서 신중하지 못했다고 지적했다. 그와 관련된 제품과 서비스 불매운동까지 제안한 팬들도 있으며, '많은 이들이 불쾌함을 느끼고 있으니 함께 행동하라'는 주장으로 확산하고 있다. 이번 사건은 표현의 적절성 문제를 넘어 집단 정서를 자극해 '집단적 반발'로 번지는 양상을 보이고 있다.

4. 천만 관객이 선택한 영화, 이제 당신이 봐야 할 차례!

5. 대다수 한국 사람은 멀리서 온 손님을 잘 대접하는 것을 예의라고 생각해. 외국인들을 대하는 태도를 보니 너는 예의가 없어. 그러니 너도 외국인들에게 예의를 갖춰야 해.

☞ **해설로 확인하기**

1. 친구들이 게임기를 갖고 있다는 사실이 게임기를 사야 할 정당한 이유가 되지는 않는다. 또한 다수가 하는 것이 특정 행동의 옳고 그름이나 필요성을 입증하지 못한다. '스트레스 해소를 위해 게임기가 필요하다'는 등의 근거가 필요하다. 논리적 근거 대신 다수의 사례를 이용해 설득하려는 전형적인 대중에 호소하는 오류다.

2. 이 주장에서는 '많은 미국인이 베트남 전쟁이 비윤리적이었다는 데 동의한다'는 것을 근거로 전쟁의 비윤리성을 입증하려 한다. 그러나 다수의 동의가 윤리적 정당성을 증명하지 않는다. 이는 다수의 의견을 진리로 간주하며 논리적 근거를 생략하는 대중에 호소하는 오류다. 전쟁의 윤리성은 역사적, 철학적 분석을 통해 평가되어야 한다. 다수의 의견에 의존하는 것은 설득력 있는 논증이 아니다.

3. 이 사례에서 보이는 대중에 호소하는 오류는 일부 팬들이 가수의 발언을 비판하며 자신들의 의견을 다수의 감정으로 일반화하고, 이를 근거로 정당성을 주장하는 행동으로 나타난다. 많은 이들이 불쾌감을 느끼고 있다는 주장은 실제 다수의 의견인지 확인되지 않았지만, 대중의 동조를 유도해 문제를 부각시킨다. 이는 논리적 근거보다 집단적 정서를 이용해 자신의 주장에 힘을 싣는 대중에 호소하는 오류다.

4. 많은 사람이 이 영화를 봤다는 사실이 내가 이 영화를 봐야 할 이유가 되는 것은 아니다. 그러므로 이 광고 문구는 '대중에 호소하는 오류'라 할 수 있다. 이 오류는 마케팅에서 자주 활용된다. 사람들은 논

리적 오류라고 비판하기보다 '다수가 선택했으니, 이유가 있겠지', 또는 '나도 유행에 뒤처지고 싶지 않아' 등 감정적인 반응을 쉽게 나타내기 때문이다.

5. 대다수 한국 사람이 그렇게 생각한다는 의견을 근거로 외국인들에게 예의를 갖추라는 등의 특정 행동을 강요하고 있다. 다수의 생각이 행동의 정당성을 보장하지 않으며, 다수의 의견이나 관행을 논리적 근거로 사용하는 것은 대중에 호소하는 오류의 전형적인 사례다. 다른 윤리적 기준이나 사회적 규범 등을 제시하거나, 예의 바르거나 바르지 않은 행동이 유발하게 될 결과 등을 근거로 제시했어야 한다.

5. 넓고 깊게 알아보기

다음은 나치 선전장관 괴벨스가 1943년 2월 베를린 체육공원에서 한 연설의 일부분이다. 이 연설에서 괴벨스는 독일 국민의 감정을 어떤 방식으로 자극하고 있는지 생각해 보자.

제2차 세계대전이 한창이던 무렵 독일은 영국, 미국, 소련과 각각 대치하는 3개 전선을 유지해야 했다. 패전 위기에 몰린 나치 독일을 다시 일으켜 세운 인물은 괴벨스였다. 그는 이른바 '총력전 연설'을 통해 소련에 항복하지 않고 끝까지 싸울 것을 독려해 전 국민의 결사 항전을 선동했다.

당시 나치는 패배가 눈앞에 다가온 상황이었다. 그러나 괴벨스는 국가가 어려움에 부닥쳤음을 공개적으로 인정하는 전략을 택했다. 그는 '소련에 패배하는 것이 죽는 것보다 비참하다'는 극단적인 표현으로 국민의 공포심을 자극하며, 전 국민이 군인이 되어 절대 항복하지 말 것을 요구했다. 다음은 그의 연설 일부를 발췌한 내용이다.

괴벨스: 적들은 독일 국민이 총력전을 원하지 않으며, 우리가 진정 원하는 것은 총력전이 아닌 항복이라고 주장한다.
제군들에게 묻겠다. 여러분은 총력전을 원하는가? 만약 필요하다면 지금 우리가 상상할 수 있는 그 어떤 것보다 급진적이고 총력적인 전쟁을 할 각오가 돼 있는가?
나는 묻겠다. 여러분은 조국의 방패가 되어 총통을 따르고, 우리 군대를 뒷받침하며, 강한 의지로 전투에 임하면서 승리를 쟁취할 때까지 끝까지 싸울 준비가 되어 있는가?
독일 국민이여, 일어나라! 폭풍이 몰아칠 것이다!
(수만 명의 청중이 기립박수와 환호)

이 연설은 선전 활동의 대표적인 성공 사례로 평가받는다.

괴벨스는 연설에 앞서 문장과 몸짓을 바꿔가며 거울 앞에서 철저하게 연습했다. 청중의 대부분은 미리 선발된 나치 당직자였고, 특정 지점에서 손뼉을 치도록 사전에 지시받았다. 심지어 배우들을 청중 틈에 배치하여 자발적으로 감탄하는 듯한 몸짓과 반응을 연출하게 했다. 철저히 계획된 '박수부대'는 연설 분위기를 한층 고조시켰다.

이 연설은 군대뿐만 아니라 독일의 가정에도 큰 영향을 미쳤다. 전시 생산을 위해 각 가정은 국유화되었고, 여성들은 군수품 공장 인부로 동원되었다. 생산량 증대를 위해 거대한 공장들이 건설되며 총력전 체제가 더욱 강화되는 결과로 이어졌다.

(5) 언어적 표현에서 발생하는 오류

언어의 애매함이나 표현 왜곡으로 인해 발생하는 논리적 오류이다.

① **애매어의 오류**: 단어나 표현의 애매함을 이용한 오류
  예 '이 제품은 '최고' 수준이다!' ('최고'의 기준이 불분명)

② **유도 질문의 오류**: 특정 대답을 유도하기 위해 편향된 질문을 던지는 오류
  예 '이 제품만이 당신의 문제를 해결할 수 있지 않나요?'

③ **합성의 오류**: 개별 요소의 특성을 전체에 동일하게 적용하는 오류
  예 '이 팀의 모든 선수가 뛰어나니 팀이 항상 우승할 것이다.'

애매어의 오류

- Fallacy of Equivocation -

'헷갈리게 하지 마!'

논증의 전제나 결론에 여러 의미로 해석할 수 있는 단어나 어구가 있을 때 생기는 오류이다. 일반적으로 우리가 사용하는 단어나 어구는 여러 가지 의미가 있는데 논증자가 그 의미를 명확하게 밝히지 않거나 논증 평가자가 이를 알아채지 못하기 때문에 오류가 발생한다. 한편, 논증에서 상대를 공격하거나 자신을 방어하기 위해 일부러 '애매어의 오류'를 만들기도 한다.

1. 사례로 들어가기

시장 후보

존경하는 시민 여러분. 우리 인간은 모두 ①행복을 원합니다. 행복 추구는 우리 인간의 가장 기본적인 권리입니다.
지금 저 앞에 보이는 습지로 인해 우리 시는 발전이 가로막혀 있습니다. 저 습지는 교통에 지장을 주고, 여름철이면 해충 번식의 온상이 되어 주민들의 ②행복을 빼앗고 있습니다. 제가 시장에 당선되면 저 습지를 개발해 오피스 타운을 건설하겠습니다.
또한, 벤처 기업을 유치해서 우리 시의 경제에 활력을 불어넣겠습니다. 그러면 우리 시가 ③행복해지고, 우리 주민들이 ④행복해질 것입니다.
저에게 아낌없는 한 표를 부탁드립니다.

민주

습지를 개발하면 행복해지나? 뭔가 이상한데.

지혜

습지가 문제가 될 수는 있기는 하지만 그것과 행복이 무슨 관계인지는 나도 잘 모르겠네.

☞ **질문**

후보의 주장 중 밑줄 친 부분에 드러난 논리적 오류는 무엇인가요?

답변

　행복의 의미를 사전에서 찾아보면 '생활에서 충분한 만족과 기쁨을 느끼어 흐뭇함'이라고 되어 있다. 시장 후보가 연설의 앞부분에서 쓴 ①행복은 바로 그러한 의미가 있다. 그러나 ②~④의 행복은 ①과 의미가 미묘하게 다르다. ②의 행복은 '생활에 불편함이 없는 편안한 상태' 정도로 해석할 수 있을 것이다. ③의 행복은 시의 경제적 성장이라고 볼 수 있다. ④의 행복은 조금 더 복잡하다.

　습지를 개발하면 인근 토지 주인들은 땅값이 상승해 이익을 얻을 것이다. 유동 인구가 늘어나면 장사를 하는 사람들은 더 많은 이익을 거둘 것이다. 그리고 땅값 상승과 상업 활성화로 인해 시의 경제가 성장하면 주민들의 삶이 좀 더 풍요로워질 수도 있을 것이다. 그러나 습지를 개발하면 정말 모든 시민이 행복해질까? 환경보전을 중시하는 사람들, 습지 주변을 산책하며 활력을 찾던 사람들, 쾌적하고 조용한 주거 환경을 원하는 주민들에게 습지 개발은 자신들이 바라는 삶과 반대의 경우를 가져올 수도 있을 것이다. 즉, ④행복은 모든 사람이 원하는 보편적인 의미인 ①의 행복이 아니라 개발이 가져다줄 경제적 이익에서 나오는 만족감이나 원하는 것이 이루어질 때 느끼는 기쁨의 의미가 있다.

　시장 후보는 하나의 주장 안에 의미가 다른 '행복'을 구분 없이 사용하는 '애매어의 오류'를 범하고 있다. 단순한 실수라기보다는 습지 개발이라는 자신의 주장을 보편적 의미의 행복을 추구하기 위한 것으로 포장하려는 의도가 숨어 있다고 할 수 있다.

2. [좋은 논증의 3가지 기준]을 토대로 분석하기

- **전제**
  - 인간은 모두 행복을 원한다.
  - 시의 발전을 저해하고 주민의 행복을 빼앗는 습지를 오피스 타운으로 개발해야 한다.
- **결론** 그러면 시와 시민들이 행복해질 것이다.

1. **전제의 진실성 또는 수용 가능성**: 인간은 행복을 원한다는 전제는 일반적으로 수용할 수 있지만, 행복의 정의가 불명확하여 설득력이 약해진다.
2. **전제와 결론의 연관성**: 습지 개발이 행복 증진과 직접적으로 연관된다는 주장은 근거가 부족하여 논리적 연관성을 충족하지 못한다.
3. **전제의 적절성과 충분성**: 습지 개발로 인한 경제 성장만으로 시와 시민 모두가 행복해질 것이라는 주장은 충분한 이유를 제공하지 못한다.

* 논리적 타당성 검토

 이 논증은 결론이 전제에서 논리적으로 도출되지 않으며, 행복이라는 개념의 모호성으로 인해 논증의 타당성이 크게 약화한다. 우선, '인간은 모두 행복을 원한다'라는 전제는 일반적으로 수용할 수 있지만, 행복의 정의가 주관적이고 불명확하다. 시장 후보가 주장하는 '행복'은 단일하고 보편적인 개념이 아니라, 다양한 개인적·사회적 요인에 따라 다르게 해석될 수 있다. 행복이란 단어가 지닌 이러한 애매성은 논증의 설득력을 약화한다.

또한, 습지를 오피스 타운으로 개발하면 시민들의 행복이 증진된다는 주장은 전제와 결론 간의 연관성이 명확하지 않다. 습지 개발로 인해 경제적 이익이 발생할 수는 있지만, 경제적 성장만으로 모든 시민이 행복을 느낄 것이라는 보장은 없다. 예를 들어, 환경적 손실, 생태계 파괴, 그리고 장기적인 부작용은 주민들의 삶의 질에 부정적인 영향을 미칠 가능성이 있다. 하지만 이러한 요인들은 논증에서 고려되지 않았다. 따라서 이 주장은 행복이라는 복잡하고 다면적인 개념을 단순히 경제적 성장으로 환원하는 논리적 오류를 포함하고 있다.

특히 이 논증은 '행복'이라는 단어의 미묘한 의미 변화를 활용하고 있다. 시장 후보는 행복을 경제적 풍요로 제한된 의미로 사용하면서, 습지 개발을 통해 시민들이 행복해질 것이라고 주장한다. 이러한 과정에서 '행복'이라는 단어는 초기 전제에서의 일반적이고 포괄적인 의미와는 다른, 경제적 관점에 치우친 의미로 변질된다. 이처럼 논증에서 단어의 의미가 변화하면, 전제와 결론 간의 논리적 연관성이 단절되기 때문에 결론은 전제에서 논리적으로 도출될 수 없다.

결론적으로, 이 논증은 전제와 결론 간의 연관성 부족, 행복이라는 개념의 모호성, 그리고 전제의 충분성과 적절성 결여로 인해 논리적 타당성을 갖추지 못한 잘못된 주장이라고 볼 수 있다.

3. 오류 바로잡기

논증에서 사용되는 단어나 어구는 전체에서 동일한 의미로 사용되어야 한다. 중간에서 의미가 변화하면 전제들 사이에 연관 관계가 없어져 버리거나 잘못된 결론을 끌어낼 수 있기 때문이다.

따라서 내 입장에서 오류를 범하지 않기 위한 가장 좋은 방법은, 여러 가지 의미로 해석될 수 있는 단어나 어구를 쓸 때는 우선 그 뜻을 명확히 해야 한다. 그리고 의미가 변화될 경우에는 상대방이 오해하지 않도록 상세하게 설명해야 한다. 긴 논증이나 토론에서는 의미 변화를 잘 깨닫지 못할 수도 있으니 핵심적인 단어나 어구는 처음의 의미를 유지할 수 있도록 주의해야 한다. 만약 상대방이 내가 사용하는 단어나 어구에 대해 '다른 의미로 사용되고 있다'라고 지적할 경우에는 문제가 되는 단어나 어구를 확인하고 다시 명확하게 정의해야 한다.

한편, 상대방이 애매어의 오류를 범하고 있을 때는 지체 없이 이를 지적하고 그 단어나 어구가 어떤 의미로 사용되고 있는지 명확하게 설명해 달라고 요구해야 한다. 핵심적인 단어나 어구가 다른 의미로 사용되는 것을 방치하면 대화, 토론, 논증이 겉돌거나 말싸움으로 번지기 쉽다. 상대방이 나의 지적에 수긍하지 않을 경우, 애매한 단어를 좀 더 명확한 단어로 대체하자고 제안하는 것도 하나의 방법이다. 마지막으로 상대방이 범하고 있는 '애매어의 오류'와 같은 불합리한 사례를 제시하여 오류를 수정하도록 하는 것도 좋은 방법이다. 나의 반복적인 지적에도 불구하고 상대방이 계속해서 애매어의 오류를 반복한다면 대화, 토론, 논증은 더 이상의 의미가 없다.

4. 사례로 훈련하기

다음 진술의 논증 과정에는 어떤 문제가 있을까요?

1. 산신령: 나에게 1초는 백만 년과 같다.
   나무꾼: 그러면 100만 냥은요?
   산신령: 한 냥과 같지.
   나무꾼: 산신령님, 그럼 저에게 한 냥만 주세요.
   산신령: 허허, 1초만 기다려 보거라.

2. 국회의원: 세월호 참사 당일에 희생자 보험금 계산 보도를 방송한 것에 대해 당시 보도 책임자로서 유가족에게 사과할 의향이 있습니까?
   공직 후보: 유가족께 말씀드립니다. 저희로서는 최선을 다했지만, 결과적으로 죄송하게 생각합니다.
   유가족: 진심 어린 사과라고 생각할 수 없습니다. 그런 사과는 받고 싶지 않습니다.

3. 최근에 우리 군이 북한 평양에 무인기를 침투시켜 대북 전단을 살포했다는 북한의 주장에 대해 우리 군은 '그런 사실이 없다'라고 밝혔다가 1시간여 만에 '확인해 줄 수 없다'라는 공식 입장을 내놨다.

4. 잘 생긴 스마트폰! 휴대폰이 잘생겼다고? 아니, 얼굴이 잘생겼다는 게 아니라 잘~ 생겨났다고.

5. 민주주의는 국민이 권력을 가지고 그 권력을 스스로 행사하는 제도이다. 1972년에 공포, 시행된 유신헌법은 한국적 민주주의의 토착화를 목적으로 한 헌법이다.

☞ **해설로 확인하기**

1. 산신령은 1초의 의미를 애매하게 사용했다. 산신령이 말한 1초가 실제 1초인지 아니면 백만 년을 말하는 건지 나무꾼은 알 수 없다. 산신령은 애매어의 오류를 이용해 멋지게 나무꾼을 놀리고 있다.

2. 국회 인사청문회에서 있었던 일이다. 이 공직 후보자는 언론사에 재직할 때 시청자의 지탄을 받은 보도를 한 적이 있다. 침몰 중인 세월호에 갇혀 학생들의 생사가 불분명한 때에 사망 시 얼마의 보험금을 받는지에 대한 기사를 방송한 것이었다. 자신의 불찰이었다고 깨끗하게 사과하면 될 것을 '최선', '결과적으로 죄송'이라는 애매한 단어와 문구를 사용하여 자신이 잘못했다는 것인지, 잘못하지 않았다는 것인지를 헛갈리게 하고 있다. 이 공직 후보자는 애매어의 오류를 범했고 유족들에게 더 큰 상처를 주었다.

3. '확인해 줄 수 없다'라는 말은 다양한 의미로 해석될 수 있다. '누가 한 일인지 잘 모르겠다', '우리가 한 것인데 얘기할 수 없다', '저쪽의 자작극이다' 등 듣는 사람의 생각이나 입장에 따라 결론이 달라질 수 있다. 이런 말을 흔히 외교적 언사라고 한다. 상대방과의 갈등이나 충돌을 피하고자 할 때, 또는 곤경을 모면하기 위해 이러한 애매어의 오류를 활용하기도 한다. 이런 말을 듣는 쪽은 상황이나 말의 뉘앙스를 통해 사실을 짐작할 수는 있지만, 명백한 증거가 없기 때문에 결론을 내리기 어렵다.

4. 한 통신사의 스마트폰 광고 문구이다. '얼굴이나 풍채가 보기에 좋게 생겼다'라는 의미의 '잘생기다'와 '어떤 물건이나 상황이 마음에 들어 잘 나왔다'라는 뜻의 '잘 생기다'를 이용해 소비자가 쉽게 기억할 광고 문구를 만든 것이다. 이처럼 음은 같으나 다른 뜻을 가진 단어나 어구를 광고나 개그 소재에 활용하기도 한다. 문법과 논리에서는 오류이지만 아래 개그처럼 인간의 삶에서는 재밋거리가 되기도 한다.

   민주: 미국에 오래 살다 보니 한국말도 까먹고 점점 총기가 사라지는 것 같아.
   지혜: 당연하지! 미국은 총기 규제를 강하게 하잖아.

5. 이 글만 본다면 유신헌법도 민주주의의 이념과 제도를 담고 있는 헌법으로 볼 수 있다. 그러나 실제 유신헌법은 통일주체국민회의를 통한 대통령 간접선거 등 국민의 기본권을 심각하게 제한하는 조항을 포함하고 있었다. 또 대통령에게 긴급조치 발동권, 국회해산권 등을 부여하는 반민주적인 조항들도 포함되어 있었다. 즉, 이 문장 첫머리의 민주주의와 뒤의 민주주의 사이에는 큰 차이가 있는 것이다. 이처럼 한 주장 안의 두 민주주의가 서로 다르기 때문에 '애매어의 오류'라 할 수 있다.

5. 넓고 깊게 알아보기

다음은 〈국회 장관인사청문회〉와 〈국정감사〉에서 있었던 논쟁의 한 장면이다.

한 장관 후보의 친일 사관에 대해 야당 의원들이 문제를 지적하고 있다. '국적'(한 나라의 구성원이 되는 자격)이라는 단어의 의미가 명확하게 정의되지 않고 여러 의미로 사용되면서 말싸움이 계속되었다.

자신의 주장을 무조건 고집하는 장관 후보의 태도도 문제지만, 장관 후보가 사용하는 국적의 의미가 의원들의 그것과 다르다는 것을 지적하고 이를 바로 잡지 않은 의원들에게도 문제가 있다. 장관 후보의 친일 사관에 흥분해 이를 공격하는 데 집중하다 보니 그가 애매어의 오류를 범하고 있는 것을 제대로 지적하지 못한 것이다.

의원: 그러면 일제 강점기에 살았던 우리 선조들은 국적이 일본입니까?
후보: 나라를 다 뺏겨서 일본으로 강제로 편입이 된 거죠.
의원: 그러면 저의 부모님이나 후보자 부모님의 일제 치하 국적이 일본입니까?
후보: 일본이지 그걸 모르십니까? 아니 일제 강점기 우리나라 국적이 전부 한국입니까?
의원: 말이 안 되는 얘기입니다. 우리 선조들이 전부 다 일본 국적이었다고요?
후보: 그럼 일제 강점기에 국적이 전부 한국입니까?

의원: 아니, 그걸 인정하는 사람이 어떻게 국무위원이 된다는 거예요.
후보: 인정은 무슨 인정이에요. 상식적인 얘기를 해야지 말이 안 되는 이야기를 하시면 안 되죠. 아무리 인사청문회지만 일제 강점기에 무슨 한국이 국적이 있었습니까? 나라가 망했는데 무슨 국적이 있어요?

이런 소란을 겪고 이 후보가 장관으로 임명된 한 달 뒤 국정감사장에서 다시 논쟁이 벌어졌다.

장관: 저한테 민족정신이 없는 것이 아니라 일제 강점기에 국적이 뭐냐, 이렇게 질문할 때 사실상 여권이나 여러 부분에는 일본으로 되어 있다는 것이 역사적 기록이라는 점을 말씀드리는 것입니다.
의원: 그러면 일제하 우리 선조들의 여권에 일본 국적으로 기재되어 있다는 단순한 사실에 근거해서 그렇게 주장하는 건가요? 1910년 한일병합조약이 무효라면 여권에 일본 국적으로 기재했다 하더라도 그것을 가지고 일본 국민으로 인정할 수 없잖아요.
장관: 국적이 일본으로 되어 있다고 해서 일본 사람이 되는 것은 아닙니다. 오히려 차별받았습니다.
의원: 우리 선조들이 그 당시 차별받았다는 것은 인정하는 겁니까?
장관: 그렇습니다. 차별이 심했습니다. 식민지 백성으로 차별과 박해를 받았습니다.

의원: 그러면 이렇게 묻겠습니다. 그 당시 일본 국적으로 기재되어 있지만 그것은 불법적인 한일병합조약에 근거해서 된 것이기 때문에 효력이 없다, 인정할 수 없다. 우리가 그렇게 보는 것이 맞잖아요.

장관: 그렇습니다. 그 뒤에 1965년 한일협약에 의해서 이것은 무효라고 했는데 그것도 양국의 해석이 다르더라고요. 그러니까 굉장히 복잡한 문제가 있는데 제가 그걸 다 해석할 능력은 없습니다.

후보(장관)의 발언에서는 애매어의 오류가 여실히 드러난다. 특히 '국적'이라는 단어를 사용하는 방식에서 의미의 다의성이 문제가 된다. 발언의 각 맥락에서 '국적'이 무엇을 의미하는지 명확하지 않아 논쟁이 빚어지게 된 것이다.

후보는 '국적'을 때에 따라 다르게 사용하고 있다. '일제 강점기 때 국적이 일본이었다'라는 발언에서는 당시 행정적·법률적 상태를 의미한다. 이는 일본 제국이 한국을 식민지로 편입한 뒤 조선인을 일본 법률 체계하에서 관리한 사실을 반영한 것이다.

그러나 '국적'은 일반적으로 소속 국가를 자발적으로 선택하고 소속감을 느끼는 정치적·사회적 정체성을 의미하기도 한다. 의원은 '강제 병합은 불법이므로 일본 국적을 인정할 수 없다'라고 주장하며, 국적의 민족적·역사적 정체성을 강조하고 있다.

후보의 발언은 '국적'이라는 단어의 법적 상태와 정체성이라는 의미를 명확히 구분하지 않아, 불필요한 논란을 야기했다. '일제 강점기 우리 선조들의 국적은 일본이었다'라는 발언은 법적·행정적 기록에 근거한 사실로 볼 수 있다. 그러나 이를 민족적 정체성이나 정치적 소속의 인정으로 혼동하게 만들 수 있다.

'국적'이라는 단어를 법률적 의미와 민족적 정체성 사이에서 일관된 정의 없이 사용하는 것은 애매어의 오류에 해당한다. 이러한 애매성은 의도와 상관없이 논리적 혼란을 초래한다.

유도 질문의 오류

- Leading Question Fallacy -

'이의 있습니다!'

유도 질문이란 특정한 답을 의도적으로 끌어내는 질문을 말한다. 논증에서 토론해야 할 전제에 대해 미리 어떤 견해를 가정하고 질문하여 자신에게 유리한 답변을 끌어낼 때 이를 '유도 질문의 오류'라고 한다. 유도 질문은 답변하는 사람에게 질문자와 같은 입장을 갖도록 요구하면서, 이에 필요한 증거는 제시하지 않는 논리적 오류이다.

1. 사례로 들어가기

영수는 서울에서의 대학 생활을 위해 거처를 찾다가 한 부동산 업체를 방문했다. 영수와 중개사는 원룸 두 곳을 둘러본 후 사무실로 돌아왔다.

중개사

날씨도 추운데 두 군데나 보느라 고생 많으셨어요. 요새 원룸 구하기가 참 어려워요. 지금 본 원룸 둘 중에 어느 것이 더 나아요?

영수

…. 먼저 본 원룸이 그래도 더 넓고 깨끗해서 조금 더 나은 것 같아요.

중개사

그러면 첫 번째 걸로 계약하도록 해요.

☞질문

밑줄 친 중개사의 주장에서 보이는 논리적 오류는 무엇일까요?

☞ **답변**

  일상생활에서 흔히 발생하는 상황이다. 영수는 중개사의 질문을 받는 순간, 얼떨결에 '먼저 본 원룸이 좀 더 나았다'라는 답변을 해버렸다. 중개사의 질문에는 '둘 다 좋은 조건을 갖추고 있다'라는 영수가 승인하지 않은 숨은 전제가 포함되어 있다. 영수는 중개사의 유도 질문에 넘어가 이 전제를 승인했고 중개사는 이를 근거로 원룸 계약이라는 결론을 내렸다.

  '둘 중 하나는 반드시 더 나은 것이 있다'와 '좋은 조건을 갖추고 있으면 계약한다'는 숨은 전제는 명확히 입증되지 않았다. 하지만 이를 마치 자명한 사실처럼 가정하여, 영수가 첫 번째 원룸을 계약해야 한다는 결론을 정당화하려 하고 있다.

  특히 '둘 다 좋은 조건을 갖추고 있다'는 전제 역시 논리적으로 검토되지 않았음에도, 이 논증은 둘 중 하나를 선택해야 한다는 압박을 가하며 결론을 끌어낸다. 그러나 이는 영수의 선택이 꼭 최선일 것이라는 보장을 제공하지 못하며, 다른 옵션의 검토나 비교를 충분히 배제한다. 따라서 이 논증은 숨은 전제를 명확히 검토하지 않은 채 특정 결론으로 이끄는 유도 질문의 오류를 포함하고 있으며, 합리적인 선택을 흐리게 한다.

  '유도 질문의 오류'는 잘못된 전제를 승인해서 잘못된 결론을 내리게 만드는 오류이다. 이 오류는 논증이나 토론에서 상대방보다 우위에 서기 위해 사용되기도 하고 기업이나 단체가 홍보나 마케팅을 위해 의식적으로 활용하기도 한다. 그러나 그 의도가 무엇이든 '유도 질문의 오류'는 잘못된 결론을 끌어내기 쉽다. 그래서 유·무죄를 가려야 하는 법정에서는 원칙적으로 유도 질문을 법으로 금지하고 있다.

2. [좋은 논증의 3가지 기준]을 토대로 분석하기

- **전제**
  - 영수는 둘 중 하나를 선택해야 한다.
  - 둘 중 하나는 반드시 더 나은 것이 있다.
- **숨은 전제** (둘 다 좋은 조건을 갖추고 있다.)
- **숨은 전제** (좋은 조건을 갖추고 있으면 계약한다.)
- **결론** 둘 중 하나를 선택해야 하므로, 영수가 선호한 첫 번째 원룸으로 계약하자.

1. **전제의 진실성 또는 수용 가능성**: 전제인 '둘 중 하나를 선택해야 한다'는, 다른 선택지의 가능성을 배제하며 강요된 가정이다. 이는 논리적으로 수용하기 어렵다.
2. **전제와 결론의 연관성**: 영수의 선호가 계약으로 이어지기에는 연관성이 약하다. 둘 중 하나를 선호한다고 해서 계약 의사가 있다고 볼 수는 없다. 계약으로 이어지려면 선호 외에도 금액이나 위치 등 여러 가지가 고려되어야 한다. 선호만 가지고 계약으로 이어지기에는 연관성이 부족하다.
3. **전제의 적절성과 충분성**: 영수의 모호한 답변과 전제만으로 결론(계약)을 끌어내기에는 근거가 충분하지 않다. 계약으로 이어지려면 다른 둘 외에도 다른 원룸들에 대한 추가적인 검토가 필요하다. 또 원룸이 아닌 오피스텔이나 투룸 등 다른 대안에 대한 검토도 필요할 수 있다.

* 논리적 타당성 검토

  이 논증은 전제의 진실성, 전제와 결론 간의 연관성, 전제의 적절성과 충분성 측면에서 논리적 결함을 가지고 있다.

  우선, '영수는 둘 중 하나를 선택해야 한다'라는 전제는 강요된 가정으로, 현실적인 선택 가능성을 배제하고 있다. 영수는 두 원룸 중 하나를 선택하지 않거나 제3의 선택지를 고려할 가능성도 존재한다. 이처럼 선택의 자유와 현실적인 대안을 무시한 채 결론으로 이끄는 것은 논리적으로 수용하기 어렵다.

  또 이 논증은 '영수가 첫 번째 원룸을 선호한다'는 이유로 '계약'이라는 결론을 도출하고 있지만, 선호는 계약 의사를 직접적으로 나타내지 않았다. 계약에는 조건의 구체적 검토와 확고한 의사 결정이 포함되어야 하며, 단순한 선호로 이를 대체할 수는 없다. 따라서 전제가 결론을 충분히 뒷받침하지 못한다.

  더불어, 이 논증은 '둘 중 하나는 반드시 더 나은 것이 있다'는 숨은 전제를 포함하고 있지만, 이는 입증되지 않았다. 두 원룸이 동등한 조건을 가지고 있거나, 둘 다 만족스럽지 않을 가능성을 배제한 채 결론을 도출한 것은 논리적 비약에 해당한다. 또한, '좋은 조건을 갖추고 있으면 계약한다'는 전제 역시 영수의 계약 의사와 직접적으로 연결되지 않아 근거로서 적절하지 않다.

  결론적으로, 이 논증은 전제의 진실성을 충분히 입증하지 못한 상태에서 결론을 비약적으로 도출하고 있다. 논증이 타당성을 가지려면 선택의 강제성을 제거하고, 각 원룸의 조건과 영수의 계약 의사를 구체적으로 검토하며, 숨은 전제를 명시적으로 검증해야 한다.

3. 오류 바로잡기

　유도 질문은 잘못된 전제나 승인되지 않은 가정을 포함한 논리적 오류이다. 비록 비합리적이고 문제가 있지만, 사람의 마음을 쉽게 움직일 수 있다는 이유로 자주 사용된다. 유도 질문에 넘어가면 한 번 승인한 전제를 다시 뒤집기가 쉽지 않다. 이는 사람이 자기 말을 번복하지 않으려는 심리적 경향 때문인데, 체면을 지키고 싶거나 상대를 불쾌하게 하고 싶지 않은 이유로 발생한다.
　앞의 사례에서 영수가 '먼저 본 것이 더 나아요'라고 말했다 하더라도, 이후에 '둘 다 마음에 들지 않는다'로 입장을 바꿀 수 있다. 그러나 말을 번복하는 부담감 때문에 잘못된 전제를 바탕으로 결론을 유지하는 경향이 있다. 이런 상황은 잘못된 선택과 결과를 초래할 수 있으므로, 유도 질문의 오류에 빠지지 않도록 주의해야 한다.
　유도 질문을 피하려면, 내가 제시하는 전제가 합리적인 근거를 갖추었는지 검토해야 한다. 상대나 청중이 승인할 만한 합리적이고 구체적인 증거를 반드시 준비해야 한다.
　상대가 유도 질문을 던질 경우, 그 질문 안에 숨겨진 가정을 지적하고 확실한 증거를 요구해야 한다. 예를 들어, '둘 다 좋다고 생각하는 이유는 무엇인가요?'라고 반문해 보며 상대방이 암묵적으로 포함한 전제를 명확히 드러내게 유도할 수 있다.
　물론, 일상에서는 유도 질문에 단호히 대응하기가 쉽지 않을 수 있다. 하지만 유도 질문으로 인해 도출된 잘못된 결론이 초래할 불편이나 손실을 고려하면 이를 바로잡는 것이 중요하다.

4. 사례로 훈련하기

다음 진술의 논증 과정에는 어떤 문제가 있을까요?

1. 저녁 약속을 못 지켜서 정말 미안해. 우리 관계가 이런 작은 일로 틀어져서는 안 돼. 그렇지?

2. 남자: 제일 시급한 게 중국 쪽 서류 번역 일이에요. 지난번 파티 때 보니까 중국 손님들과 유창하게 대화를 잘하던데 번역 아르바이트 어때요?
   여자: 비즈니스 번역은 전문 용어들이 많아서 자신이 없어요. 유능한 번역가들이 많은데 굳이 나한테 맡기는 건 아닌 것 같아요.

3. 사장님 오늘 되게 이상하지 않아? 아유! 왜 그러는지 모르겠어.

4. 우리 회사의 서비스에 대해서는 여전히 만족하십니까?

5. 나폴레옹은 키가 얼마나 작았습니까?

☞ **해설로 확인하기**

1. 중요한 약속을 어긴 일을 '작은 일'이라 미리 가정하고 상대가 이를 승인하도록 요구하는 유도 질문이다. 상대가 유도 질문에 넘어가면 별일 아닌 것으로 지나갈 수도 있겠지만, 만약 상대가 이를 작은 일이 아니라 생각한다면 '너한테는 이게 작은 일로밖에 안 보여?'라는 반발을 살 것이다. 유도 질문으로 위기를 모면하려다 오히려 더 나쁜 결과를 초래할 수도 있다.

2. 남자는 여자에게 회사의 번역 일을 맡기려고 한다. 이 제안에는 '당신은 중국어 대화를 잘하니 중국어 번역을 할 수 있을 거야'라는 전제가 들어 있는 일종의 유도 질문이다. 남자는 이 유도 질문으로 자신이 원하는 답변, 즉, '번역 일을 맡겠다'를 끌어내려고 했다.
그러나 여자는 '대화와 번역은 다르다'라며 아르바이트를 거절했다. 남자가 제시한 전제를 부정하여 남자가 원하는 결론을 거부한 것이다.

3. 상사를 험담하고 싶을 때 흔히 하는 질문이다. '사장이 이상하다'라는 승인되지 않은 전제로 자신이 원하는 결론인 '맞아. 사장님이 이상해'라는 상대방의 답변을 끌어내려는 '유도 질문이다. 만약 상대가 '글쎄. 잘 모르겠는데?'라고 동의하지 않으면 상사를 험담하는 자신만 이상해질 수 있다.

4. 고객이 이 회사의 서비스에 만족하고 있다는 전제 아래에서만 성립될 수 있는 질문이다. 고객 만족이 입증되지 않으면 이 질문은 논리적으

로 오류가 될 것이다. 실수라기보다는 '우리 회사의 서비스는 언제나 고객에게 만족을 준다'라는 인상을 심어주기 위한 의도적인 소비자 대응 기술로 볼 수 있다.

5. 설문조사의 한 문항이다. 설문조사를 할 때는 유도 질문을 하지 않도록 유의해야 한다. 예를 들어, '나폴레옹은 키가 얼마나 작았습니까?'라는 질문은 비록 의도가 없었다 해도 편향된 답변을 끌어낼 수 있다는 점에서 유도 질문이라 할 수 있다. '작다'라는 단어는 응답자들에게 읽는 즉시 특정의 이미지를 연상하게 한다. 이를 방지하기 위해서는 '나폴레옹의 키는 어땠습니까?'처럼 질문을 중립적으로 작성해야 한다.

5. 넓고 깊게 알아보기

한 인기 TV 드라마의 재판 장면이다. 검사는 유도 질문의 일종인 유도 신문으로 피고로부터 자신이 원하는 답변을 끌어내려 하고 있다. 왜 법정에서 유도 신문이 금지되고 있는지 생각해 보자.

검사: '남편이 하도 막말을 해 죽이고 싶은 마음이 들었다'. 사건 직후 경찰조사에서 피고인이 했던 진술입니다. 기억하십니까?
피고: 그건….
검사: '예', '아니오'로만 대답하세요.
피고: 예.
검사: 그런데 왜 지금은 말을 바꿉니까?
피고: 그땐 경찰이 앞에 있으니까 긴장돼서 말이 그렇게 나왔고 절대로 죽일 마음은 없었습니다.
검사: 죽일 마음은 없었다? 사건 기록을 볼까요? '한 번만 더 그런 소리 하면 다 같이 죽는다', '오늘 다 죽자. 너 죽고 나 죽자'. 사건 당시에 피고인이 했던 말들입니다. 기억하십니까?
피고: 예.
검사: 죽일 마음이 없었다는 사람치곤 죽인다는 말을 너무 많이 한 거 아닙니까?
(변호인이 벌떡 일어서며 외친다.)
변호인: 이의 있습니다. 유도 신문입니다.
재판장: 인정합니다. 변호인! 착석하세요.

사람의 뇌에 저장된 정보들은 복잡하게 연결돼 있다. 이 정보들은 살아 움직이며 새로운 연결망을 만들어낸다. 기억에는 이런 특성이 있기 때문에 어떤 결론을 암시하는 유도 신문을 받으면, 사람은 기억을 왜곡해 유도 신문을 하는 사람이 원하는 대로 답변할 수도 있다.

설사 그렇게 답변하지 않더라도, 그 암시로 인해 기억에 오류가 생길 수도 있다. 사람의 기억은 질문에 의해 왜곡될 수 있다는 것은 심리학에서 널리 인정되는 사실이다.

사람이 화가 났을 때 '죽인다', '같이 죽자' 등의 말을 많이 하지만, 이 표현만으로 실제 '사람을 죽일 마음이 있었다'라고 단정하기는 어렵다. 범행의 계획이나 범행도구의 준비와 같은 구체적인 증거가 있을 때 비로소 '죽일 마음이 있었다'라는 사실이 입증될 것이다. 검사는 '죽일 마음이 있었다'라는 것을 입증하는 데 필요한 증거는 제시하지 않고 '죽인다는 말을 많이 한 것은 죽일 마음이 있었다'라는 것을 암시하는 유도 신문을 하고 있다.

검사의 의도를 알아차린 변호사는 이의를 제기했고 유도 신문이라고 지적했다. 검사가 고의적인 살인이었다고 주장하려면, 승인될 수 있는 전제(증거)를 제시해야 할 것이다.

합성의 오류

- Fallacy of Composition -

'1+1=2…?'

합성의 오류란 '전체는 부분의 모임'이라는 사실만으로 각 부분의 특성을 그 합인 전체도 똑같이 가진다고 주장하는 오류를 말한다. 다시 말해, 전체가 부분의 단순한 조합이 아니라 부분과는 다른 어떠한 새로운 특성을 가질 때 이를 알지 못해 발생하는 오류를 일컫는다.

1. 사례로 들어가기

지혜

색(色)에는 각기 상징하는 의미가 있어. 빨강은 사랑과 열정, 노랑은 지혜와 성공, 그리고 파랑은 희망과 평화를 상징하지.

민주

그러면 <u>세 가지 색을 다 합치면 뭔가 엄청난 의미를 갖겠는데</u>?

지혜

하하하. 세 가지 색을 다 합치면 검정이 되지. 검정은 죽음과 어두움을 상징해. 아! 검정은 저항을 상징하기도 하니까 시위대에게는 잘 어울릴 수도 있겠네.

민주

뭐야! 왜 좋은 의미를 가진 색상들이 합쳐지는데 부정적인 색이 나온다는 거야?

☞ 질문

밑줄 친 민주의 주장에서 보이는 논리적 오류는 무엇일까요?

☞ 답변

지혜와 민주가 이야기하는 각 색상의 상징적 의미는 빨강(사랑과 열정), 노랑(지혜와 성공), 파랑(희망과 평화)처럼 긍정적인 특성이 있다. 그러나 지혜는 세 가지 색이 합쳐지면 검정이 된다고 설명하며, 검정은 죽음, 어두움, 또는 저항을 상징한다고 언급했다. 여기에서 민주는 세 가지 긍정적인 의미가 있는 색상이 혼합되면 그 긍정적인 특성들이 합쳐져 더 강력한 긍정적 의미를 갖게 될 것이라고 추론했다. 하지만 이는 잘못된 논리적 전제로 인해 발생한 합성의 오류에 해당한다.

합성의 오류는 부분들의 특성이 전체에도 동일하게 적용될 것이라고 추론할 때 발생한다. 민주는 빨강, 노랑, 파랑 각각이 긍정적인 상징이 있으므로, 이 색들이 합쳐진 전체 역시 긍정적인 상징을 가질 것이라는 잘못된 전제를 설정했다. 그러나 색의 혼합은 단순히 각 색의 상징적 의미를 더하는 과정이 아니라 물리적·시각적 특성에 따라 새로운 색(검정)이 형성되며, 그 상징적 의미도 전혀 다른 방향으로 변화할 수 있다. 이는 부분들의 특성이 전체의 특성과 동일하지 않을 수 있다는 사실을 간과한 데서 비롯된 것이다.

민주의 추론은 '부분에서 옳은 것은 그 전체에도 언제나 옳다'는 전제를 포함하고 있다. 하지만 전체가 부분들의 단순한 합이 아닐 때, 부분들의 특성만으로 전체의 특성을 추론하면 오류를 범할 수 있다. 색의 혼합이라는 맥락에서, 각 색상의 상징적 의미를 그대로 전체에 적용하려는 민주의 논리는 이와 같은 오류의 전형적인 사례라 할 수 있다.

2. [좋은 논증의 3가지 기준]을 토대로 분석하기

- **전제**
  - 빨강은 사랑과 열정을 상징한다.
  - 노랑은 지혜와 성공을 상징한다.
  - 파랑은 희망과 평화를 상징한다.
- **결론** 세 색을 합치면 사랑, 열정, 지혜, 성공, 희망, 평화를 상징한다.

1. **전제의 진실성 또는 수용성**: 전제는 색상과 상징의 연결성을 제시했다. 이는 문화적 맥락에서 어느 정도 수용이 가능하다.
2. **전제와 결론의 연관성**: 전제가 세 가지 색의 상징적 의미를 제시하지만, 이를 단순히 합친다고 해서 결론이 자동으로 도출된다는 직접적 연관성은 부족하다.
3. **전제의 적절성과 충분성**: 전제는 각각의 색이 독립적으로 상징하는 의미를 제공할 뿐, 이를 합쳤을 때 모든 성질(性質)이 기존대로 유지되거나 합쳐진다는 결론을 뒷받침하기에는 충분하지 않다.

* 논리적 타당성 검토

전제와 결론이 논리적으로 연결되지 않는다. 단순한 색의 혼합이 상징의 합으로 이어진다는 가정은 논리적으로 타당하지 않으며, 명백한 합성의 오류에 해당한다.

이 논증은 전제와 결론 간의 논리적 연관성과 전제의 충분성에서 타당성이 부족하다. 전제는 빨강, 노랑, 파랑 각각이 사랑과 열정, 지혜와 성공, 희망과 평화를 상징한다고 제시하며, 이는 문화적 맥락에서 어느 정도 수용할 수 있는 주장이다. 그러나 전제가 참이라고 해서 결론인 '세 가지 색을 합치면 모든 상징적 의미가 합쳐진다'라는 논리가 자동으로 성립되지는 않는다.

세 가지 색이 각각의 상징적 의미가 있다고 해서, 이들이 혼합될 때 상징적 의미가 단순히 더해진다는 보장은 없다. 색이 혼합되면 새로운 색이 만들어지고, 그 색이 가지는 상징적 의미는 기존 색들의 의미와는 다른 성질을 가질 수 있다. 이는 단순히 각 색의 상징적 의미를 합쳐 전체의 특성으로 추론하는 것이 논리적으로 무리가 있음을 보여준다.

또한, 각 색의 상징은 독립적으로 존재하며, 이를 합쳤을 때 모든 상징이 기존대로 유지되거나 합쳐진다는 결론을 지지하기에는 근거가 부족하다. 색의 혼합은 단순한 상징의 조합이 아닌, 물리적·시각적 변화를 포함하므로, 새로운 상징은 기존의 부분적 특성과 다를 수 있다.

결론적으로, 이 논증은 전제의 진실성은 일정 부분 인정할 수 있으나, 전제와 결론 사이의 연관성과 전제의 적절성이 부족해 타당하지 않다. 전체는 부분의 단순 합으로 이루어지지 않으며, 이를 고려하지 않은 논증은 합성의 오류를 범할 수 있다. 논리적 타당성을 확보하려면 색의 혼합 과정에서 나타나는 상징적 변화에 대한 추가적인 근거와 검토가 필요하다.

3. 오류 바로잡기

　우리가 '합성의 오류'에 빠지는 이유는 부분과 전체의 합성에 따르는 변화를 잘 모르거나 부분과 전체의 관계를 일부분만 보고 파악하기 때문이다. 사례에서도 만약 민주가 색의 혼합과 그 결과에 대해 잘 알고 있었다면 오류에 빠지지 않았을 것이다.

　오류를 범하지 않기 위한 가장 좋은 방법은 우선 부분들의 성질이 항상 전체로 이전되지는 않는다는 점을 기억하는 것이다. 그리고 사물의 합성과 변화에 대한 폭넓은 지식과 식견을 갖추어야 한다. 특히, 사람과 사회를 다루는 사회과학의 영역은 우리가 생각하는 것보다 훨씬 더 복잡하다. 사람과 사람, 사람과 사회의 관계가 어떻게 변화하는지 주의 깊게 봐야 하고 사회적 현상에 대해 어떤 주장을 펼칠 때는 내 주장에 맞지 않는 사례는 없는지 꼼꼼히 살펴야 한다. 끝으로 상대방이 내가 미처 생각지 못한 불합리한 사례를 제시할 때를 대비해 '절대', '언제나', '반드시'와 같은 단정적인 단어를 사용할 때는 주의해야 한다.

　한편, 상대방이 합성의 오류를 범한 경우, 왜 전체가 부분과는 달라졌는지에 대해 불합리한 사례를 제시하는 것이 가장 빠른 해결책이다. 보통 논증자가 부분과 전체의 특성이 같다고 주장할 때는 나름 여러 사례를 제시한다. 그러므로 '합성의 오류'를 지적할 때는 논증자의 결론에 맞지 않는 불합리한 사례를 제시하면 논증자가 빨리 받아들일 수 있다.

4. 사례로 훈련하기

다음 진술의 논증 과정에는 어떤 문제가 있을까?

1. 저 여자가 걸치고 있는 모자, 원피스, 구두 모두 엄청난 명품들이야. 그런데 왜 다 싸구려처럼 보일까?

2. 우유는 뼈를 튼튼하게 하는 칼슘이 풍부하다. 견과류에는 비타민과 미네랄이 풍부하다. 따라서 두 음식은 매일 조금씩 섭취하는 것이 좋다.

3. 지혜: 은혜는 멸치볶음을 좋아하더라.
   민주: 은혜는 돼지고기볶음도 좋아하던데?
   지혜: 그럼, 이번에 은혜가 주말에 우리 집에 오기로 했는데 멸치하고 돼지고기를 섞어 볶음요리를 해 줘야겠다.
   민주: 그래, 그럼 엄청나게 좋아하겠다.

4. 원자는 색(色)이 없다. 인간은 원자로 이루어져 있다. 그러므로 인간은 보이지 않는다.

5. 중소 상인들의 표를 얻기 위해서는 세제 혜택이 필요해. 노년층의 표를 확보하려면 복지서비스를 대폭 늘려야지. 이런 정책들을 모아서 발표하면 이번 총선에서는 반드시 우리가 이길 거야.

☞ **해설로 확인하기**

1. 모자, 원피스, 구두가 모두 명품이라 해서 그것을 걸친 사람이 고급스러워 보이는 것은 아니다. 디자인이나 색, 그리고 입는 사람의 얼굴이나 체형에 따라서 천차만별로 보일 수 있다. 만약 어떤 사람이 이런 고려 없이 단지 명품을 입고 다니는 것에만 의미를 둔다면, 그 사람은 '합성의 오류'에 빠졌다고 볼 수 있다.

2. 우유와 견과류는 모두 건강식품으로 알려져 있다. 그러나 우유와 견과류가 체내에서 만나면 수산칼슘이 만들어진다. 수산칼슘은 복통을 유발할 수도 있고 결석의 원인이 되어 심하면 담석증까지 일으킨다. 건강에 좋은 음식이라는 말만 믿고 우유와 견과류를 같이 섭취하면 이는 '합성의 오류'를 범한 것이라 할 수 있다. 두 음식은 시간차를 두고 먹어야 건강에 유익하다.

3. 개별적으로 좋아하는 두 가지 음식을 합쳤을 때, 그 결과물인 멸치와 돼지고기를 섞은 볶음요리를 은혜가 좋아할 것이라는 결론은 잘못된 추론이다. 멸치볶음과 돼지고기볶음은 독립적인 요리로 각각의 맛과 조화가 다르다. 은혜가 개별적으로 멸치볶음과 돼지고기볶음을 좋아한다고 해서, 이를 합친 요리를 좋아할 것이라는 보장은 없다. 개별적인 사실이나 특징이 합쳐진 결과물에도 동일하게 적용될 것이라고 단정하는 '합성의 오류'에 해당한다.

4. 무수한 원자의 집합으로 이루어진 인체를 원자들의 단순한 합으로만 파악하여 인체도 보이지 않을 것이라는 잘못된 결론을 내리고 있다.

이는 부분의 성질이 항상 전체로 이전되지 않는다는 것을 무시하여 오류에 빠진 것이다.

5. 물론, 정책 하나하나를 보면 득표에 도움이 되는 것이 맞다. 그러나 중소 상인들을 위해서는 감세가 필요하고 노인의 복지서비스를 늘리기 위해서는 반대로 증세가 필요할 수 있다. 따라서 상충하는 두 정책에 대한 특별한 대책 없이 상반된 정책들만 나열한다면, 유권자들은 표를 얻기 위해 모순적인 정책을 공약한다고 비난받을 것이다. 이런 정책들은 '합성의 오류'를 범하고 있기에 오히려 표를 잃게 할 수 있다.

5. 넓고 깊게 알아보기

합성의 오류와 레알 마드리드 갈락티코스 사례

합성의 오류는 개별적으로 훌륭한 요소들을 결합하면 전체도 훌륭할 것이라는 잘못된 가정에서 비롯되는 논리적 오류다. 이는 스포츠 세계에서도 자주 목격되며, 특히 스페인의 명문 축구팀 레알 마드리드 CF의 '갈락티코스(Galácticos)' 정책이 이를 보여주는 대표적인 사례이다.

'갈락티코스'는 은하수를 뜻하는 스페인어 '갈락티코(Galáctico)'에서 유래한 단어로, 레알 마드리드가 세계 최고의 축구 스타들로 구성한 팀과 이들을 영입하기 위해 세운 초특급 선수 영입 정책을 의미한다. 2000년대 초, 당시 회장이었던 플로렌티노 페레스는 은하계 최고의 축구팀을 만들겠다는 비전을 내세우며, 축구계의 최고 스타들을 모으기 시작했다. 1998년 프랑스 월드컵 결승에서 활약했던 프랑스의 지네딘 지단과 브라질의 호나우두, 영국의 데이비드 베컴 등 당대 최고의 선수들이 레알 마드리드에 합류했다. 이 선수들을 영입하기 위해 막대한 이적료가 투입되었고, 그 결과 비디오 게임에서나 볼 법한 올스타팀이 현실화하였다.

갈락티코스 정책은 팬들에게 엄청난 관심을 끌어내며 초기에는 성공적인 전략으로 평가되었다. 팬들은 레알 마드리드에 '지구방위대'라는 별명을 붙이며 열광했고, 구단의 유니폼 매출은 세계 축구단 중 1위를 기록했다. 이는 레알 마드리드가 브랜드 가치를 명품 이미지로 격상시키는 데 성공했음을 보여준다.

하지만 이러한 화려한 선수 구성은 경기 성적과 직결되지 않았다.

갈락티코스 정책 이전 레알 마드리드는 이미 UEFA 챔피언스 리그에서 두 차례 우승한 바 있다. 그러나 갈락티코스 정책 시행 이후로는 단 한 번의 우승만 기록했으며, 2012년까지 결승에 진출하지 못하는 등 부진한 성적을 냈다. 값비싼 이적료를 투자해 당대 최고의 선수들을 한데 모았지만, 이들의 개인 기량이 팀 성적으로 이어지지는 못한 것이다.

이 사례는 합성의 오류를 명확히 보여준다. 개별 선수들이 세계 최고 수준의 실력을 보유하고 있더라도, 이들을 결합한 팀이 반드시 최고의 성과를 내는 것은 아니다. 축구에서 성공은 단순히 뛰어난 개인 기량만으로 달성되는 것이 아니라, 팀워크, 감독의 전술적 능력, 그리고 선수 간 조화 등 여러 요소가 균형을 이루어야 가능하다. 레알 마드리드는 기량이 뛰어난 개별 선수를 영입하기 위해 엄청난 금액을 투자했지만, 이들을 하나의 팀으로 조화롭게 운영하는 데에는 한계를 드러냈다.

결론적으로, 갈락티코스 정책은 레알 마드리드의 브랜드 가치를 높이는 데는 성공했으나, 경기 성적 측면에서는 실패로 평가된다. 이 사례는 뛰어난 부분들을 결합한다고 해서 반드시 훌륭한 전체가 만들어지지는 않는다는 점을 보여준다. 합성의 오류는 스포츠뿐만 아니라 다양한 분야에서도 나타날 수 있으며, 이를 피하려면 전체를 이루는 요소 간의 조화와 상호작용을 면밀히 고려해야 한다.

(6) 인신공격과 감정적 호소에서 발생하는 오류

상대의 주장 대신 인격, 동기, 감정을 공격하거나 논의를 감정적으로 몰아가는 오류.

① 우물에 독약을 뿌리는 오류 → 논의 전에 상대방의 신뢰성을 미리 떨어뜨림
   예 '저 사람은 거짓말쟁이니, 그 말을 믿을 수 없다.'

② 인신공격의 오류 → 상대의 주장이 아닌 인격을 직접 공격함
   예 '네가 이런 의견을 내다니, 넌 무지하구나.'

③ 발생적 오류 → 주장의 내용이 아니라 출처를 문제 삼아 반박함
   예 '그 사람은 신입이니, 그의 의견은 무시해도 된다.'

| 우물에 독 뿌리는 오류 |

- Poisoning the Well -

> '저 사람은 나쁜 사람이야. 논의할 필요도 없어.'

'우물에 독 뿌리는 오류'는 논리적 오류 중 하나로, 상대방의 발언이나 주장을 반박하기 위해 상대방의 발언 전에 그 사람이나 그 사람의 주장을 신뢰하지 못하도록 하여 논증 자체를 반박하는 인신공격의 한 유형이다. 이 오류는 특정 인물에 대한 부정적인 정보를 사전에 제공하거나 인물을 악마화하여 그 사람에 대한 신뢰를 사전에 훼손하는 인신공격의 일종이다.

1. 사례로 들어가기

시장

우리 시에서도 대형 쇼핑몰을 유치하려고 합니다. 이는 시민들의 편의에 크게 기여할 것으로 보입니다. 의원님들께 조례 변경과 예산 확보에 협조 부탁드립니다.

의원

시장님, 대형 쇼핑몰 유치 계획을 말씀하셨지만, <u>저는 시장님께서 추진했던 개발 사업들이 부실하거나 실패로 끝난 사례를 여러 번 봤습니다. 그래서 솔직히 시장님의 주장을 신뢰하기 어렵습니다. 이번 계획도 크게 다르지 않을 것 같습니다.</u>

시장

그건 과거의 일입니다. 이번에는 철저히 검토된 계획이고, 중앙정부의 지원도 확정된 상태입니다.

의원

<u>시장님, 과거에도 항상 실패하셨으니, 이번에도 실패할 가능성이 매우 높다고 봅니다.</u> 시장님께서 제시하시는 데이터나 계획서도 결국 시민들을 실망하게 하는 결과로 이어질 것 같군요.

시장

자꾸 과거를 들추시는데, 지금 논의 중인 건 과거가 아닌 현재 프로젝트입니다. 이번 프로젝트는 충분히 준비되었고, 중앙정부의 지원 역시 확보했습니다.

☞ **질문**

위 대화 중 의원의 말에서 보이는 논리적 오류는 무엇일까요?

답변

의원의 발언은 '우물에 독 뿌리기 오류(Poisoning the Well)'에 해당한다. 이 논리적 오류는 논의가 시작되기도 전에 상대방의 신뢰를 의도적으로 훼손함으로써 이후 논의를 불공정하게 만드는 행위이다. 주로 상대방의 과거 행적이나 부정적인 이미지를 부각해 본질적인 논의를 흐리고, 내용 검토를 방해하는 방식으로 작용한다.

의원은 '시장님이 추진하는 모든 개발 사업이 항상 부실하고 실패로 끝나는 걸 봐왔다'라는 말로 대화를 시작했다. 이는 쇼핑몰 유치 계획의 타당성을 검토하기도 전에 시장의 과거 실패 사례를 부각해 그의 주장을 신뢰할 수 없다는 인식을 심어주려는 의도를 담고 있다. 이러한 발언은 계획 자체의 근거나 내용보다는 시장 개인의 신뢰성을 공격하는 데 초점이 맞춰져 있다.

또한 '한 번 실패한 사람의 말은 신뢰하기 어렵다'라는 발언은 시장의 과거 행적을 근거로 현재의 계획을 부정적으로 단정하는 오류이다. 이는 객관적으로 계획의 타당성을 검토하기보다 시장의 실패 경험만을 논의의 중심으로 삼게 만들어, 논의가 본질적인 주제에서 벗어나게 만든다. 결과적으로 이는 계획의 구체적 내용과 그 근거를 면밀히 검토할 기회를 방해한다.

'시장님이 추진하는 사업은 항상 실패로 끝났던 만큼, 이번 프로젝트도 실패할 겁니다'라는 발언도 과거 사례를 근거로 현재 계획의 실패를 단정하는 오류이다. 이는 현재 계획의 구체적 내용이나 타당성 검토를 전혀 고려하지 않은 채 대화를 차단하는 결과를 초래한다.

2. [좋은 논증의 3가지 기준]을 토대로 분석하기

- **전제**
  - 시장이 과거에 추진했던 대형 백화점 유치와 놀이공원 프로젝트는 실패했다.
  - 시장이 추진하는 개발 사업은 항상 부실하고 실패로 끝났다.
  - 한 번 실패한 사람의 말은 신뢰하기 어렵다.
- **결론**
  - 이번 쇼핑몰 유치 계획도 실패할 가능성이 높다.
  - 예산안에 협조하면 시민들에게 부정적인 평가를 받을 것이다.
  - 따라서 이번 쇼핑몰 유치 계획을 논의하거나 지원할 필요가 없다.

1. **전제의 진실성 또는 수용 가능성**: '모든 개발 사업이 실패했다'라는 주장은 입증되지 않았고 '한 번 실패한 사람의 말은 신뢰하기 어렵다'라는 전제는 수용하기 어렵다.
2. **전제와 결론의 연관성**: 전제와 결론 사이의 연관성이 부족하다. 과거 실패 사례만으로 이번 쇼핑몰 유치 계획의 실패를 예측할 충분한 근거가 될 수 없으며, 예산 협조와 시민들의 부정적 평가를 연결 짓는 논리도 명확한 연관성이 없다.
3. **전제의 적절성과 충분성**: 전제는 결론을 내리기에 적절하지 않으며, 충분한 근거를 제공하지 않는다. 특정 사례 몇 가지를 근거로 모든 계획이 실패할 것이라고 단정하는 것은 과도한 일반화에 해당한다.

* 논리적 타당성 검토

　의원의 주장은 전제와 결론 사이의 연결이 비약적이며, 계획의 실패 가능성을 입증하기 위한 구체적 데이터나 논리적 근거가 부족하다. 우선, 의원의 전제인 '시장 사업은 항상 실패했다'라는 과거 일부 사례를 기반으로 도출된 주장이다. 그러나 이는 특정 사례를 일반화한 것으로, 모든 시장 사업이 실패했다는 주장이 참이라고 보기 어렵다. 과거 사례는 특정한 경제적·사회적·정책적 환경에서 발생한 것이므로, 이번 쇼핑몰 유치 계획의 실패를 예측하는 결정적인 근거로 삼기에는 부족하다.

　또한, 시민들의 부정적 평가와 예산 협조 실패를 연결 짓는 논리 역시 명확하지 않다. 시민들의 평가가 부정적이라는 사실이 반드시 예산 협조 실패로 이어진다는 주장은 논리적으로 타당하지 않다. 시민들의 부정적 반응은 단순히 초기 반응일 수 있으며, 예산 협조 여부는 정치적 합의, 예산 정책, 그리고 유치 계획의 구체적인 실현 가능성과 같은 다양한 요인에 의해 좌우될 가능성이 크다.

　결과적으로, 의원의 주장은 전제와 결론 사이의 논리적 연결이 불완전하며, 설득력이 부족하다. '시장 사업은 항상 실패했다'는 전제와 '쇼핑몰 유치 계획은 실패할 것이다'라는 결론 사이에는 충분한 인과적 연결이 없다.

3. 오류 바로잡기

우물에 독 뿌리기 오류는 건설적인 논의를 방해할 뿐만 아니라, 도덕적으로도 심각한 문제를 초래하는 논리적 오류다. 이 오류는 논의가 시작되기도 전에 상대방의 신뢰성을 훼손하여 논점을 흐리거나 논의를 중단시키려는 목적으로 자주 사용된다. 이러한 방식은 논의의 본질을 왜곡하며, 청중에게 부정적인 선입견을 심어 특정 주장에 대한 공정한 평가를 어렵게 만든다.

이 오류를 바로잡으려면 논의의 초점을 명확히 하고, 전제와 근거가 논의 대상과 무관하다는 점을 논리적으로 지적해야 한다. 더불어, 이러한 오류가 논의를 방해하려는 시도라는 점을 분명히 밝히는 것이 중요하다. 논의 주제와 관련 없는 인신공격이나 불필요한 비난을 배제하고, 논의 대상 자체에 집중해야만 대화가 생산적으로 이루어질 수 있다.

우물에 독 뿌리기 오류는 논의 대상과 논의 주체를 혼동함으로써 발생하는 경우가 많다. 예를 들어, 누군가 손가락으로 달을 가리킬 때, 달에 대해 논의하지 않고 손가락의 생김새를 문제 삼는다면 논의 대상인 달에 대한 검토는 불가능해진다. 이와 마찬가지로, 논의에서 상대방의 주장을 평가하기보다 상대방의 신뢰성을 훼손하는 데 초점이 맞춰지면 대화는 감정적 대립으로 이어질 가능성이 크다. 따라서 논의를 원하지 않을 때는 오류를 악용하기보다, 정중한 이유를 들어 대화를 거부하는 것이 훨씬 바람직하다.

상대방이 우물에 독 뿌리기 오류를 범하는 이유는 크게 두 가지가 있다. 첫째는 별다른 악의 없이 잘못된 대화 습관 때문에 이러한 오류를 범하는 경우다. 둘째는 논의 자체를 방해하거나 논점을 흐리려고, 의도적으로 오류를 악용하는 경우다. 만약 상대방이 무심코 이러한 오류를 범했다고 판단된다면, 상대방의 잘못을 부드럽게 지적하고 대화의 초점을 유지하는 것이 중요하다. 예의 있는 방식으로 논의의 본질을 강조하고, 상대방에게 오류를 바로잡을 기회를 주는 것이 바람직하다.

반면, 상대방이 의도적으로 우물에 독 뿌리기 오류를 사용하여 논의를 방해하려는 경우에는 단호히 대응해야 한다. 먼저, 상대방의 전제와 결론 사이에 논리적 연관성이 없음을 명확히 지적해야 한다. 그런 다음, 상대방의 태도가 청중에게 부정적인 선입견이나 편견을 심어 논의를 왜곡하려는 시도임을 분명히 밝혀야 한다. 이러한 태도는 청중의 사고를 왜곡하려는 부도덕한 행위로 간주할 수 있음을 강조해야 한다. 논점과 무관한 공격이 논의의 공정성을 심각하게 해치고 있음을 지적함으로써 논의의 초점을 되찾는 것이 중요하다.

결론적으로, 우물에 독 뿌리기 오류는 건설적인 논의와 공정한 평가를 방해하며, 이를 방치하면 논의의 본질이 크게 왜곡될 수 있다. 이러한 오류를 피하려면 논의 대상과 상대방을 명확히 구분하고, 논점에서 벗어나지 않으려는 노력이 필요하다. 동시에 상대방의 의도를 파악해 적절히 대응함으로써 대화의 생산성과 도덕적 신뢰성을 유지해야 한다. 이렇게 함으로써 논의를 공정하고 건설적인 방향으로 이끌 수 있다.

4. 사례로 훈련하기

다음 진술의 논증 과정에는 어떤 문제가 있을까요?

1. 한글날 특집 한글 전용과 관련한 방송 토론

    김갑수 교수: 한자는 중국뿐 아니라 동아시아에서 보편적으로 사용해 온 문자이고, 우리말에서도 한자어가 차지하는 비중이 큽니다. 또한, 한자는 표의 문자로 개념어를 간결하게 표현하는 데 강점이 있습니다. 따라서 한글 전용보다는 한자 병용이 더 바람직합니다. 한자를 익히면 중국과의 교류에도 큰 도움이 될 것입니다.

    한승도 교수: 한글은 세계적으로 유례가 없는 과학적인 문자입니다. 또한 한글은 한국인의 정체성과 자긍심의 핵심 요소입니다. 한자는 배우기가 어렵기 때문에 교육 격차를 심화시킬 우려가 있습니다. 중국 역시 간체자를 도입해 국민이 문자를 쉽게 배우도록 하고 있습니다. 따라서 한글 전용은 선택이 아니라 필수입니다.

    김갑수 교수: 그런데 한승도 교수님께서는 손자를 중국인학교에 보내신다고 들었습니다. 한글 전용을 주장하시는 분께서 왜 손자를 중국인학교에 보내서 한자와 중국어를 배우도록 하시는 겁니까?

    한승도 교수: 저의 사생활이 오늘의 토론 주제와 무슨 상관이 있는지 모르겠습니다.

    김갑수 교수: 언행일치가 돼야 하는 것 아닙니까? 교수님께서도 한

자가 필요하다고 생각해서 손자를 중국인학교에 보내시면서 왜 다른 사람들에게는 한글만 전용하라고 하시는 겁니까?

2. 1815년 6월 18일 워털루 전쟁에서 나폴레옹 전쟁이 막을 내린 이후, 영국 정부는 최근 성명을 통해 프랑스를 '혁명의 광기와 군사적 독재의 산물'로 규정했다. 영국 외무부 관계자는 '프랑스의 군사 팽창은 유럽 전체에 심각한 위협을 가하는 행위였다'며, '나폴레옹의 몰락 이후에도 프랑스 내부의 불안정한 정치 체제가 유럽의 평화를 위협할 가능성이 있다'라고 주장했다. 영국 언론 또한 프랑스의 정권을 비판하며, 프랑스를 '문명화되지 못한 폭력의 중심지'라고 묘사했다.

3. 2010년, 그리스는 EU와 국제통화기금(IMF)에 구제 금융을 요청하며 세 차례에 걸쳐 총 3,260억 유로를 지원받았다. 그러나 이 구제 금융은 긴축 정책 이행을 조건으로 삼았고, 이를 주도한 독일에 대해 그리스는 강한 불만을 표출했다.
당시, 독일의 메르켈 총리는 그리스에 강도 높은 긴축 정책을 요구했고, 이에 대해 그리스 총리는 독일의 긴축 정책을 강하게 비판하며 과거 나치 점령 시기의 배상 문제를 언급해 논란을 불러일으켰다. 그는 '독일은 과거 나치 점령 시절 그리스에 끼친 피해를 제대로 배상하지 않았으며, 현재도 긴축 정책을 강요해 그리스 국민에게 고통을 가중시키고 있다'고 주장했다. 그는 독일의 역할을 비판하며, '이런 정책은 유럽의 단결을 저해한다'라고 지적했다.

4. 지혜: 이번에 구청에서 우리 동네에 홍수 방지용 빗물 펌프장을 짓는대요. 그런데 우리 동네는 지대가 높아 침수 지역이 아니잖아요? 침수 피해가 있는 옆 동네에 펌프장을 설치하는 게 더 합리적인 것 아닌가요? 그래서 대책을 논의하기 위해 모임을 가지려 해요.

   민주: 구청에서 잘 알아서 할 것이라고 생각해요. 구청이나 정부가 하는 일에 이러쿵저러쿵 시비를 걸고 반대하는 것은 삐딱한 사람들이나 하는 짓이에요.

5. 지혜: 출산율 저하 문제가 정말 심각해요. 좀 더 적극적으로 대책을 마련해야 합니다.

   민주: 당신도 아이가 없지 않나요? 출산과 육아 경험이 없는 사람이 무슨 출산 대책을 이야기합니까?

☞ **해설로 확인하기**

1. 김갑수 교수는 한글 전용이라는 논점을 이탈하여 한승도 교수의 사생활을 언급하며, 청중과 시청자에게 한승도 교수가 표리부동하다는 선입견을 주며 그의 도덕성을 공격해 그에 대한 신뢰를 떨어뜨리고 있다. 이후 한글 전용에 대한 토론은 제대로 진행되지 못하고 한승도 교수의 변명으로 이어졌다. 토론이 원천 봉쇄된 것이다.
   이같이 우물에 독 뿌리는 오류는 한 번 편견이나 선입견을 품게 되면 사람들이 그 사람이나 그 사람의 말을 잘 신뢰하지 않는 심리적 특성을 활용하는 것이다. 사람의 심리적인 면을 자극하기 때문에 논리적으로 반박을 해도 잘 통하지 않는다는 점에서 대응하기 어려운 오류이다. 현실에서는 논리적 대응보다는 같이 독 뿌리기로 대응하는 경우가 많다.

2. 영국 정부 관계자가 프랑스를 '혁명의 광기와 군사적 독재의 산물'로 일반화하고, 이를 근거로 프랑스 전체를 부정적으로 묘사하는 주장은 우물에 독 뿌리기 오류에 해당한다. 영국 정부 관계자는 나폴레옹의 군사적 팽창이라는 특정 역사적 사건을 근거로 프랑스 전체 국민과 정치 체제를 부정적으로 평가하고 있다. 이는 프랑스 내부의 복잡한 정치적·사회적 맥락을 무시하고, 모든 프랑스인을 부정적으로 일반화하는 오류이다. 이러한 주장은 논리적 타당성이 없으며, 대중의 감정을 조작해 적대감을 불러일으킬 위험이 있다.

3. 이 글에서 나타나는 우물에 독 뿌리기 오류는 그리스 총리가 독일의 총리의 긴축 정책을 비판하면서 과거 나치 점령 시기의 배상 문제를 연결 지은 데서 드러난다. 그는 독일의 경제정책 비판을 정당화하기

위해 과거사 문제를 언급하며, 독일의 긴축 정책을 악의적으로 프레임화했다. 이는 독일 정부의 현재 정책과 과거의 역사적 책임 문제를 구분해서 다루지 않고, 독일이라는 국가와 국민 전체를 부정적으로 일반화하는 논리적 오류를 범하고 있다. 이러한 방식은 실질적인 문제 해결을 위한 논의보다, 갈등을 심화시키고 대중의 감정을 자극하여 독일에 대한 적대감을 조장할 위험이 있다.

4. 구청의 방침에 반대하는 사람을 삐딱한 사람으로 낙인찍어 논의를 원천적으로 봉쇄하는 방식은 우물에 독 뿌리기 오류의 전형이다. 비록 우리 동네는 침수 지역이 아니지만, 구청이 우리 동네에 빗물 펌프장을 짓는 이유가 있을 것이다. 그렇다면 그 이유의 타당성을 과학적이고 논리적으로 제시하는 논의는 충분히 가능하다. 그러나 이를 제대로 논의하기보다, 구청의 방침을 지지하는 사람들을 반대파로 낙인찍어 논의 자체를 차단하는 방식은 우물에 독을 타는 오류로, 논의의 본질을 흐리고 원천적으로 봉쇄하려는 시도에 해당한다.

5. 출산 대책을 이야기하는 것과 출산 경험은 직접적인 연관이 없다. 그렇지만 상대방이 출산 경험이 없다는 이유로 출산 대책 수립에 큰 결함이 있다고 주장하며 상대방에 대한 신뢰를 떨어뜨리려고 하는 것은 우물에 독을 뿌리는 오류에 해당한다. 출산 대책의 필요성과 타당성에 대한 논의는 경험 여부와 상관없이 이루어져야 한다. 그러나 민주는 상대방이 출산 경험이 없다는 이유만으로 그 주장을 부정하며, 이를 큰 결격 사유로 간주하여 논의를 원천적으로 봉쇄하고 있다. 이처럼 논의의 본질을 벗어난 개인적인 공격으로는 실질적인 해결책을 모색할 수 없다.

5. 넓고 깊게 알아보기

* 페스트와 우물 - 유대인 학살

14세기 중반, 흑사병(Black Death)이 유럽 전역을 휩쓸며 수많은 희생자를 남겼다. 당시 사람들은 페스트의 원인을 제대로 이해하지 못했으며, 그로 인해 유대인들이 희생양이 되는 비극적인 사건이 발생했다. 특히 '유대인들이 우물에 독을 타 병을 퍼뜨렸다'라는 근거 없는 소문이 퍼지며 유대인들에 대한 적대감이 극에 달했다.

공포에 사로잡힌 사람들은 이 소문을 믿고 유대인 공동체를 공격하기 시작했다. 유대인들의 집과 상점은 파괴되었고, 재산은 몰수되었다. 수많은 유대인이 학살당했으며, 살아남은 이들은 도시나 국가에서 추방당하는 고통을 겪었다. 이 사건은 흑사병이라는 전염병에 대한 공포가 무지와 편견, 증오와 결합하면서 발생한 비극이었다.

일부 지역에서는 유대인들이 페스트 확산과 아무런 관련이 없다는 증거가 발견되었지만, 당시 사람들의 공포와 편견은 이를 받아들이지 못하게 만들었다. 유대인 공동체에 대한 폭력은 단순히 개인적 악행이 아니라 당시 유럽 사회 전반에 뿌리 깊게 자리 잡은 반유대주의적 태도가 초래한 집단적 비극이었다.

이 사건은 무지와 공포, 편견이 결합할 때 어떤 비극이 발생할 수 있는지를 보여주는 역사적 교훈이다. 흑사병에 대한 과학적 이해가 부족했던 중세 유럽 사회는 잘못된 소문을 맹신했고, 이는 무고한 이들에게 돌이킬 수 없는 피해를 안겼다. 이러한 역사적 사건은 편견에 대한 경계와 사실에 기반한 판단의 중요성을 되새기게 한다.

* 관동 대지진과 우물 - 조선인학살

1923년 9월 1일, 일본 관동 지역에서 강도 7.9의 대지진이 발생하며 도쿄와 요코하마를 포함한 지역이 큰 피해를 보았다. 지진으로 인해 수많은 건물이 붕괴되고 화재가 발생했으며, 심각한 인명 피해와 혼란이 이어졌다. 그러나 이러한 비극은 지진이라는 자연재해에 그치지 않고, 조선인학살이라는 비극적인 사건으로 이어졌다.

지진 직후, 조선인들이 우물에 독을 타거나 방화와 폭동을 일으켰다는 근거 없는 유언비어가 퍼졌다. 이러한 소문은 일본 정부와 언론을 통해 빠르게 확산되었으며, 사회 전반에 불안과 공포를 조성했다. 공포에 휩싸인 일본인 민간인들과 군인들은 소문을 믿고 조선인들을 공격하기 시작했다. 이에 따라 수많은 조선인이 무차별적인 폭력과 학살의 대상이 되었으며, 당시 희생자 수는 약 6,000명에서 20,000명에 이르는 것으로 추정된다.

그뿐만 아니라, 조선인들의 재산도 약탈당하거나 파괴되었으며, 많은 조선인 공동체가 심각한 피해를 보았다. 일본 사회의 이러한 폭력은 단순한 소문에 기반한 것이 아니라, 이미 뿌리 깊게 자리 잡은 조선인에 대한 차별과 편견이 더해지며 발생한 비극이었다. 일본 정부는 당시 혼란을 수습하기 위해 노력했다고 주장했으나, 실질적으로 학살을 방관하거나 방조했다는 비판을 받는다.

관동대지진 당시 조선인학살은 자연재해와 인간의 공포, 그리고 차별이 결합하여 벌어진 참혹한 사건이다. 이 사건은 유언비어와 편견이 결코 무고한 사람들에게 어떠한 피해를 안길 수 있는지를 보여주는 역사적 사례로, 오늘날에도 깊은 반성을 요구하고 있다.

인신공격의 오류

- Ad Hominem Fallacy -

'논리적으로 반박하지 말고 사람을 공격하라.'

　상대방의 논증이나 주장을 반박하는 대신, 그 사람의 외모, 성격, 행동 등을 비난하거나 조롱하는 것이 인신공격의 오류에 해당한다. 이는 논리적 반박이 아닌 개인에 대한 공격을 통해 상대의 주장을 약화시키려는 잘못된 논증 방식이다. 예를 들어, '그 사람은 성격이 나쁘니까 그의 의견도 틀렸다'라는 식의 주장이다. 이러한 오류는 토론이나 논쟁에서 흔히 나타나며, 감정적 반응을 유도해 본래의 논점을 흐리는 역할을 한다.

1. 사례로 들어가기

2020년 공화당 대통령과 민주당 대통령 후보의 토론을 재구성한 내용이다.

민주당 후보	당신은 코로나19 사망자들에 대해 어쩔 수 없다고 했습니다. 어쩔 수 없다니요? 당신은 계획이 없어요.
공화당 후보	당신 말을 들었다면 미국은 지금 20만 명이 아니라 수백만 명이 목숨을 잃었을 겁니다.
민주당 후보	대통령이 더 똑똑하고 더 빠르게 대응하지 않으면, 앞으로 더 많은 사람이 코로나로 죽게 될 겁니다.
공화당 후보	(비웃으며) '똑똑한'이라는 단어를 방금 썼습니까? 당신은 학교에서 거의 꼴찌로 졸업했을 텐데, 저한테 '똑똑한'이라는 말은 하지 마세요.
민주당 후보	당신은 미국 역사상 최악의 대통령입니다.
공화당 후보	내가 47개월 동안 해낸 일이 당신이 47년 동안 한 일보다 훨씬 많습니다.
민주당 후보	당신은 말은 모두 거짓말입니다.
공화당 후보	당신은 항상 거짓말을 합니다. 당신이야말로 거짓말쟁이입니다.

☞ **질문**

두 후보의 주장은 어떤 오류를 보이고 있을까요?

답변

이 토론에서 공화당과 민주당의 두 후보는 상대방의 주장을 논리적으로 반박하기보다는 인신공격에 의존하고 있다. 인신공격은 상대방의 주장 대신 개인적 특성을 비난하거나 조롱함으로써 논점에서 벗어나는 논리적 오류이다.

공화당 후보는 민주당 후보의 발언에 대해 '당신은 학교에서 거의 꼴찌로 졸업했을 텐데, 나한테 '똑똑하다'라는 말을 하지 마세요'라고 주장했다. 하지만 민주당 후보의 학교 성적은 코로나19 대응에 대한 민주당 후보의 주장의 진위를 판단하는 것과는 아무런 관련이 없다. 이는 민주당 후보의 주장을 논리적으로 반박하지 못하고, 감정적으로 상대방을 깎아내리려는 시도로 볼 수 있다.

반대로, 민주당 후보가 공화당 후보를 '미국 역사상 최악의 대통령'이라고 한 것이나, '그의 말은 전부 거짓말'이라고 비난한 것도 인신공격이다. 이러한 발언은 공화당 정부의 코로나19 대응을 논리적으로 반박하는 데 필요한 구체적인 근거를 제시하지 못한 채, 그저 공화당 후보의 신뢰성을 깎아내리는 데 초점을 맞추고 있다. 이는 청중에게 공화당 후보에 대한 부정적 인상을 심어줄 수는 있지만, 공화당 후보의 주장을 반박하는 논리적 근거가 될 수는 없다.

결론적으로, 두 후보 모두 논리적 주장이 아닌 인신공격을 통해 상대방의 신뢰성을 무너뜨리려 했다. 그러나 이는 논증의 핵심 쟁점을 흐리고, 논리적 설득력이 약화되는 결과를 초래했다. 논리적으로 타당한 논증을 위해서는 개인적 비난이 아닌 구체적 근거와 논리를 통해 상대방의 주장을 반박해야 한다. 인신공격은 감정적 반응을 유도할 수 있지만, 설득력 있는 논증의 도구로 작용하지 못한다.

2. [좋은 논증의 3가지 기준]을 토대로 분석하기

(1) 민주당 후보의 주장

* 첫 번째 주장
- **전제**   공화당 대통령은 코로나19 사망자들에 대해 '어쩔 수 없다'고 했고, 코로나19 대응에 아무런 계획이 없었다.
- **결론**   공화당 대통령의 무계획적이고 무책임한 태도가 많은 생명을 잃게 했다.

---

* 두 번째 주장
- **전제**   대통령이 더 똑똑하고 더 빠르게 대처하지 않으면, 앞으로도 많은 사람들이 코로나19로 인해 죽을 것이다.
- **결론**   공화당 대통령은 무능하며, 리더십이 부족하다.

---

* 세 번째 주장
- **전제**   공화당 후보는 미국 역사상 최악의 대통령이다.
- **결론**   공화당 후보는 대통령으로서의 자격이 부족하다.

---

* 네 번째 주장
- **전제**   공화당 후보는 거짓말을 하고 있다.
- **결론**   공화당 후보는 신뢰할 수 없으며 대통령으로서 부적격이다.

(2) 공화당 후보의 주장

* 첫 번째 주장
- **전제**   민주당 후보가 주장하는 대로 코로나19에 대응했다면, 사망자는 현재보다 훨씬 더 많아졌을 것이다.
- **결론**   나의 코로나 대응이 더 적절했고, 미국을 더 큰 위기에서 구했다.

---

* 두 번째 주장
- **전제**   민주당 후보는 학교에서 거의 꼴찌로 졸업했으며, 그의 능력을 신뢰할 수 없다.
- **결론**   민주당 후보는 나에게 '똑똑하다'는 말을 사용할 자격이 없다.

---

* 세 번째 주장
- **전제**   나는 대통령 재임 중 47개월 동안 많은 성과를 거뒀다. 민주당 후보는 47년 동안 아무것도 하지 못했다.
- **결론**   민주당 후보는 무능하며, 나의 성과에 비할 바가 못 된다.

---

* 네 번째 주장
- **전제**   민주당 후보는 항상 거짓말을 한다.
- **결론**   민주당 후보야말로 거짓말쟁이로 신뢰할 수 없다.

(1) 민주당 후보의 주장 종합
- **전제**   공화당 후보인 대통령의 코로나19 대응은 무책임했고, 계획이 없어 많은 생명을 잃게 했다.
- **결론**   공화당 후보인 대통령은 무능하며, 미국 역사상 최악의 대통령이다.

(2) 공화당 후보의 주장 종합
- **전제**   민주당 후보는 47년 동안 성과가 없었고, 신뢰할 수 없는 무능한 정치인이다.
- **결론**   민주당 후보는 대통령으로서 자격이 없으며, 내가 더 나은 지도자다.

(1) 민주당 후보의 주장
1. **전제의 진실성 또는 수용 가능성**: 공화당 후보의 코로나19 대응이 미흡했다는 비판은 다수의 전문가와 여론으로부터 지지받아 수용 가능성이 높다.
2. **전제와 결론의 연관성**: 공화당 후보의 무계획이 사망자 증가로 이어졌다는 논리는 연관성이 있지만, 모든 사망 원인을 그의 탓으로 돌리는 것은 과도하다.
3. **전제의 적절성과 충분성**: 일부 사례를 들어 비판했으나, 이를 공화당 후보인 대통령의 코로나19 대응 실패의 책임으로 일반화하기엔 근거가 부족하다.

(2) 공화당 후보의 주장
1. **전제의 진실성 또는 수용 가능성**: 민주당 후보가 47년 동안 성과를 내지 못했다는 주장은 그 근거를 확인하기 어려워 수용성이 부족하다.
2. **전제와 결론의 연관성**: 민주당 후보의 학력이나 확인되지 않은 47년 경력을 무능으로 단정 짓는 논리는 결론과 직접적 연관성이 부족하다.
3. **전제의 적절성과 충분성**: 자신의 47개월간 성과를 강조하지만, 구체적인 사례나 데이터를 제시하지 않아 결론을 내리기에는 충분하지 않다.

* 논리적 타당성 검토

민주당과 공화당 후보의 주장은 모두 논리적 타당성에서 결함을 드러낸다. 먼저, 민주당 후보의 주장은 공화당 후보의 코로나19 대응이 미흡했다는 전제를 바탕으로 사망자 증가의 책임을 공화당 후보에게 돌리고 있다. 이 논리는 연관성을 일부 갖추고 있으나, 모든 사망 원인을 공화당 후보의 책임으로 단정하는 것은 과도하다. 또한, 일부 사례를 들어 비판했지만, 공화당 후보인 대통령의 코로나19 대응 실패를 입증하기 위한 충분한 데이터를 제시하지 않았다. 감정적인 비판이 주를 이루며, 구체적인 근거가 부족해 논리적 타당성이 낮다.

공화당 후보는 민주당 후보의 47년 정치 경력을 무능하다고 주장하며 그를 신뢰할 수 없는 거짓말쟁이로 단정하고 있다. 그러나 이 주장은 객관적 근거 없이 감정적이고 추상적인 주장에 의존하고 있다. 또한, 자신의 47개월간의 성과를 강조하면서도 구체적 사례나 데이터를 제시하지 않아 주장의 신뢰성을 확보하지 못했다. 공화당 후보의 논증도 상대를 비난하고 깎아내리는 인신공격에 치중하며 논리적 근거가 결여된 상태이다.

양측의 주장은 모두 논리적 타당성을 갖추지 못하며, 특히 좋은 논증의 3가지 기준 중 전제의 적절성과 충분성, 전제와 결론의 연관성에서 결함을 보인다. 두 주장은 객관적이고 검증할 수 있는 데이터를 제시하지 않고, 주로 감정적 표현과 상대방에 대한 비난에 의존하고 있다. 이는 전형적인 '인신공격의 오류(Ad Hominem)'를 범한 사례이다.

두 후보의 주장은 유권자들로 하여금 상대방에 대한 부정적인 감정을 갖게 하려는 의도로 보인다. 그러나 감정적 호소와 인신공격은 논증의 타당성을 낮추는 요인으로, 논리적으로 설득력 있는 결론에 도달하는 데 실패했다. 정치적 논쟁에서 효과적으로 논증하려면 객관적 자료와 논리적 근거를 기반으로 해야 하지만, 두 후보의 논증은 이러한 기준을 충족하지 못하며, 감정적이고 일방적인 주장에 머물러 있다.

결론적으로, 두 후보의 논증은 모두 인신공격과 감정적 호소에 의존해 논리적 타당성이 낮고, 전제와 결론 간의 연관성을 충분히 입증하지 못했다. 이는 유권자들에게 정확한 정보를 제공하기보다 감정적 반응을 유도하려는 의도로 보이며, 논리적 관점에서 실패한 논증이다.

3. 오류 바로잡기

논증은 그것을 제시하는 사람과는 독립적으로 존재한다. 논증을 제시한 사람이 어떤 사람이든, 그 논증 자체는 옳을 수 있다. 따라서 논증은 논리적인 전제와 결론을 통해 참과 거짓을 평가해야 한다.

그렇지만 인신공격은 대화나 토론에서 자주 나타난다. 인신공격이 상대방의 논증을 공격하는 데 효과적이라고 믿는 사람도 적지 않다. 상대방이 인신공격에 화가 나서 더 심한 인신공격으로 맞서거나, 흥분한 상태에서 자신의 논증을 훼손하는 경우도 있기 때문이다. 일부 정치인들은 자신의 지지자들을 결집하려고 의도적으로 인신공격을 사용하기도 한다.

인신공격은 어떤 경우에도 바람직하지 않다. 인신공격으로는 상대방의 논증을 반박할 수 없다. 대화와 토론은 말싸움이나 폭력을 대신하여 더 나은 인간관계와 사회를 만들기 위한 도구다. 따라서 논증은 논증으로 대응해야 한다는 원칙을 지켜야 한다.

만약 상대방이 인신공격을 한다면 어떻게 대응해야 할까? 우선 화를 내지 않는 것이 중요하다. 흥분한 상태에서는 논증을 제대로 펼치기 어렵고, 똑같이 인신공격으로 대응하면 논의가 난장판이 되기 쉽다. 침착하게 상대방이 인신공격을 하고 있음을 지적하고, 이를 중단할 것을 요청해야 한다. 또한, 내 개인이 아니라 내 논증에 대해 논의하라고 요구해야 한다. 청중은 인신공격을 반복하는 사람보다 침착하게 논증을 펼치는 사람을 더 신뢰한다. 침착함을 유지하고 논의의 본질에 집중하는 것이 건설적인 대화를 이어가는 방법의 핵심이다.

4. 사례로 훈련하기

다음의 사례에는 어떤 인신공격의 오류가 있을까? 인신공격의 오류에 빠지지 않으려면 어떻게 해야 할까?

1. 외교부 장관, 나오세요. 외교부 장관님! 하얀 머리 멋있습니다. 뭐 지금 시중에 백색 염색약이 다 떨어졌답니다. 그렇게 장관님 인기가 좋습니다. 저도 좋아합니다.

2. 그게 무슨 망발입니까? 토론회에 나오시려면 공부를 좀 하고 나오셔야 하는 것 아닙니까? 지금 얘기하는 것이 하나도 안 맞잖아요?

3. 어린 학생이 뭘 안다고 자꾸 끼어드는 거야. 집에 가서 책이나 더 읽어!

4. 당신은 운동권에서 전향한 사람이잖아요. 한 번 배신한 사람은 계속 배신할 수밖에 없어요. 당신이 하는 말을 어떻게 믿어요?

5. 아이고! 이렇게 삐쩍 말라서 살림은 제대로 할 수 있겠니?

☞ 해설로 확인하기

1. 국회 대정부 질문의 한 장면이다. 야당 국회의원은 시간이 없다면서도 여성 외교부 장관의 외모를 칭찬한다. 겉으로는 멋있다고 칭찬하는 듯 보이지만, 사실은 외교부 정책이 겉만 번지르르하고 실속이 없다는 것을 공격하고 있다. 외교부 정책의 잘못에 대해 질의하는 대신 장관의 외모 평가로 인신공격의 논증을 펴고 있다.

   이 발언을 한 야당 의원은 여성 의원들로부터 거센 항의를 받았다. 여성 장관의 외모에 대한 인신공격으로 대정부 질문의 격을 떨어뜨린 대가를 치른 것이다.

2. 공무원 시험에서 병역의무를 마친 사람들에게 가산점을 부여하는 것이 과연 정당한가, 아니면 특정 집단에 대한 특혜인가를 두고 오랜 시간 논쟁이 이어져 왔다. 어느 토론회에서는 이 문제를 두고 한 여성 패널이 가산점 제도가 여성에 대한 차별이라고 주장했다. 이에 한 남성 패널이 반박하면서, 상대방이 공부도 하지 않고 토론에 나왔다는 모욕적인 발언을 던졌다. 이는 여성 패널의 주장을 약화시키기 위해 사용된 전형적인 '인신공격의 오류'이다.

   상대방의 주장을 논리적으로 반박하지 않고, 그 사람의 자질이나 태도 등을 문제 삼는 것은 건설적인 토론 자세가 아니다. 더욱이 여성 패널이 공부를 하지 않았다는 말은 사실이 아니며, 설령 사실이라고 해도 그 자체가 '가산점 제도가 특혜인지 여부'라는 쟁점과는 전혀 관련이 없다. 논의의 본질은 가산점 제도가 공정한지, 차별적인 요소는 없는지를 따지는 것이지, 토론자 개인의 준비 여부를 따지는 것이 아니다.

3. 학교나 가정, 길거리에서 흔히 듣는 말이다. 그러나 나이는 논증의 전제나 결론과 전혀 관련이 없다. 나이가 어린 사람은 지식과 경험이 부족할 수 있지만, 그렇다고 그 사람이 제시하는 논증이 언제나 틀린 것은 아니기 때문이다. 논증은 그것을 제시하는 사람과는 독립적으로 평가해야 한다.

어린 사람이 대드는 것처럼 행동할 때 기분이 나쁠 수 있지만, 마음을 가라앉히고 '이런 부분에서는 네가 아직 잘 모르고 경험도 없으니 한 번 더 생각해 보는 것이 어떨까?'라고 말하는 것이 훌륭한 어른의 태도이다.

4. 우리는 전과자 등 부정적인 경력을 가진 사람들의 주장은 함부로 무시하거나 반대한다. 한편 학자, 성직자, 고위공직자 등의 주장은 진위를 따져보지도 않고 쉽게 받아들이기도 한다. 논증은 증언과 다르다. 단순한 말이나 주장이 아니라 훌륭한 전제와 결론을 갖춘 논증에 대해서는 그 사람의 나이, 학력, 인격, 종교, 성별과는 독립적으로 평가해야 한다.

5. 드라마나 영화에서 며느리를 탐탁지 않게 생각하는 시어머니가 자주 하는 말이다. 며느리의 건강을 걱정하는 말로 들을 수도 있겠으나, 대부분의 경우 '지금 나는 네가 마음에 들지 않는다'라는 감정을 표현하는 말이다. 외모를 통한 인신공격으로 볼 수 있다. 완곡하게 표현했으나 막말에 가까운 표현이다.

5. 넓고 깊게 알아보기

　가사 노동 분담에 대한 양쪽의 인신공격이 계속되면서 논리적 토론보다 남녀 간의 감정적 대립으로 흐르는 사례이다.

민혁:　지난 50년 동안 인간의 기계문명은 여성들을 위해 발전해 왔어요. 세탁기, 냉장고, 청소기 등이 여성의 영역에서 발전해 오면서 여성들의 일이 많이 줄었죠. 그런데 전업주부이면서 남편들이 아침에 출근할 때 아침 밥상 안 차려주는 주부들은 남편에게 돈 많이 벌어오라고 할 자격이 없습니다.

지혜:　그건 완전히 잘못된 생각이에요. 자동화 기계는 여성들만을 위해 발전하지는 않았어요. 컴퓨터, 면도기 등 문명은 남성들에게도 똑같은 혜택을 제공했어요.

민혁:　이상한 말씀을 하시는데요. 남성들이 육아나 가사를 더 도울 수 있으니 지금 벌어오는 수입보다 30~40%를 적게 벌어와도 되느냐? 적게 벌어오는 대신 가사를 더 돕겠다고 하면 동의할 여성들이 있을까요? 없습니다. 돈은 돈대로 벌어오고 가사나 육아를 도우라는 얘기 아니에요? 말도 안 되는 소리 하지 마세요.

지혜:　제가 볼 때 전업주부들은 잔소리하지 말라는 이분은 계산 불능자예요. 초등학교를 제대로 안 나온 것 같아요, 왜냐하면 전업주부들이 한 달에 어느 정도의 노동을 하고 있는지 월급으로 환산된 통계가 있어요. 40대 여성 전업주부는 하루 12

	시간 16분의 일을 하고요. 이걸 월급으로 환산하면 393만 3천 원이에요.
민혁:	답답한 얘기 하시는데요. 여러분 한번 생각해 보세요. 지금 아침부터 저녁까지 일해도 한 달에 80만 원, 100만 원밖에 못 받는 비정규직 여성들이 많습니다.

 이 글은 가사 노동 분담 문제에 대한 남성과 여성의 감정적 대립을 다루고 있지만, 논리적 토론보다는 인신공격과 감정적 발언으로 논의가 흐려지고 있다. 민혁은 가사 노동의 분담과 경제적 기여를 비교하며 여성의 역할을 평가절하하는 듯한 발언을 하고, 지혜는 이에 맞서 전업주부의 노동 가치를 통계로 제시하며 상대를 비하하는 표현을 사용한다.

 민혁의 주장은 가사 노동 분담에 대한 경제적 시각에 치우쳐 있으며, 상대방의 감정과 현실적인 상황을 배려하지 못하고 있다. 반면 지혜의 주장도 통계적 근거를 제시하며 논리적 접근을 시도했으나, 인신공격적인 표현으로 설득력을 떨어뜨렸다.

 이 대화는 중요한 사회적 문제인 가사 노동 분담에 대한 논의를 전개하는 데 실패했다. 논리적이고 생산적인 토론이 이루어지기 위해서는 감정적 비난 대신 객관적 근거와 상호 존중이 바탕이 되어야 한다. 결론적으로, 이 대화는 남녀 간의 대립을 부각시키는 데 그쳤으며, 문제 해결을 위한 건설적 접근이 부족했다고 할 수 있다.

발생적 오류

- Genetic Fallacy -

> '출처로 옳고 그름을 판단하지 말라.'

발생적 오류는 어떤 주장의 진위를 주장의 내용이 아닌 출처, 기원, 배경 등을 근거로 판단할 때 발생하는 오류이다. 이 오류는 특정 주장이 틀렸다는 것을 증명하기 위해 그 기원이나 출처, 배경 등을 이용한다. 하지만 실제로는 주장의 기원, 출처, 배경은 주장의 타당성과는 무관하다. 이 오류를 범한다면 선입견에 따라 결론을 내릴 가능성이 크다.

1. 사례로 들어가기

수지

폴 크루그먼이 비트코인은 망할 거라고 말한 기사를 봤어. 크루그먼은 노벨 경제학상을 수상할 정도로 뛰어난 연구 업적을 가진 사람이잖아. 그가 그렇게 말할 정도라면, 비트코인은 결국 망할 거야. 비트코인에 투자하면 안 되겠네.

준서

그게 왜 비트코인이 망한다는 증거가 되지? 크루그먼이 노벨상을 받을 정도로 뛰어난 연구 업적이 있다고 해서 그의 모든 의견이 옳은 건 아니야.

수지

크루그먼의 연구 업적이 뛰어나고 통찰력이 있기 때문에 노벨 경제학상을 받은 거잖아.

준서

하지만 다른 연구 업적이 뛰어나다고 해서, 비트코인 같은 새로운 기술에 대한 평가까지 옳다고 보장할 수 있는 건 아니잖아?

수지

그래도 크루그먼 연구 능력은 세계적으로 검증되었어. 그의 말대로 비트코인은 위험하니, 투자하지 않는 게 좋겠어.

☞**질문**

위 대화 중 수지의 말에서 보이는 논리적 오류는 무엇일까요?

☞ **답변**

폴 크루그먼의 권위와 업적에 의존해 비트코인이 실패할 것이라는 그의 주장을 옳다고 단정 짓는 것은 논리적 오류에 해당한다. 이는 주장의 내용과 근거를 검토하지 않은 채 단순히 권위 있는 출처에 기대는 오류로, 논리적 비약이라 볼 수 있다. 비트코인은 전통적인 경제학의 틀에서 벗어난 새로운 기술적·사회적 특성을 가진 개념이다. 따라서 크루그먼의 기존 업적이 비트코인과 같은 주제에 대한 타당한 판단 기준이 될 수는 없다. 그의 연구 능력과 비트코인 관련 의견의 타당성은 별개의 문제이며, 어떠한 주장이든 그 옳고 그름은 구체적인 근거와 논리에 따라 검토되어야 한다.

수지의 주장은 크루그먼이라는 출처의 권위에 초점을 맞춘 나머지, 주장의 구체적인 내용을 검증하지 않았다. 예를 들어, 비트코인의 변동성, 화폐로서의 적합성·경제적 역할에 대한 크루그먼의 비판 내용은 깊이 논의되지 않았다. 대신, 단순히 노벨 경제학상 수상자라는 권위에 의존해 그의 의견이 옳다고 결론짓는 오류를 범하고 있다. 아무리 신뢰할 만한 인물이라 하더라도, 그의 비트코인 관련 견해가 반드시 객관적이고 정당하다고 볼 수는 없다. 이와 같은 논쟁에서는 특정 인물의 권위에 기대기보다, 그 주장의 논리적 근거와 사실적 기반을 면밀히 검토해야 한다.

더 나아가, 비트코인에 대한 논의는 단일한 견해에 의존해서는 안 되며, 다양한 전문가의 의견을 종합적으로 고려할 필요가 있다. 이를 통해 더 균형 잡힌 결론을 도출할 수 있다. 따라서 크루그먼의 주장은 그의 업적이나 명성이 아닌, 비판적 검토와 객관적 평가를 통해 수용 여부를 결정해야 한다.

2. [좋은 논증의 3가지 기준]을 토대로 분석하기

- **전제**
  - 폴 크루그먼은 노벨 경제학상을 수상할 정도로 뛰어난 연구 업적을 가진 사람이다.
  - 크루그먼은 비트코인이 망할 것이라고 주장했다.
- **결론**   비트코인에 투자하면 안 된다.

1. 전제의 진실성 또는 수용 가능성: 비트코인에 대한 전망은 경제학자의 개인적 견해일 수 있다. 폴 크루그먼이 경제학 분야에서 권위자라는 점은 사실이지만, 그가 비트코인에 대해 내린 예측이 반드시 옳다고 단정할 수는 없다.
2. 전제와 결론의 연관성: '크루그먼은 비트코인은 망할 것이라고 주장했다'는 전제와 '비트코인에 투자하면 안 된다'는 결론은 직접적으로 연결되지 않는다. 전제와 결론 사이에 논리적 연관성이 부족하다.
3. 전제의 적절성과 충분성: 비트코인의 생존 여부는 다양한 요인에 의해 결정된다. 따라서 한 경제학자의 예측만으로 결론을 내리기에는 근거가 충분하지 않다.

* 논리적 타당성 검토

  '비트코인에 투자하면 안 된다'는 주장은 제시된 전제들로부터 논리적으로 도출되었다고 보기 어렵다. 크루그먼의 권위와 그의 발언만으로 결론의 타당성을 담보할 수는 없다. 이는 발생적 오류를 포함하고 있으며, 논리적 타당성이 없는 구조를 보여준다.

우선, 크루그먼이 노벨 경제학상을 받은 권위자라는 전제는 사실이다. 그의 경제학적 연구와 업적은 국제적으로 인정받고 있으며, 그는 분명 경제 분야에서 신뢰할 만한 전문가이다. 그러나 그의 권위가 비트코인의 미래를 예측하는 데 자동으로 타당성을 부여한다고 보기는 어렵다. 비트코인과 같은 암호화폐는 전통적 경제학의 틀과는 다른 새로운 기술 기반의 금융 자산으로, 이를 평가하기 위해서는 더욱 다양한 관점과 요인을 고려해야 한다.

또한, 크루그먼의 발언은 '비트코인은 망할 것'이라는 하나의 견해에 불과하다. 그의 견해는 경제학적 분석에 기반했을 가능성이 크지만, 이는 여전히 하나의 주관적인 관점으로 해석해야 한다. 그의 발언이 설득력을 가지려면, 그가 이 주장을 뒷받침하기 위해 사용한 데이터와 논리적 근거가 독립적으로 검토되고 평가되어야 한다. 단순히 권위자의 발언이라는 이유로 그 주장이 참이라고 결론짓는 것은 논리적으로 타당하지 않다.

이 논증은 크루그먼의 발언을 근거로 '비트코인에 투자하면 안 된다'는 결론을 도출하려 하지만, 전제와 결론 사이에는 논리적 연결이 부족하다. 결론을 정당화하려면 크루그먼의 발언뿐 아니라 비트코인 시장의 특성, 암호화폐의 기술적 발전, 경제적 요인, 그리고 투자 리스크와 같은 더 폭넓은 자료와 논리가 뒷받침되어야 한다. 그러나 이 논증은 그러한 구체적 근거를 제공하지 못하고 권위에 지나치게 의존하고 있다.

3. 오류 바로잡기

'발생의 오류'는 노벨 경제학상 수상자 크루그먼의 권위라는 출처에만 의존하고, 주장 자체의 근거를 검토하지 않는 데서 비롯된다. 크루그먼이 경제학 분야에서 권위가 있더라도, 그의 의견이 모든 상황에서 무조건 옳다고 보장할 수는 없다. 특히 비트코인과 같은 새로운 기술적·경제적 현상은 전통 경제학의 관점으로 완전히 이해하기 어려울 수도 있다.

발생의 오류를 피하려면 주장의 내용과 근거에 초점을 맞춰야 한다. 크루그먼이 비트코인을 비판한 이유와 논리를 면밀히 검토해야 하고, 다양한 관점을 참고해 종합적으로 판단해야 한다. 권위자의 주장을 맹목적으로 받아들이지 않고, 비판적으로 분석하는 태도가 필요하다.

수지는 크루그먼이라는 출처에만 의존하고 주장의 내용을 검증하지 않고 있다. 노벨 경제학상을 수상한 것은 크루그먼의 특정 연구 업적이 뛰어났음을 증명할 뿐, 그의 모든 의견이 옳거나 다른 분야에서 전문성을 보장하지는 않는다. 주장의 타당성은 출처의 권위가 아니라 근거와 논리에 따라 결정된다는 점을 지적해야 한다.

비트코인은 전통 경제학과는 다른 기술적·사회적 특성을 가진 새로운 개념이다. 따라서 크루그먼의 기존 업적이 이 문제에 적합한 근거로 보장되지는 않는다. 기존 업적이나 권위에 대한 무조건적인 신뢰가 논리적 오류를 초래할 수 있다는 점도 강조해야 한다.

크루그먼의 연구 능력과 의견의 타당성은 별개의 문제다. 의견의 옳고 그름은 주장의 근거와 논리에 따라 검토되어야 한다.

4. 사례로 훈련하기

다음 진술의 논증 과정에는 어떤 문제가 있을까요?

1. 민주: 스티브가 이번 사업 아이디어는 실패할 거라고 하더라. 근데 솔직히 그의 말을 믿을 수가 없어. 5년 전에 그가 스마트워치 시장이 금방 사라질 거라고 했는데, 지금은 대박이 났잖아?
   지혜: 스마트워치에 대한 예측은 틀리긴 했지. 근데 이번 사업 아이디어랑 스마트워치랑 무슨 상관이야?
   민주: 그때도 잘못된 예측을 했으니, 이번에도 틀릴 가능성이 높다고 봐. 스티브는 기술 트렌드에는 감이 없다고 생각해.

2. 수지: 싱클레어 교수가 쓴 『노화의 종말』이라는 책에 보면, 간헐적 단식이 건강에 좋을 뿐 아니라 노화 방지에도 도움이 된대. 싱클레어 교수는 하버드 의대 교수잖아?
   준서: 하지만 식사가 불규칙하면 위장병이 생겨서 건강에 해로울 것 같은데. 믿어도 되나?
   수지: 싱클레어 교수는 하버드 의대에서 연구한 사람이야. 그런 명문 대학 출신의 교수가 틀린 말을 할 리 없지. 간헐적 단식이 좋다는 건 그가 하버드에서 연구하고 쓴 책에서 나온 거니까 당연히 맞는 말이지.

3. 미국의 한 대통령 후보자는 재정적 어려움에 처해 있다는 점을 들어 뉴욕타임스가 실패한 신문이라고 주장했다. 그는 이를 근거로 뉴욕타임스의 보도를 신뢰할 수 없다고 말했다. 또한, CNN이 전통적으로 진보적인 견해를 취하거나 자신에게 비판적인 보도를 한다는 이유로, CNN의 뉴스를 자주 가짜 뉴스라고 비판했다. 또한, 워싱턴포스트에 대해서는 아마존 CEO인 제프 베이조스가 소유한 매체라는 점을 들어 여러 차례 그 기사를 가짜 뉴스라고 비난했다.

4. 이 병원에서 검사받기 싫어요. 이 병원은 너무 작아서 제대로 된 검사 장비가 없을 것 같아요. 그리고 규모가 작은 병원에서 일하는 의사들이 대학병원 수준의 실력을 갖췄을 리도 없잖아요. 큰 대학병원이 아니라면 진단 결과를 신뢰하기 어려워요. 저는 대학병원에서 검사받아야겠어요.

5. 검사: 피고인은 과거 3차례 절도 혐의로 처벌받은 전력이 있습니다. 이번 사건에서도 피고는 범행 현장 근처에서 체포되었으며, 범행 방식이 과거의 범행 방식과 유사합니다. 과거 행적과 이번 사건의 정황을 종합할 때, 피고가 다시 범행을 저질렀다고 보는 것이 합리적입니다.
   변호사: 과거의 잘못이 현재 사건에서 피고의 유죄를 증명하지는 못합니다. 피고는 현장에서 단순히 지나가다 발견된 것뿐이며, 이를 뒷받침할 구체적인 증거가 없으므로 피고는 무죄입니다.

해설로 확인하기

1. 민주는 스티브가 과거 스마트워치 시장에 대해 잘못된 예측을 했다는 이유로, 그의 현재 사업 아이디어에 대한 평가도 신뢰할 수 없다고 주장한다. 그러나 과거의 실수가 현재의 주장을 틀렸다고 단정할 근거가 되지는 않는다. 과거와 현재의 상황은 별개이며, 각각의 예측은 독립적으로 검토되어야 한다. 또한, 지민은 과거 사례를 일반화하여 스티브가 기술 트렌드에 둔감하다고 결론짓는 논리적 비약을 범하고 있다. 준서의 반론처럼, 스마트워치와 이번 사업 아이디어는 별개의 문제이며, 이를 연결 짓는 것은 적절하지 않다. 따라서 스티브의 현재 주장은 그의 논리와 근거를 통해 독립적으로 평가해야 한다.

2. 수지는 간헐적 단식의 효과를 '하버드 의대 교수인 싱클레어가 연구한 결과'라는 출처에만 근거해 옹호하고 있다. 하지만 하버드 의대 교수라는 배경이나 출처만으로 주장의 타당성을 평가하는 것은 발생적 오류에 해당한다.
   간헐적 단식이 건강에 효과적이라는 주장의 진위는 책의 저자가 하버드 의대 교수라는 배경과 관계없이, 과학적 데이터와 실질적인 증거를 바탕으로 판단해야 한다.

3. 언론사의 과거 경영 상태나 재정 문제는 그들의 보도 내용의 진실성과 무관하다. 보도 내용의 신뢰성은 경영 상태와는 관계없이, 보도 자체의 사실 여부와 저널리즘적 기준에 따라 평가되어야 한다.
   특정 매체의 정치적 성향이나 과거의 보도 경향을 들어 모든 보도 내용을 '가짜'로 치부하는 것은 발생의 오류에 해당한다. 보도의 정확성은 그 내용 자체에 대한 논리적 검증을 통해 판단해야 하며, 단순히 매체의 성향이나 과거 기사를 근거로 깎아내리는 것은 부당하다.

워싱턴포스트의 보도가 제프 베이조스와 연관되어 있다고 해서 보도 내용 자체의 진실성에 문제가 있다고 단정 짓는 것은 발생적 오류에 해당한다. 언론사의 소유 구조와 기사 내용의 정확성은 별개의 문제이기 때문이다. 기사 내용 그 자체에 대한 평가가 이루어져야 한다.

4. 환자는 진단의 내용이나 의학적 근거를 검토하지 않고, 단지 병원의 규모나 장비, 유명도 등 외형적인 요소만을 이유로 해당 병원과 의사를 신뢰하지 않겠다고 주장하며 진료를 거부한다. 병원의 종합적인 진료 역량보다는 규모, 시설 수준, 유명도 등의 배경을 근거로 삼아 판단하는 것은 발생적 오류에 해당한다.

병원의 크기와 시설 수준이 반드시 진단이나 치료의 정확성과 비례하는 것은 아니다. 작은 병원이라도 의사가 숙련된 전문가라면 정확한 진단과 적절한 치료를 제공할 수 있다. 반대로, 큰 병원이라고 해서 항상 올바른 진단과 완벽한 치료가 보장되는 것은 아니다.

5. 검사의 주장은 과거의 전과를 근거로 현재의 범죄를 단정하는 발생적 오류에 해당한다. 과거의 행동이 아니라 현재의 범죄와 관련된 객관적인 증거에 근거해 판단해야 한다. 과거의 전과는 피고의 성격이나 행동 양식을 참고할 수 있는 자료가 될 수는 있으나, 이번 사건에서 직접적인 증거가 없다면 이를 근거로 유죄를 판단해서는 안 된다. 유·무죄의 판단은 정황이나 선입견이 아닌, 명확한 증거와 논리적 타당성에 근거해 판단해야 실체적 진실에 접근할 수 있다.

5. 넓고 깊게 알아보기

* 폴 크루그먼(Paul Krugman)

1953년 미국 뉴욕에서 태어나 예일대학교에서 경제학 학사학위를 받고 MIT에서 경제학 박사학위를 받았다. MIT, 예일대, 스탠퍼드대 교수를 역임하고 현재는 뉴욕시립대학교(CUNY) 석좌교수로 재직 중이다. 그는 2008년 노벨 경제학상을 수상했다.

주요 저서로는 『국제경제학』(International Economics), 『불황 경제학』(The Return of Depression Economics), 『경제학의 양심』(The Conscience of a Liberal) 등이 있다.

크루그먼은 국제 무역 이론과 경제 지리학에 대한 연구로 2008년 노벨 경제학상을 수상했다. 그는 '새로운 무역 이론(New Trade Theory)'과 '새로운 경제 지리학(New Economic Geography)' 개념을 발전시켰으며, 시장 규모와 무역 패턴이 특정 지역에 어떻게 경제적 중심을 형성하는지 분석했다.

* 폴 크루그먼의 인터넷에 대한 평가 논란

1998년, 폴 크루그먼은 인터넷의 경제적 영향을 과소평가하며 '2005년이 되면 인터넷이 경제에 미치는 영향은 팩스 정도에 그칠 것'이라고 예측했다. 그는 인터넷의 성장을 거품으로 간주하며, 경제 구조 변화나 생산성 향상에 실질적으로 기여하지 못할 것이라고 판단했다. 당시 그의 주장은 인터넷이 경제적 혁신의 핵심 요소로 자리 잡기 이전의 한계적 사례를 바탕으로 한 것이었다.

크루그먼의 예측은 인터넷이 경제와 사회에 미친 장기적인 영향을 간과한 오류로 평가된다. 그는 기존 경제 이론과 데이터를 바탕으로 보수적 관점을 유지했지만, 인터넷은 정보 유통, 상거래, 금융 등 다양한 분야에서 혁신적 변화를 일으켰다. 이는 단순한 생산성 향상을 넘어서 기술적·사회적 혁신을 반영하며, 크루그먼의 분석이 경제적 관점만을 중시하고 비경제적 혁신 요소를 충분히 고려하지 못했음을 보여준다. 이는 경제학적 분석의 한계를 드러내는 사례로 남아 있다.

* 폴 크루그먼의 비트코인 평가 논란

폴 크루그먼은 비트코인과 암호화폐에 대해 지속적으로 비판적인 입장을 취해왔다. 그는 비트코인이 화폐의 기능(가치 저장, 교환 매개)이 부족하며, 경제적 효용이 낮다고 주장했다. 특히 비트코인은 변동성이 크고 실물 경제와의 연결성이 약하다는 점에서, 기존 화폐 시스템을 대체할 수 없다고 평가했다. 또한, 그는 비트코인이 다단계 사기 구조와 유사하며 불법적인 활동에 주로 사용된다는 점을 강조하며 비판을 강화했다.

하지만 크루그먼의 비트코인에 대한 평가는 화폐의 전통적인 기준에 의존한 보수적 접근으로, 암호화폐의 새로운 가능성을 충분히 고려하지 못했다는 한계가 있다. 그는 비트코인의 변동성이나 불법 사용 등 비트코인의 현재 문제를 정확히 지적했지만, 블록체인 기술을 비롯한 암호화폐가 가진 탈중앙화, 글로벌 금융 접근성 등 혁신적인 잠재력을 간과한 것으로 보인다. 이는 비트코인이 기존 금융 체계와는 다른 방식으로 작동할 수 있다는 점을 충분히 평가하지 못한 결과일 수 있다.

(7) 논리적 편향과 회피에서 발생하는 오류

논점을 흐리거나 논리적 반박 대신 편향된 논리를 내세우는 오류.

① **무지의 오류**: 반박하지 못한다고 해서 주장이 옳다고 가정함
  예 '신이 존재하지 않는다는 증거가 없으니, 신은 존재한다.'

② **피장파장의 오류**: 상대의 잘못을 들며 자기 잘못을 정당화함
  예 '너도 지각했으니, 내가 지각한 건 문제가 되지 않아.'

③ **특별 변론의 오류**: 자신의 주장이나 행동만 특별한 예외라고 주장함
  예 '다른 사람은 지각하면 안 되지만, 나는 어쩔 수 없는 상황이었다.'

④ **흑백 사고의 오류**: 복잡한 문제를 두 가지 선택지로 단순화함
  예 '넌 내 편이 아니면 적이다.'

무지의 오류

- Argument from Ignorance -

> '네가 무죄라는 증거를 대지 못하면, 너는 유죄야!'

'무지의 오류'는 달리 말하면 '무지에 호소하는 오류(Appeal to Ignorance)'라고도 불린다. 이는 어떤 주장이나 명제가 참 또는 거짓임을 입증할 수 없다는 이유로 그 주장이 참 또는 거짓이라고 결론짓는 오류이다. 즉, 'A가 참이라는 것이 증명되지 않았으므로 A는 거짓이다' 혹은 'A가 거짓이라는 것이 증명되지 않았으므로 A는 참이다' 같은 형태로 나타난다.

1. 사례로 들어가기

검사

스터디카페에서 노트북을 잃어버렸습니다. 사건 발생 당일, 피고가 사건 현장에 있었다는 증거가 있습니다. 그런데 피고는 그 당시 어떤 행동을 했는지 증명할 수 있는 자료가 없습니다. <u>피고가 노트북을 훔치지 않았다는 것을 증명할 수 없으므로, 피고는 유죄입니다.</u>

변호사

피고가 절도를 하지 않았다는 증거가 없다고 해서, 피고가 범죄를 저질렀다고 단정하는 것은 잘못된 주장입니다. 검사의 논리대로라면, 피고가 노트북을 훔쳤다는 증거 역시 없습니다. 저는 검사와 같은 논리로 피고가 무죄라고 주장합니다.

검사

사건이 발생했는데, 그 누구도 <u>피고의 무고함을 증명할 수 없는 상황에서 증거가 부족하다는 이유로 무죄를 주장하는 것은 억지 주장 아닙니까?</u>

재판장

단지 범행을 하지 않았다는 증거가 부족하다는 이유로 피고의 유죄를 단정하는 것은 타당하지 않습니다. 피고의 유무죄를 판단하기 위해서는 반드시 객관적이고 확실한 증거가 필요합니다.

☞ **질문**

위 대화 중 밑줄 친 검사의 말에서 말에 나타난 논리적 오류는 무엇일까요?

☞ **답변**

어떤 사안의 참과 거짓을 입증하려면 증거가 있다는 사실에 근거해야 하며, 단순히 증거가 없다는 이유로 입증하려는 것은 논리적 오류에 해당한다. 이는 바로 '무지의 오류'이다. 이번 사건은 피고가 스터디카페에서 사라진 노트북을 훔친 혐의와 관련이 있다. 사건 당일 노트북이 사라졌고, 피고가 현장에 있었다는 사실은 확인되었다. 그러나 피고가 노트북을 가지고 나가는 장면을 목격한 사람도 없고, 다른 사람이 가져갔다는 증거도 없다.

검사는 피고가 노트북을 훔치지 않았다는 증거가 부족하다는 점을 근거로 피고를 범인으로 단정하고 있다. 하지만 이는 '무지의 오류'이다. '증거가 없다'는 사실은 단지 사건에 대한 명확한 증명이 부족하다는 것을 의미할 뿐, 그것만으로 피고가 범행을 저질렀다고 결론 내릴 수 없다. 이 논리는 외계인이 존재한다는 증거가 없다는 이유만으로 외계인이 존재하지 않는다고 단정할 수 없는 것과 동일하다. 증거의 부재는 결코 유죄의 근거가 될 수 없으며, 이는 형사사건에서 매우 중요한 원칙이다.

만약 '증거가 없다'는 사실이 곧 유죄를 의미한다면, 모든 사건에서 증거가 부족한 경우 피고를 범죄자로 몰아갈 위험이 있다. 이는 정의로운 법적 판단을 저해하는 논리적 오류일 뿐 아니라, 무고한 사람들에게 심각한 피해를 줄 수 있다. 따라서 검사는 유죄를 입증하기 위해 실질적이고 구체적인 증거를 제시해야 하며, 단순히 증거 부족을 이유로 피고를 유죄로 단정해서는 안 된다. 증거 없는 주장은 그 자체로 논리적 근거가 부족하며, 정의와 공정한 판결의 원칙에도 부합하지 않는다.

2. [좋은 논증의 3가지 기준]을 토대로 분석하기

- **전제**
  - 절도 사건이 발생했다.
  - 피고는 현장에 있었다.
  - 피고가 범행하지 않았다는 증거가 없다.
- **결론**   피고가 노트북을 훔친 절도범이다.

1. **전제의 진실성 또는 수용성**: 개별 전제들은 모두 참이다. 절도 사건이 발생한 것은 참이고, 피고가 현장에 있었던 것도 참이다. 또한 피고가 범행을 저지르지 않았다는 증거가 없는 것도 참이다.
2. **전제와 결론의 연관성**: 피고가 사건 현장에 있었다는 사실과 범행을 하지 않았다는 증거가 없다는 사실은 '피고가 절도범이다'라는 결론과 직접적인 연관성을 갖지 않는다. 단순히 피고가 절도를 하지 않았다는 증거가 부족하다는 점은 유죄를 입증하는 근거가 될 수 없다. 피고의 유죄 여부는 피고가 절도를 했다는 증거의 유무에 달려 있다.
3. **전제의 적절성과 충분성**: 전제는 피고가 사건 현장에 있었다는 정황만을 제시할 뿐이다. 이를 근거로 피고가 절도범이라는 결론을 내리기에는 적절하거나 충분하지 않다. 다른 절도 증거가 확인되지 않는 한 피고가 절도를 했다는 결론을 내리기에는 증거가 충분하지 않을뿐더러 논리적으로도 적절하지 않다.

* 논리적인 타당성 검토

　논증 구조 자체가 전제와 결론의 연관성을 충족하지 못하고 있다. 또한, 결론을 입증하기에는 전제가 적절하거나 충분하지 않아 좋은 논증의 기준을 만족하지 못한다.

　검사는 '피고가 범행하지 않았다는 증거가 없다'라는 점을 근거로 피고의 유죄를 주장하지만, 이는 논리적으로 타당하지 않다. 형사 사건에서 피고의 무죄를 입증할 책임은 피고에게 있지 않다. 검사가 유죄를 명확한 증거로 입증해야 한다. 따라서 '무죄를 입증하지 못했다'라는 이유만으로 유죄를 단정하는 것은 형사법 원칙인 무죄 추정 원칙에 어긋난다.

　검사는 증거의 부재를 유죄의 근거로 삼고 있으며, 이는 논리적 비약이다. '피고가 노트북을 훔쳤다는 증거가 없다'라는 점을 인정하면서도, 무죄를 주장하는 것을 억지라고 비난하는 것은 자기모순이다. 증거가 없는 상황에서는 무죄 추정 원칙이 적용되어야 하며, 검사의 주장은 이를 무시한 채 반증의 부재를 근거로 결론을 도출하려 했다.

　검사의 논리는 피고가 절도를 저질렀다는 객관적 증거를 제시하지 못하면서도, 피고에게 자신의 무고함을 증명하라는 책임을 전가하고 있다. 이는 합리적 논증의 요건을 충족하지 못하며, 논리적, 법적 타당성이 결여된 주장이다.

　검사의 발언은 논리적 정당성을 상실했다. 유죄를 입증할 책임은 검사가 지는 것이며, 객관적 증거 없이 피고의 유죄를 주장하는 것은 부당하다. 이 사례는 무죄 추정 원칙의 중요성을 상기시키며, 논리적 오류가 결론적 비약으로 이어질 수 있음을 잘 보여준다.

3. 오류 바로잡기

 범죄를 입증할 수 있는 증거가 없다는 이유로 피고를 유죄로 결론 짓는 것은 무지에 호소하는 논증의 오류이다. 증거가 없다는 사실만으로는 피고를 유죄로 입증할 수 없다. 어떤 주장에 대한 증거가 없다고 해서 그 주장이 참이라고 결론지을 수는 없다. 증거가 부족하다는 것은 단지 그 주장이 입증되지 않았음을 의미할 뿐이다. 따라서 증거 부족을 이유로 검사의 주장을 수용하는 것은 비합리적이며, 객관적 증거를 무시하는 태도이다.

 무지에 호소하는 논증의 오류를 피하기 위해서는 증거가 없다는 이유만으로 결론을 내리지 않으려는 자세가 무엇보다 중요하다. 증거 부재는 그저 해당 주장이 입증되지 않았음을 나타낼 뿐, 참이나 거짓을 의미하지 않는다. 이를 무시하고 결론을 내리면, 변호사가 지적하는 것처럼 같은 논리로 쉽게 반박당할 수 있다.

 무지에 호소하는 논증의 오류는 흔히 입증 책임을 전가하려는 의도로 사용된다. 따라서 이러한 논증을 전개하는 사람에게는 입증 책임이 주장을 하는 사람에게 있다는 점을 명확히 지적해야 한다. 반박하는 사람이 입증하지 못하더라도, 충분한 증거가 제공되지 않는 한 어떤 주장도 받아들여질 수 없다.

 어떤 주장에 대한 증거가 없을 때, 그 주장은 참일 수도 있고 거짓일 수도 있다. 단순히 증거가 없다는 이유로 결론을 내리는 것은 다양한 해석 가능성과 논리적 검증의 기회를 무시하는 것이다. 검증할 수 있는 증거와 논리에 따라 주장을 펼쳐야 한다.

4. 사례로 훈련하기

다음 진술의 논증 과정에는 어떤 문제가 있을까요?

1. 민주: 나는 신이 존재한다고 믿어. 우리가 살아가는 자연의 질서와 복잡성은 신의 존재를 증명하고 있다고 생각해.
   지혜: 나는 신이 존재하지 않는다고 생각해. 실제로 신이 존재한다는 과학적·물리적 증거를 본 적이 없어.
   민주: 신이 존재하지 않는다는 증거는 있어?
   지혜: 아니. 신이 존재하지 않는다는 증거는 없어.
   민주: 신이 존재하지 않는다는 것을 증명할 수 없다면, 신은 존재하는 것이 맞네.

2. 민주: 우주에 우리가 알지 못하는 외계 생명체가 존재할까?
   지혜: 나는 외계 생명체는 존재하지 않는다고 생각해.
   민주: 외계 생명체가 존재하지 않는다는 증거라도 있어?
   지혜: 외계 생명체가 존재하지 않는다는 증거는 없어.
   민주: 외계 생명체가 존재하지 않는다는 증거가 없다면, 외계 생명체가 존재하는 것이네.

3. 민주: 유령은 존재하는 것 같아. 나는 유령의 존재를 믿어.
   지혜: 왜 유령이 존재한다고 믿는 거야?
   민주: 아무리 찾아봐도 유령이 존재하지 않는다는 증거가 없어. 그러니 유령이 존재하는 게 맞아.

무지의 오류

지혜: 유령이 존재하지 않는다는 증거가 없다고 해서 유령이 존재한다는 거야?

민주: 바로 그거야. 유령이 존재하지 않는다면 그에 대한 증거가 나올 텐데, 그런 증거를 찾을 수 없는 것을 보면 유령이 존재하는 것이 분명해. 따라서 유령은 존재해.

4. 민주: 정부가 우리를 감시하고 있다고 믿어. CCTV나 인터넷 활동 모니터링을 통해 이미 감시하고 있을 거야.

지혜: 정부가 우리를 감시하고 있다는 것은 터무니없는 얘기야.

민주: 그렇다면 정부가 우리를 감시하고 있지 않다는 증거라도 있어?

지혜: 그런 증거는 없지.

민주: 정부가 우리를 감시하지 않는다는 증거가 없다면, 정부가 우리를 감시하고 있다고 믿을 수밖에 없잖아.

5. 민주: 이 약은 관절염에 효과가 있다고 믿어.

지혜: 그 약이 관절염에 효과가 있다는 증거가 있어?

민주: 이 약이 관절염에 효과가 없다면, 그걸 입증할 임상시험 결과가 있었을 거야. 그런데 이 약이 효과가 없다는 임상시험 결과가 하나도 없어. 그래서 이 약이 관절염에 효과가 있다고 믿는 거야.

☞ **해설로 확인하기**

1. 신의 존재 여부는 매우 복잡하고 철학적인 문제로, 단순히 증거가 없다는 이유만으로 결론을 내리기에는 충분하지 않다. 증거가 없다는 사실은 단지 우리가 아직 증거를 찾지 못했을 수도 있음을 의미한다. 따라서 신의 부재를 증명할 수 없다고 해서 신이 존재한다는 주장은 논리적으로 타당하지 않다. 신의 존재 여부를 논의하려면 더 많은 철학적·과학적·신학적 논증이 필요하다.

2. 외계 생명체의 존재 여부는 과학적 탐사와 연구를 통해 입증될 수 있다. 현재까지 외계 생명체의 존재 여부를 증명할 수 있는 명확한 증거를 찾지 못했으며, 아직 외계 생명체의 존재에 대한 결론에 도달하기에는 이르다. 단지 외계 생명체의 부재를 증명하지 못했다고 해서 외계 생명체가 존재한다고 보는 주장은 논리적으로 타당하지 않다. 외계 생명체의 존재 여부를 논의하려면 과학적 증거와 탐사가 더 필요하다.

3. 유령의 존재 여부는 매우 주관적이며, 문화적·심리적 요인이 많이 작용하는 문제이다. 유령의 존재 여부를 입증할 수 있는 명확한 과학적 증거가 없기 때문에, 단순히 유령의 존재를 부정하는 증거가 없다는 이유만으로 유령이 존재한다고 주장하는 것은 논리적으로 타당하지 않다. 따라서 유령의 존재 여부를 논의하려면 더 객관적이고 과학적인 접근이 필요하다.

4. 정부의 감시 여부는 정보 공개와 투명성을 통해 입증될 수 있다. 현

재까지 정부의 감시 여부를 입증할 수 있는 명확한 증거를 찾지 못했으며, 아직 감시 여부를 판단하기에는 이르다. 따라서 정부가 우리를 감시하지 않는다는 증거가 없다고 해서 정부가 감시한다는 주장이 입증되는 것은 아니다. 정부의 감시 여부를 논의하려면 명확한 증거와 정보가 필요하다.

5. 약물의 효과 여부는 과학적 연구와 임상시험을 통해 입증될 수 있다. 약물의 효과 여부를 논의하기 위해서는 과학적 증거와 연구가 필요하다. 임상시험을 하지 않은 상태에서 약의 효과를 논하는 것은 시기상조다. 따라서 약이 관절염에 효과가 없다는 임상시험 결과가 없다고 해서 약의 효과가 입증되는 것은 아니다. 약의 효과를 입증하려면 효과를 확인할 수 있는 객관적인 임상시험 결과로 증명해야 한다.

5. 넓고 깊게 알아보기

공자와 소크라테스의 지(知)와 무지(無知)

*공자의 지(知)와 무지(無知)

'아는 것을 안다고 하고, 모르는 것을 모른다고 하는 것, 그것이 아는 것이다.'

공자가 『논어』에서 언급하는 '무지(無知)'는 단순히 지식이 없는 상태를 뜻하기보다는, 도덕적 이해와 올바른 행동을 실행하지 못하는 상태를 포괄적으로 의미한다.

『논어』 위정(爲政) 편에서 공자는 '아는 것을 안다고 하고, 모르는 것을 모른다고 하는 것, 그것이 아는 것이다'라고 이야기한다. 이는 자신의 무지를 인정하고 배우려는 태도가 참된 지(知)의 출발점임을 강조한 것이다.

공자가 말하는 무지는 단순히 알지 못하는 상태에 머무는 것이 아니라, 도덕적 의지와 실천 부족을 포함하는 개념이다. 이를 극복하기 위해 공자는 학문, 자기 성찰, 그리고 도덕적 수양을 통해 자신의 인격을 완성하고 사회적 책임을 다할 것을 권장했다. 이러한 가르침은 오늘날에도 배움과 도덕적 행동의 중요성을 일깨워준다.

* 소크라테스의 지(知)와 무지(無知)

'너 자신을 알라!'(그노티 세아우톤 Know thyself)

이 말은 소크라테스가 직접 만든 말은 아니다. 고대 그리스 델포이 신전에 새겨져 있던 격언으로, 아폴론 신의 가르침으로 간주되었다.

다만, 소크라테스는 이 말을 깊이 받아들여 자신의 철학적 탐구와 삶의 핵심 원칙으로 삼았기 때문에, 종종 소크라테스가 한 말로 오인되곤 한다.

소크라테스의 앎은 '무지에 대한 인식'에서 비롯된다. 소크라테스는 진정한 앎의 시작이 자신의 무지를 인정하는 데 있다고 보았다. 그래서 사람들은 종종 자신이 아는 것처럼 행동하지만, 실제로는 알지 못하는 경우가 많다고 지적했다. 소크라테스는 '자신이 모른다는 것을 아는 사람이야말로 지혜로운 사람'이라는 결론을 내렸다. 이는 지식에 대한 올바른 태도와 진리를 탐구하려는 끊임없는 노력을 의미한다. 이때의 무지는 단순히 알지 못하는 것을 넘어, 겸손과 자기 성찰의 태도까지 포함한다.

또한 그는 상대방이 가지고 있는 고정관념이나 잘못된 지식을 드러내고, 함께 진리를 탐구하는 과정을 중시했다. 이를 통해 자신의 무지를 깨닫고, 새로운 지식을 얻는 과정이 시작된다고 보았다.

* 소크라테스의 무지와 공자의 무지

공통점: 둘 다 '무지의 자각'을 중요하게 여긴다. 공자는 '모르는 것을 모른다고 하는 것'을 앎의 시작으로 보았고, 소크라테스는 '자신의 무지를 아는 것'이 앎의 본질이라고 주장했다. 둘 다 학습과 성찰을 통해 진리와 도덕적 완성을 추구한다는 점에서 유사하다.

차이점: 공자는 도덕적·사회적 규범에 따라 행동하는 '실천적 지식'을 강조했지만, 소크라테스는 진리 탐구와 지적 대화를 통해 개념적 진리에 접근하는 데 중점을 두었다.

피장파장의 오류

- Tu Quoque Fallacy, You Too Fallacy -

'나만 그랬어? 너도 그랬잖아!'

'피장파장의 오류'는 잘못을 지적받았을 때, 상대방의 잘못을 공격하는 방식으로 반격하는 오류이다. '당신도 잘못했으니 내 잘못을 지적할 자격이 없다'라는 식이다. 즉, 메시지가 아닌 메신저를 공격하는 것으로, 주로 내가 받은 비판의 논점을 흐리는 데 사용된다.

1. 사례로 들어가기

**여야, 상대 후보 '흠집 잡기'…
자당 후보 '막말 논란'에는 침묵**

이번 선거가 여야 후보의 '막말 논란' 공방전으로 흘러가고 있다. 여당의 김새롬 후보와 야당의 이상호 후보가 모욕, 비하 발언으로 공천이 취소된 가운데, 양당 총선 후보들의 막말이 추가로 터져 나와 논란이다. 이에 여야는 자당 후보의 실언을 감싸는 한편, 상대 당 후보의 발언을 문제 삼으며 연일 치열한 공방전을 벌이고 있다.

기자

막말 논란을 일으킨 여당의 오막말 후보와 야당의 송폭언 후보의 공천을 취소해야 한다는 주장에 대해 어떻게 대응하실 예정입니까?

여당 대표

<u>야당의 송폭언 후보는 국회와 대통령실을 모욕한 후보인데도 공천을 받았습니다. 야당이 우리 후보들의 공천을 문제 삼을 자격이 있는지 국민이 판단하실 겁니다.</u>

☞**질문**

밑줄 친 여당 대표의 발언에서 보이는 논리적 오류는 무엇일까요?

☞ **답변**

　여당 대표는 자당 후보의 막말 논란에 대해 상대 당 후보도 마찬가지라고 응수한다. 전형적인 '피장파장의 오류'에 해당한다. 나의 잘못을 지적하는 상대방에게 너도 같은 잘못이 있으니 지적할 자격이 없다고 공격하는 것이다. 언뜻 보면 피장파장의 오류는 정당한 것처럼 보인다. 우리 사회에 널리 퍼진 '내로남불'이라는 유행어에서 알 수 있듯이 남의 잘못을 지적하려면 나부터 떳떳해져야 한다는 명제는 도덕적으로 옳다고 받아들여진다.

　그러나 윤리적 미덕과 좋은 논증을 구성하는 것은 별개라는 점을 인지해야 한다. '언행일치'의 미덕은 논증의 가치와는 아무런 관련이 없다. 나의 잘못은 상대방의 잘못과 동떨어진 개별 사건이다. 또, 상대방의 잘못을 지적하는 것은 상대방의 메시지(논증)가 아니라 메신저(논증자)를 공격할 뿐이다. 따라서 상대방이 어떤 잘못을 저질렀든 상대방이 잘못했다는 사실이 '나의 잘못이 없다'라는 논증의 근거가 될 수는 없다.

　사례로 돌아오면, 여당 대표는 야당이 같은 잘못을 했는데도 여당의 잘못만을 지적하는 야당의 이중적 태도를 꼬집고 싶었을 것이다. 그러나 야당의 이중적 태도는 그 자체로 비판받아야 할 별개의 도덕적 문제이지, 여당의 막말 공천과는 연관이 없다. 기자의 질문은 '오막말 후보'와 '송폭언 후보'의 공천 여부에 대한 것이므로, 여당 대표의 발언은 오막말 후보의 공천을 철회하지 않겠다는 의중을 담고 있다. 따라서 여당 대표의 발언은 '여당의 막말 후보에 대한 공천을 유지하겠다'라는 주장을 적절한 근거 없이 합리화하기 위해 의도적으로 야당의 도덕적 결함을 이용한 비논리에 해당한다.

2. [좋은 논증의 3가지 기준]을 토대로 분석하기

- **전제** 야당에서 막말 논란을 일으킨 후보가 공천을 받았다.
- **숨은 전제** 상대방에게도 같은 잘못이 있다면 우리의 잘못은 문제 되지 않는다.
- **결론** 우리 당에서 막말 논란을 일으킨 후보도 공천을 받아야 한다.

1. **전제의 진실성 또는 수용 가능성**: 숨은 전제인 '상대방도 잘못했으니, 우리의 잘못은 문제 되지 않는다'라는 주장은 도덕적 정당성이나 공정성의 측면에서 받아들여지기 어렵다.
2. **전제와 결론의 연관성**: 상대방의 잘못은 우리의 잘못에 대한 정당성을 제공하지 않으므로, 전제와 결론 사이에 논리적 연관성이 부족하다.
3. **전제의 적절성과 충분성**: 상대방의 행동을 근거로 자당 후보 공천의 정당성을 주장하는 것은 적절하거나 충분한 이유가 되지 않는다.

* 논리적 타당성 검토

이 논증은 전제와 결론 사이의 논리적 연관성을 충족하지 못하고 있다. 우선, 숨은 전제인 '상대방도 같은 잘못을 저질렀다면, 우리의 잘못은 문제가 되지 않는다'라는 도덕적 정당성이나 논리적 타당성을 가지기 어렵다. 상대방이 잘못했다는 사실은 우리 자신의 행동이 옳거나 정당하다는 것을 의미하지 않기 때문이다. 논증의 결론, 즉 '우리 당에서 막말 논란을 일으킨 후보도 공천을 받아야 한다'라는 주장과 상대방의 잘못된 행동은 논리적으로 독립적이다. 상대방의 행동은 단지 또 다른 잘못된 행동일 뿐이며, 이를 이유로 자기 잘못을 정당화하는 것은 논리적 비약이다.

또한, 논증의 전제가 결론을 지지하기 위해 충분하지 않다. 상대방의 잘못은 별개의 사안으로 평가되어야 하며, 이는 우리 당 후보의 막말 논란이 공천 과정에서 고려되어야 할 정당성 문제를 해소하지 못한다. 상대방의 행동을 근거로 삼는 것은 자당 후보 공천의 적절성이나 타당성을 검토하는 데 필요한 객관적 기준을 제공하지 못하며, 결과적으로 논증의 설득력을 약화시킨다.

피장파장의 오류는 '상대방도 잘못했으니, 우리의 잘못은 문제가 되지 않는다'라는 숨은 전제를 포함하고 있다. 그러나 이 전제는 합리적이거나 윤리적으로 승인될 수 없는 가정이다. 상대방의 잘못은 별도로 비판받아야 할 대상이지, 우리의 잘못을 정당화하는 근거가 될 수 없다. 이는 논증의 기본 원칙인 전제와 결론 간의 연관성을 심각하게 훼손한다. 논리적으로 타당한 논증은 전제와 결론 사이에 명확한 인과관계를 요구하지만, 이 논증은 그 요구를 충족하지 못한다.

결론적으로, 이 논증은 논리적 구조에서 타당성이 없으며, 피장파장의 오류로 인해 전제와 결론 간의 연관성을 확보하지 못했다. 상대방의 잘못은 우리 자신의 행동이 옳거나 정당하다는 근거가 될 수 없으며, 숨은 전제 또한 도덕적이거나 합리적으로 수용될 수 없다.

3. 오류 바로잡기

　피장파장의 오류를 범하는 주장은 엄밀한 논리적 기준을 적용하지 않는다면 매우 매력적이고 설득력 있어 보인다. 사실 누구든 자기 잘못보다는 타인의 잘못이 더 눈에 보이는 법이다. 따라서 피장파장의 오류는 어찌 보면 우리의 본성을 따른 것이라고도 볼 수 있다.
　피장파장의 오류에 빠지지 않으려면 이성을 발휘해 '피장파장의 오류'를 범하고 싶은 욕구를 참아내야 한다. 이중적인 태도를 보이는 상대방이 나를 비판하더라도, 곧바로 그의 이중성을 공격하고 싶은 마음을 참아야 한다. 논리적으로 이중적인 사람에게 대응하려면 먼저 그 사람이 나에 대해 제기한 문제가 합리적인지를 먼저 따져봐야 한다. 만약, 실제로 나에게 문제가 있다면 이를 독립적으로 인정하고, 문제 제기 자체가 불합리하다면 문제 제기의 비합리성을 먼저 비판해야 한다. 그 후에 상대방의 이중적 태도를 논리적으로 비판하는 것이 감정적으로 피장파장의 오류를 일으키지 않으면서도 논리적으로 상대에게 대응할 수 있는 좋은 전략이 될 것이다.
　상대방의 피장파장 논법은 상대방의 논지나 주장을 반박하지 않고 상대방의 행동이나 일관성을 문제 삼아 논점을 흐리는 오류이다. 이러한 오류에 휘말리지 않으려면 일단 논점 흐리기에 주의하여야 한다. 상대방이 '너도 그러지 않았느냐'라며 논지를 다른 방향으로 돌릴 때, 내 행동과 지금 논의 중인 원래의 주제는 관계가 없는 다른 사안임을 정확히 지적하고 상대방의 주장이 논리적이지 않음을 지적한다.

4. 사례로 훈련하기

다음 진술의 논증 과정에는 어떤 문제가 있을까요?

1. **아빠:** 민철아, 편식 그만하고 음식을 골고루 먹어야 키가 크지!
   민철: 그렇게 말하는 아빠도 채소는 안 먹고 맨날 고기만 먹잖아요. 왜 저한테만 그러세요?

2. 내 잘못을 그렇게 지적하는 당신들은 다 떳떳해?

3. **의사:** 환자분께서는 대장암으로 수술을 받으셨기 때문에 웬만하면 음주를 피하셔야 하겠습니다.
   환자: 왜 나만 그래야 하죠? 지난번에 의사 선생님도 근처 술집에서 술 드시는 걸 봤는데요?

4. **야당 의원:** 현재 대통령의 배우자가 연루된 불법행위 의혹이 계속 제기되고 있습니다. 이는 매우 심각한 문제이며, 국민의 신뢰를 저버리는 행위입니다. 철저한 조사가 필요합니다.
   여당 의원: 잠시만요, 그런 식으로 말씀하시면 마치 이번 정부만 문제가 있는 것처럼 보이지 않겠습니까? 과거 야당 출신 전직 대통령들 역시 영부인과 관련된 비위 문제가 제기된 적이 있지 않습니

	까? 이런 문제는 특정 정부에만 국한된 것이 아닙니다.
야당 의원:	그렇다고 해서 현 대통령 배우자의 의혹이 정당화될 수는 없습니다. 잘못이 있다면 밝히고 책임을 물어야 합니다.
여당 의원:	맞습니다. 하지만 지금의 논의는 지나치게 한쪽에만 초점이 맞춰져 있습니다. 특정 대통령에게만 엄격한 기준을 적용하는 것은 공정하지 않다고 생각합니다.

5. 기자: 의원님, 지방 사업 예산 중 일부가 개인 용도로 사용된 정황이 포착되었습니다. 이에 대해 어떻게 해명하시겠습니까?

의원: 다들 기억하시겠지만, 몇 달 전 야당 의원 한 분도 공금 유용 혐의로 조사받은 사건이 있었죠. 그때는 이렇게 시끄럽지 않았잖습니까? 왜 저에게만 가혹한 잣대를 들이대는 거죠?

☞ **해설로 확인하기**

1. 일상생활에서 가장 흔히 발생하는 '피장파장의 오류'의 예시이다. 아빠는 민철이의 성장을 위해 민철이가 고르게 음식을 섭취하도록 권고하고 있다. 민철이는 아빠의 권고에 대한 반박으로 '음식을 골고루 먹지 않아도 되는 이유'가 아니라, '채소를 잘 먹지 않는 아빠의 평소 행실'을 지적하고 있다. 따라서, 민철이는 메시지가 아닌 메신저를 공격하는 '피장파장의 오류'를 범하고 있다.

   민철이는 본인은 건강 관리에 모범을 보이지 않으면서 아들의 식습관을 훈계하는 아빠의 이중적 양육 태도를 지적하고 싶었을 것이다. 부모는 자식의 거울이라는 말이 있듯이 이런 민철이의 주장은 어느 정도 설득력이 있다. 그러나 이는 어디까지나 부모의 양육 태도에 대한 도덕적 지적일 뿐 논리적 지적에 해당하지 않는다는 점을 유의해야 한다.

2. 나를 비판하는 사람들을 도덕적으로 공격하는 것은 대표적인 '피장파장의 오류'이다. '당신들'이 떳떳한 것과 '나'의 잘못 사이에는 아무런 연관성이 없다. 그들의 잘못은 그들의 잘못대로, 나의 잘못은 나의 잘못대로 각각 별도로 비판의 대상이 되어야 한다.

   성경에는 '너희 중 죄를 짓지 않은 자만이 이 자를 돌로 쳐라'라는 구절이 있다. 성경의 구원과 용서를 상징하는 구절이자, 때로는 상대방의 이중성을 지적하기 위해 인용되는 구절이다. 그런데 만약, 죄인이 본인의 입으로 직접 위와 같이 말했다면, 이는 죄인을 단죄하려는 사람들을 비난하는 것에 지나지 않을 것이다.

3. 의사가 환자에게 음주를 피하라고 권고하는 것의 근거는 환자가 대장암 수술을 받은 이력이 있다는 점이다. 대장암 수술을 받은 환자에게 음주가 악영향을 미친다는 의학 지식을 토대로 내린 결론일 것이다. 의학 지식이라는 전제가 숨어 있긴 하지만, 의사의 논증은 합리적인 논증 구조를 띠고 있다.

   이에 환자는 음주를 피하지 않아도 되는 근거로 의사 또한 술을 먹는다는 점을 지적한다. 의사가 술을 마시는 것은 환자가 술을 마시지 말아야 하는 이유와 무관하므로 관련 없는 근거이다. 환자가 음주를 피하자는 의사의 주장에 대해 그와 무관한 의사의 생활 태도를 지적하였기에 '피장파장의 오류'에 해당한다. 물론, 의사가 환자를 더 잘 설득하기 위해 모범적인 생활 습관을 보이는 것은 논리를 떠나 진료와 환자 교육을 더 쉽게 할 것이다.

4. 정치권에서 발생하는 '피장파장의 오류'의 전형이다. 사례에서 유추해 봤을 때, 야당에서 현재 영부인의 불법행위를 지적한 것으로 보인다. 그런데 발언자는 '영부인의 불법행위'라는 논점에 대해 직접적으로 해명하는 대신, '야당 출신 전직 대통령 배우자의 비위 문제'를 언급하고 있다.

   이렇게 상대방의 주장이 아니라 상대방의 흠결을 도덕적으로 공격하는 것은, 상대방 발언의 신뢰도를 낮추는 정치적 효과가 있을 것이다. 그러나 철저한 논리적 관점에서만 보면 '야당 전직 영부인들의 비위 문제'는 그것이 실재하든 그렇지 않든, 현재 영부인의 불법행위 여부와는 독립된 사건이다. 따라서 '현재 영부인의 불법행위'를 문제 삼지 말아야 한다는 주장을 뒷받침하지 못한다.

5. 이 대화에서 의원은 자신에게 제기된 공금 유용 의혹에 대해 해명하기보다는, 상대 당의 과거 유사 사례를 언급하며 문제의 초점을 흐리고 있다. 이는 피장파장의 오류에 해당한다. 피장파장의 오류는 상대방도 같은 잘못을 저질렀다는 점을 들어 자기 잘못을 정당화하려는 것이다.

'상대 당에서도 같은 일이 있었다'라는 주장은 자신의 공금 유용 의혹을 해명하는 데에는 아무런 정당성을 제공하지 못한다. 상대 당의 과거 사건과 현재 의원의 의혹은 서로 독립적으로 평가되어야 하며, 상대방의 잘못이 자기 잘못에 대한 면죄부가 될 수는 없다. 결국, 이러한 논리는 문제의 본질인 '개인 용도로 사용된 공금'에 대한 구체적인 해명을 하지 못한 채 논점을 흐려 본인의 책임을 회피하려는 의도로 보인다.

5. 넓고 깊게 알아보기

* 정치권의 내로남불 논쟁

'내로남불'이라는 표현은 정치 기사에서 흔히 등장한다. 이는 '내가 하면 로맨스, 남이 하면 불륜'의 줄임말로, 주로 상대방의 이중적 태도나 위선을 비판하는 데 사용된다. 정치권에서 자주 쓰이는 이 표현은 이제 정치적 맥락을 넘어 일상생활에서도 널리 활용되고 있다.

'내로남불'이라는 표현의 기원은 1996년 6월 12일 국회 본회의에서 신한국당 박희태 의원이 한 발언에서 비롯된 것으로 보인다. 그는 '내가 바람을 피우면 로맨스고, 남이 하면 불륜'이라는 익살스러운 표현으로 야당의 태도를 비판하며 유머러스하게 풍자했다. 이 발언은 다음 날 경향신문에 보도되었고, 이후 '내로남불'이라는 약어로 자리 잡으며 대중적으로 사용되기 시작했다.

처음에는 유머러스한 표현으로 주목받았던 '내로남불'은 시간이 지나면서 상대방의 이중성을 공격하거나 비판하는 강력한 수사로 발전했다. 특히 정치적 공방에서 이 표현은 자기 잘못을 상대방의 잘못과 비교하며 정당화하거나 문제를 희석하려는 수단으로 자주 등장한다. 예를 들어, 자신이 비난받는 상황에서 과거 상대방의 비슷한 행동을 언급하며 책임을 회피하거나 논점을 흐리는 방식으로 사용되곤 한다.

또한 이런 수사는 논의의 본질을 가리는 논리적 오류를 초래할 수 있다. 상대방의 이중성을 지적하는 것이 본질적인 문제 해결에 기여하지 못할 뿐만 아니라, 도덕적 정당성을 부여하려는 논리적 비약으로 이어질 수 있기 때문이다.

* 내로남불 논쟁과 피장파장의 오류

'너도 그랬으니 내로남불 아니냐?'라는 말은 피장파장 오류에 해당할 수 있다. 상대방이 과거에 같은 잘못을 저질렀다고 해서, 지금 내가 한 잘못이 정당화되거나 사라지는 것은 아니기 때문이다. 물론, 이중 잣대를 비판하는 취지라면 이 표현이 효과적으로 쓰일 수도 있다.

하지만 최근 '내로남불'이 남용되면서, 자신의 잘못을 인정하기보다는 상대방의 흠을 지적하며 논의의 본질을 흐리는 경우가 많아졌다. 이런 상황에서는 과연 이 표현이 진짜 이중적인 태도를 비판하려는 것인지, 아니면 단순히 책임을 회피하려는 것인지 비판적으로 살펴볼 필요가 있다.

이중 잣대는 분명 지적해야 하지만, 이를 핑계 삼아 자신의 문제를 덮거나 논의를 방해하는 것은 또 다른 문제를 만든다. 불필요한 감정싸움을 피하고 논의가 건설적으로 진행되려면, '내로남불'을 사용할 때도 그 의도를 명확히 해야 한다.

결국 중요한 것은 논의의 본질을 유지하는 것이다. 상대방의 모순을 지적하는 것도 중요하지만, 그 과정에서 자신의 책임을 소홀히 하거나 본래의 문제를 흐리는 일이 없도록 신중해야 한다.

특별 변론의 오류

- Special Pleading Fallacy -

> **'그냥, 나는 예외야!'**

 일반적으로 적용되는 규칙을 정당한 이유 없이 자신 또는 특정한 주장에는 적용하지 않는 오류이다. 일관성과 보편성 없는 이중 잣대를 마음대로 적용할 때 발생하며 흔히 내로남불(내가 하면 로맨스 남이 하면 불륜)이라는 비판을 받기도 한다.

1. 사례로 들어가기

아빠

여보세요.

민주

왜 이렇게 늦게 받아!

아빠

아니, 내가 전화하면 아예 받지도 않더니 몇 달 만에 전화하면서 내가 늦게 받는다고?

민주

당연하지. <u>나는 공부하랴, 알바하랴 바쁘잖아?</u>

아빠

내 참. 이게 말이야 막걸리야? 아, 나도 바빠!

민주

그건 아빠 사정이고. 나는 딸이야! 아빤 부모고!

☞ **질문**

밑줄 친 민주의 주장에서 보이는 논리적 오류는 무엇일까요?

☞답변

아빠와 딸 사이에 흔히 있을 수 있는 전화 내용이다. 그러나 민주의 발언은 특별 변론의 오류를 포함하고 있다. 특별 변론의 오류는 특정한 상황에서 자신에게만 유리한 기준을 적용하거나 예외를 주장하는 논리적 오류이다. 민주가 '나는 딸이고, 아빤 부모다'라는 이유로 자신의 전화 응답이 늦은 것을 정당화하며, 아버지가 늦게 받은 것은 비난하는 주장이 이 오류의 대표적인 사례이다.

민주는 바쁜 일정을 이유로 자신의 전화 응답이 늦은 것을 정당화하면서도, 동일한 상황에서 아버지의 행동은 정당화하지 않고 비난한다. 이는 자신과 아버지에게 상반된 기준을 적용하는 이중 잣대이다. '나는 바쁘다'라는 주장이 민주에게 정당성을 부여한다면, 아버지의 바쁜 상황 또한 같은 방식으로 정당성을 인정받아야 한다. 그러나 민주는 이를 무시하고 자기 행동만 예외로 취급하며 논리적 일관성이 없는 주장을 하고 있다.

민주의 논리는 가족 관계를 근거로 자신에게만 특별한 기준을 적용하려 하지만, 가족 관계가 전화 응답에 대한 책임 분배를 다르게 적용할 근거가 될 수는 없다. 부모와 자녀라는 관계는 역할에 차이가 있을 수 있지만, 이를 이유로 동일한 상황에서 한쪽에게만 더 엄격한 기준을 적용하는 것은 논리적으로 타당하지 않다.

2. [좋은 논증의 3가지 기준]을 토대로 분석하기

- **전제**
  - 나는 공부하고, 아르바이트하느라 바쁘다.
  - 나는 딸이고, 아빠는 아버지다.
- **결론**
  - 그러므로 나는 전화를 늦게 받아도 된다.
  - 아빠는 전화를 빨리 받아야 한다.

1. 전제의 진실성 또는 수용 가능성: 첫 번째 전제(공부와 아르바이트로 바쁨)와 두 번째 전제(딸과 아빠 관계)는 사실로 수용할 수 있다.
2. 전제와 결론의 연관성: 두 전제는 각각 결론(전화를 늦게 받거나 빨리 받아야 함)과 직접적인 논리적 연관성이 없다. 바쁜 일정과 가족 관계가 전화 응답 시간의 차이를 정당화한다고 보기 어렵다.
3. 전제의 적절성과 충분성: 전제들은 결론을 내리기에 충분하지 않다. 딸과 아빠의 관계나 일정의 바쁨이 각자의 전화 응답 시간의 필요성을 논리적으로 뒷받침하지 못한다.

* 논리적 타당성 검토

전제가 참이라고 하더라도 결론이 반드시 참이라고 볼 수 없으며, 이 논증에서는 전제와 결론을 뒷받침하는 논리적 연결이 부족하다. 특별 변론의 오류를 포함하고 있으며, 특정 개인의 사정을 근거로 일반적 원칙을 무시하거나 자신에게만 유리한 기준을 적용하려는 논리적 오류를 보여준다.

첫 번째 전제인 '나는 공부하고 아르바이트로 바쁘다'라는 사실로 수용 가능하지만, 이 전제가 '나는 전화를 늦게 받아도 된다'라는 결론을 정당화하지는 못한다. 바쁜 일정이 전화 응답을 지연시키는 이유가 될 수는 있으나, 단순히 바쁘다는 이유만으로 지연이 합리화되지는 않는다. 전화 응답은 상황의 중요성, 상대방의 기대, 상호 책임 등 여러 요인을 고려해야 하므로 '바쁘다'라는 이유는 충분한 근거가 될 수 없다.

또한, 두 번째 전제인 '나는 딸이고, 아빠는 아버지다'는 결론과 더욱 연관성이 부족하다. 가족 관계는 전화 응답 시간의 차이를 정당화하는 근거가 될 수 없으며, 오히려 상호 책임과 기대를 복잡하게 만든다. 예를 들어, 딸이 바쁘더라도 신속히 전화를 받아야 한다는 의견이나, 아버지가 더 적극적으로 전화를 받을 책임이 있다는 주장은 주관적 해석일 뿐이다. 이는 전제가 결론을 뒷받침하지 못함을 보여준다.

이 논증은 가족 관계와 바쁜 일정을 근거로 자신만의 기준을 설정하고 이를 정당화하려 하지만, 이는 '특별 변론의 오류'에 해당한다. 특별 변론의 오류는 특정 상황에서 객관적 기준 대신 자신에게 유리한 논리를 내세우며, 보편적 원칙을 무시하고 있다. 훌륭한 논증은 전제가 결론에 충분하고 객관적인 근거를 제공해야 하지만, 이 논증은 그러한 요건을 충족하지 못한다.

결론적으로, 이 논증은 전제가 결론과 논리적으로 연결되지 않으며, 충분한 근거를 제공하지 못해 설득력이 부족하다. 전화를 늦게 받거나 빨리 받아야 한다는 결론을 정당화하려면, 더 보편적이고 객관적인 근거를 제시해야 논리적 타당성을 확보할 수 있다.

3. 오류 바로잡기

특별 변론의 오류는 타당한 이유 없이 자신이나 특정 주장에 예외를 적용하거나, 결론과 상관없는 증거를 제시할 때 발생한다. 이 오류는 관련된 근거를 의도적으로 무시하며, 이중 잣대를 사용해 논의의 일관성을 훼손한다. 예를 들어, 딸이 자신은 바쁘다는 이유로 집안일을 하지 않으려 하면서, 아빠의 '나도 바쁘다'라는 항변을 무시한다면, 이는 특별 변론의 오류에 해당한다.

이러한 오류가 회사, 사회, 국가와 같은 큰 공동체에서 발생하면 법과 규칙이 무너지고 구성원 간 갈등과 혼란을 초래할 수 있다. 따라서 내 입장만을 강조하는 특별 변론의 오류를 피하려면 주장을 할 때 반드시 일관된 기준을 적용해야 한다. 기준 적용에 일관성이 없으면 주장은 쉽게 반박당하며 설득력을 잃게 된다.

물론, 예외를 인정해야 하는 경우도 있다. 그러나 예외를 주장할 때는 반드시 타당한 이유와 근거가 뒷받침되어야 한다. 또한, 상대방의 반박이 결론과 조금이라도 관련이 있다면 이를 무시해서는 안 된다. 근거 없는 예외 적용이나 상대의 합리적인 반박을 무시하면 '이중 잣대'나 '내로남불'로 비판받으며, 자신의 주장이 힘을 잃을 수 있다.

상대방이 특별 변론의 오류를 범할 경우, 그 주장이 일관성이 없는 점을 지적하고 예외의 정당성을 증명할 구체적 근거를 요구해야 한다. 특별 변론의 오류는 대부분 자기중심적 사고에서 비롯되며, 설명 과정에서 스스로 모순에 빠지기 쉽다. 이를 통해 논의의 본질을 바로잡고 일관된 대화를 이어가는 것이 중요하다.

4. 사례로 훈련하기

다음 진술의 논증 과정에는 어떤 문제가 있을까요?

1. 미니스커트 입은 여자들 참 보기 좋아. 근데 내 여자 친구가 입는 건 안 돼. 다른 사람들이 자꾸 쳐다보니까.

2. 난 야간 당직은 안 서도 돼. 나는 다른 사람들보다 회사 발전에 기여를 많이 했으니까 다른 사람과 똑같이 당직을 설 필요가 없어.

3. 아빠: 우리나라 교육은 문제가 많아. 완전 입시지옥이야.
   아들: 근데 왜 나한테는 맨날 좋은 대학 타령만 해요.
   아빠: 인마, 그건 다 너를 위해서지.

4. 유리하면 정의, 불리하면 적폐! 여당과 야당은 같은 재판부에서 내린 비슷한 판결에 대해서 4년 전과 정반대의 입장을 내놓았습니다.

5. 우리나라에서는 오랫동안 여성들이 교육, 취업 등에서 남성과 비교하면 차별받아 왔습니다. 따라서 여성할당제가 남성들에게 다소 불리한 점이 있다고 해도 그것을 남성 차별이라 할 수는 없습니다.

☞ 해설로 확인하기

1. 여자들의 미니스커트 패션을 좋아하는 남자가 다른 남자들이 쳐다본다는 이유로 자신의 여자 친구가 미니스커트를 입는 것은 싫어한다면 나에게 특별한 예외를 요구하는 것과 다를 것이 없다. 이중 잣대를 적용한 '특별 변론의 오류'이다.

2. 만약, 이 회사에 '회사 발전에 기여한 직원은 야간 당직을 서지 않아도 된다는 규정'이나 포상 기준이 있다면, 이 말은 오류가 아닐 것이다. 그러나 그런 규정이 없는데도 불구하고, 즉 정당한 이유가 없는데도 이런 주장을 한다면 이 직원은 따돌림을 면하기 어려울 것이다.

3. 이 아빠는 교육제도를 평가할 때 일관성을 가지고 있지 않다. 내 이익과 상관없을 때는 원칙과 규칙을 강조하지만, 내 이익이 걸려 있을 때는 반대의 입장을 취하고 있기 때문이다. '그게 부모 마음이야'라며 크게 문제 삼지 않는 것이 우리의 문화이지만, 이런 태도를 공공연하게 드러낸다면 이 아빠가 어떤 주장을 하든, 그것이 사실이든 아니든 상관없이 다른 사람들의 지지를 받기 어려울 것이다.

4. 이데올로기 문제나 정치의 영역에서 '특별 변론의 오류'가 자주 발생한다. 이 영역들이 대중 다수를 내 편으로 끌어들여야 성공하는 속성이 있기 때문이다. 최근 우리나라뿐 아니라 전 세계적으로 정치가 타협과 화해보다는 갈등과 대립으로 흐르는 경향이 더 강해지면서 내로남불, 즉 '특별 변론의 오류'를 아무렇지 않게 생각하지 않는 정치인들이 늘어나고 있다.

5. 사례는 여성 차별 철폐를 지지하는 사람들이 펼치는 주장이다. 이에 대해 반발하는 20~30대 남성들이 많다. '지금 젊은 남성들은 여성을 차별한 과거의 남성들이 아니고 지금의 여성은 과거에 차별받던 여성들이 아니다. 지금 젊은 남성들은 누린 것도 없이 역으로 차별받고 있다'라는 것이다. 만약 여전히 성차별적인 제도나 문화로 인해 여성들이 불공정한 대우를 받고 있다고 판단한다면 '특별 변론의 오류'라 할 수 없을 것이다. 반면, 현재 우리나라의 여성이 취업과 승진에서 불이익을 받지 않는다고 판단한다면 사례의 주장은 '남성은 여성을 차별하면 안 되고 여성은 남성을 차별해도 괜찮다'라는 '특별 변론의 오류'라 할 수 있을 것이다.

5. 넓고 깊게 알아보기

다음은 '기본적 귀인 오류'라는 심리학의 한 이론에 대한 설명이다. 간단히 말하면, 사람이 타인의 행동을 판단할 때 무엇을 기준으로 하는가에 대한 이론이다.

아래의 글을 읽고 '특별 변론의 오류'와 연관 지어 생각해 보자.

'기본적 귀인 오류'는 다른 사람의 행동을 설명할 때 상황 요인의 영향을 과소평가하고 행위자의 기질, 내적인 요인들의 영향을 과대평가하는 경향을 말한다.

즉, 사람은 다른 사람이 하는 행동의 원인을 그 사람이 처한 상황보다 그의 성격이나 능력, 동기, 태도, 신념 등으로 파악하는 경향이 있다는 것이다. 이것은 사람이 다른 사람을 관찰할 때 상황보다 행동하는 개인에 초점을 맞추는 데 그 원인이 있다.

기본적 귀인 오류는 자기 행동을 설명할 때는 잘 나타나지 않으며, 개인주의적인 문화가 강한 서구 사회에서 더 잘 관찰된다고 알려져 있다. 즉, 개인주의 문화권의 사람들이 집단주의 문화권의 사람들보다 이 오류를 더 잘 일으킨다는 것이다.

마스다와 니스벳(Masuda & Nisbett, 2001)은 물속의 풍경을 동영상으로 보여주는 실험에서 일본인들보다 미국인들이 상황(바위, 풀 등)보다 대상(물고기)에 대해 더 많이 말하고 더 잘 기억한다는 사실을 발견했다. 같은 행동을 보아도 동양인들은 상황에 원인을 두는 경향이 더 강할 것이고, 서양인들은 행위자에 원인을 두는 경향이 더 강하다고 추측할 수 있다.

'기본적 귀인 오류'는 긍정적인 결과와 부정적인 결과를 모두 초래한다. 어떤 특정한 상황에서는 행동의 원인을 잘못 파악하기도 하지만 '기본적 귀인 오류'는 복잡한 사회적 상황을 처리하는 데 필요한 시간과 에너지를 절약해 줌으로써 인간 행동을 더 잘 예측하게 해 주는 것이 긍정적 결과이다.

반면, 행위자의 행동이 그들이 갖고 있는 기질의 직접적인 결과라고 믿는다면 노숙자나 에이즈 환자 같은 사회적 소외 계층에 무관심해질 수 있다는 것이 부정적 결과이다.

흑백 사고의 오류

- False Dilemma Fallacy -

> '죽느냐 사느냐, 그것이 문제로다?'

　모든 문제를 또는 흑 아니면 백, 양극의 두 가지로만 구분함으로써 생기는 오류이다. 양극단의 선택지 외에는 인정하지 않으므로 '양극 사고의 오류'라고도 한다.
　'흑백사고의 오류'는 선택할 수 있는 다른 대안이 있음에도 불구하고 이를 무시하거나 부정하여 발생하는 오류이다.

1. 사례로 들어가기

지혜

나는 꼭 SKY 대학에 들어가야 해.

민주

성적은 어때? SKY 대학에 갈 수 있어?

지혜

아니, 지금 성적으로는 불가능해.

민주

못 가면 어떻게 되는데?

지혜

부모님과 주변 사람들이 실망하겠지. <u>SKY 대학에 가지 못하면 나는 인생의 실패자가 될 거야.</u>

민주

SKY 대학에 가지 못하면 실패자가 된다는 증거 있어?

지혜

<u>SKY 대학에 가야 성공할 수 있어. 그러니까 SKY 대학에 가지 못하면 실패자가 될 거야.</u>

☞ **질문**

밑줄 친 지혜의 주장에서 보이는 논리적 오류는 무엇일까요?

☞ **답변**

　지혜의 주장은 흑백 사고의 오류를 포함하고 있다. 이는 복잡한 문제를 단순히 두 가지 선택지로 나누어 양자택일을 강요하는 논리적 오류이다. 지혜는 'SKY 대학에 가야 성공할 수 있다'는 전제를 바탕으로, 명문 대학에 가지 못하면 실패자가 된다고 결론짓고 있다. 하지만 이는 현실의 다양한 가능성을 무시한 잘못된 이분법적 사고이다.

　SKY 대학 진학 여부가 인생의 성공과 실패를 결정짓는 유일한 기준일 수는 없다. 현실에서는 성공과 실패를 좌우하는 요소가 매우 다양하며, 개인의 능력, 노력, 환경, 기회 등이 중요한 역할을 한다. SKY 대학에 가지 않아도 성공한 사람들이 많고, 반대로 SKY 대학을 졸업해도 실패를 경험할 수 있는 사례도 적지 않다. 이를 무시하고 'SKY 대학 = 성공'이라는 이분법으로 단정하는 것은 논리적 비약이다.

　흑백 사고는 문제를 지나치게 단순화해 선택지를 제한하고, 불필요한 압박감을 초래한다. 지혜는 SKY 대학에 가지 못하면 인생의 실패자라는 극단적 사고에 빠져 현재 상황을 부정적으로 바라보고 있다. 이는 현실적 대안이나 다양한 가능성을 탐색하는 데 방해가 되며, 좌절감과 불안을 키울 위험이 있다.

　결론적으로, 지혜의 주장은 논리적 타당성이 부족하며, 성공과 실패를 단순히 SKY 대학 진학 여부로 나누는 것은 현실의 복잡성을 무시한 흑백 사고의 전형이다. 이러한 오류를 피하기 위해서는 다양한 관점을 고려하고, 성공의 기준을 폭넓게 인식하며, 이분법적 사고를 지양하는 태도가 필요하다.

2. [좋은 논증의 3가지 기준]을 토대로 분석하기

- **전제**   SKY 대학에 가야 성공한다.
- **결론**   SKY 대학에 가지 못하면 실패한다.

1. **전제의 진실성 또는 수용 가능성**: 이 논증의 전제인 'SKY 대학에 가야 성공한다'라는 전제는 일부 사실이다.
2. **전제와 결론의 연관성**: 전제와 결론 간의 연관성이 매우 약하다. 명문대 진학은 특정 사회적 기회와 연관될 수 있으나, 인생에서 성공 여부는 개인의 노력, 환경, 선택 등 다양한 요인에 의해 결정되므로 이 논증은 과도하게 단순화되었다.
3. **전제의 적절성과 충분성**: 전제는 결론을 내리기에 적절하거나 충분하지 않다. SKY 대학 진학 여부는 성공에 필요한 한 가지 요소에 불과하다. 이를 근거로 '인생의 실패자'라는 포괄적 결론을 내리는 것은 논리적 비약이다.

* 논리적 타당성 검토

  이 논증은 논리적 타당성이 결여되었다. 전제에서 결론이 필연적으로 도출되지 않으며, 오히려 흑백 사고의 오류로 인해 지나치게 단순화된 사고 과정을 보여준다. 흑백 사고의 오류는 양극단만 있는 '모순 관계'와 중간에 여러 단계가 있는 '반대 관계'를 구분하지 못할 때 자주 발생한다.

  먼저, 모순 관계는 둘 사이에 어떤 중간 단계도 없다. 이것 아니면 저것이다. '소년과 소녀'는 모순 관계이다. 한 학생이 소년이면 그는 결코 소녀가 아니다. 이처럼 모순 관계는 하나가 참이면 다른 것은 반드시 거짓이 된다.

반면, 반대 관계는 중간에 수많은 단계가 있다. '춥다'와 '덥다'는 반대 관계이다. 둘 사이에는 춥지도 덥지도 않은 여러 중간 단계가 있다. 모순 관계가 아니기 때문에 '춥다'와 '덥다'는 둘 다 거짓이 될 수도 있다. 그런데 이 중간 단계를 무시하거나 인정하지 않으면 반대 관계가 되어 버린다. 날씨가 반대 관계라면 기상 캐스터는 '오늘 날씨는 춥지 않으니 더운 날입니다'라고 말할 수밖에 없을 것이다.

위의 사례를 논증의 표준틀로 분석해 보면 'SKY 대학에 가야 성공한다'라는 전제로 'SKY 대학에 가지 못하면 실패한다'라는 결론을 끌어내고 있다. 얼핏, 그럴듯하게 보일 수 있으나 이 논증은 가능한 여러 대안을 모두 무시하고 극단적인 대안만을 제시하고 있다. 내 재능을 발휘할 수 있는 대학 입학, 장학금을 받을 수 있는 대학 입학, 또는 대학 진학 대신 취업 선택 등등 다양한 대안을 모두 무시해 버린 것이다. 이 외에도 이 결론이 타당 하려면 '노력', '도움', '운' 등도 전제되어야 하는데 이런 것들도 모두 배제되었다. '흑 아니면 백', '모 아니면 도'라는 식으로 논증을 지나치게 단순화한 것이다.

결론적으로, 이 논증은 'SKY 대학에 가서 성공하는 것'과 'SKY 대학에 가지 못해 실패하는 것' 사이에서 가능한 모든 대안을 무시하고 모순 관계로 취급하는 오류를 범한 것이다. 인생의 실패자가 되지 않는 것은 'SKY 대학에 들어가느냐 들어가지 못하느냐'라는 것만으로 판단할 수 없다.

3. 오류 바로잡기

'흑백 사고의 오류'는 모든 문제를 흑과 백, 선과 악, 옳고 그름으로 단순화시키는 데서 비롯된다. 가능한 대안들을 모두 찾아보려는 노력이 부족해서 발생할 수도 있고, 어떤 목적을 위해 의도적으로 극단적인 대안만을 제시해서 발생하기도 한다. 그러나 세상이 흑과 백의 두 색만으로 이루어지지 않았듯, 모순 관계가 아니라면 둘 이상의 대안이 존재할 수 있다.

오류를 범하지 않기 위해서는 제시한 대안 외에 다른 대안은 없는지 고려해야 한다. 준비된 대안을 제시할 때는 다른 대안이 있을 수 있다고 전제하는 것도 좋은 방법이다. 그리고 내가 미처 알지 못하는 다른 대안을 상대방에게 물어볼 수도 있다. 이처럼 '흑백 사고의 오류'에 빠지지 않으려면 다양한 가능성을 인정하는 열린 자세가 필요하다.

상대방이 '흑백 사고의 오류'를 범하면서 '이것 아니면 저것이다'라는 논리를 펴거나 '둘 중 하나를 선택하라'라고 강요할 수 있다. 이럴 때는 먼저 문제가 모순 관계인지 반대 관계인지를 파악하는 것이 필요하다. 모순 관계가 아니라면 다양한 대안이 있을 수 있기 때문에 상대방에게 논증을 지나치게 단순화하지 말 것을 요구해야 한다. 그리고 제시된 대안 외에 다른 대안이 없는지 물어봐야 한다. 상대가 대안이 없다거나 고려할 필요가 없다고 고집하면 적절한 대안을 제시해 주는 것이 좋다. 이를 통해 상대방이 '오류'를 범하고 있다는 것을 알게 되면 상대의 주장은 급격히 약화된다. 그러면 차분하게 가능한 대안들을 생각해 내고 그중 가장 좋은 것을 선택하면 된다.

4. 사례로 훈련하기

다음 진술의 논증 과정에는 어떤 문제가 있을까요?

1. 수프가 너무 차갑다고? 그러면 펄펄 끓여줄까?

2. 지혜: 회장 선거에 출마한 기호 1, 2번 중에서 난 1번을 찍을 거야.
   민주: 나는 1번은 마음에 안 들어.
   지혜: 그럼 넌 2번을 찍겠구나.

3. 투쟁이냐 죽음이냐! 우리에게 다른 선택은 없습니다. 모두 힘차게 투쟁에 나섭시다.

4. 엄마가 좋아, 아빠가 좋아?

5. 민혁: 북한이 핵폭탄을 터뜨리면 전력망, 통신망, 교통망이 다 마비돼. 그래서 북한 문제를 해결하려면 제재를 계속해야만 해. 다른 방법은 있을 수 없어.
   동우: 그러니까 제재만 고집해서는 아무것도 해결 못 해. 제재는 전혀 효과가 없으니, 북한을 지원해야 해.
   민혁: 지원만 하면 북한이 핵을 포기할 거라는 보장은 없잖아. 지원하면 무조건 북한의 핵 개발을 돕는 거야.
   동우: 제재는 실패했어. 제재는 완전히 쓸모없는 방법이야.

☞ **해설로 확인하기**

1. 음식 투정을 하는 남편에게 던지는 타박일 수도 있지만 차가운 수프가 싫다는 것과 펄펄 끓는 수프가 좋다는 것은 연관이 없다. '흑백 사고의 오류'이다.

2. 민주가 1번 후보를 찍지 않겠다고 하자 지혜는 그러면 '남은 후보는 2번밖에 없으니 2번 후보를 찍겠구나'라고 단정해 버린다. 이는 흑백 사고의 논리이다. 민주는 둘 다 뽑지 않을 수도 있고 마음을 바꾸어 1번 후보를 선택할 수도 있다. 지혜는 다른 대안의 가능성을 무시하고 대안을 최소화하여 극단적인 결론을 내리고 있다. 이는 '흑백 사고의 오류'라 할 수 있다.

3. 필요에 따라서 고의로 극단적인 대안만 제시할 수 있다. 어떤 것을 얻기 위해 투쟁하지 않더라도 꼭 죽는 것은 아니다. 그러나 이 주장을 하는 사람은 '투쟁'과 '죽음'을 모순 관계로 취급하여 다른 대안이 없다고 호소한다. 많은 사람이 투쟁에 참여하도록 유도하기 위해서다. 논리적으로는 분명히 '흑백 사고의 오류'이다.

4. 어른들이 어린아이에게 장난을 걸 때 흔히 하는 말이다. 다양한 선택이 가능한데도 굳이 두 가지 선택만을 제시하며 어린아이가 곤란해하는 것을 보고 재미있어하는 것이다. 똑똑한 아이들은 '둘 다 좋아', '엄마가 조금 더 좋아'라는 식으로 대답하며 '흑백 사고의 오류'에서 빠져나간다.

5. 논쟁이 과열되면 사람들은 핵심에 집착하고 그것을 강조한다. 그 과정에서 본의 아니게 이분법, 양자택일의 논리에 빠지기도 한다. 민혁은 북한에 대한 제재만이 유일한 해결책이라고 주장하며, 북한을 지원하는 것은 모든 문제를 악화시킨다는 극단적 입장을 보인다. 또한 동우는 제재는 완전히 실패했다고 주장하며, 오직 지원만이 해결책이라는 극단적 입장을 보인다. 이 둘은 모두 대안이 복합적이고 중립적인 접근이 가능하다는 점을 고려하지 않고 있다.

이 논쟁은 북한의 핵 개발에 대한 대응 방식을 토론하다 과열되었다. 제재와 대화는 모순 관계가 아닌데도 토론이 격화되자 참석자들은 '하나는 옳고 다른 것은 틀렸다'는 모순 관계로 만들어 버렸다. 흥분하면서 자신도 모르게 흑백 사고의 오류에 빠진 것이다.

5. 더 넓고 깊게 알아보기

　다음은 영국의 대문호 셰익스피어의 4대 비극 중 하나인 『햄릿』의 3막 1장, 독백 장면이다. 아버지가 독살된 것을 알게 된 햄릿은 '복수를 하지 않고 모른 체하며 사느냐, 아니면 죽음을 무릅쓰고 복수를 하느냐'라는 두 가지 양극단의 선택을 두고 깊은 고뇌에 빠진다. 문학 작품에 대해 논리의 오류라는 잣대를 들이대는 것은 타당하지 않겠지만, 햄릿은 왜 극단적인 사고에 빠졌는지, 내가 햄릿이라면 다른 대안은 없을지 생각해 보자.

　* 죽느냐 사느냐, 그것이 문제로다.
　죽느냐 사느냐 그것이 문제로다. 포악한 운명의 화살과 돌팔매를 마음속으로 견디는 것이 더 고귀한가, 아니면 무기를 들고 고난의 바다에 맞서 끝장을 내는 것이 더 고귀한가?
　죽는 것은 잠드는 것, 그뿐이다. 잠으로 심장의 고통과 육신으로부터 내려받은 무수한, 피할 수 없는 충동을 끝낼 수만 있다면 그것이야말로 열렬히 바라던 것이 아닌가.
　'잠이 들면 아마 꿈꾸겠지. 아, 이것이 곤란하구나. 죽음이란 잠 속에서, 우리가 이 육체의 굴레를 벗어났을 때 어떤 꿈들이 찾아올 것인가?' 이런 고민이 우리를 주저하게 한다. 이 때문에 이 재앙의 긴 삶을 살고 있다.